公務員試験

畑中敦子×津田秀樹の「数的推理」勝者の解き方 敗者の落とし穴

畑中敦子 監修　津田秀樹 著

エクシア出版

まず最初に読むべき本！

- どんなに苦手な人にも、わかりやすい解説！
- 最も出る分野（得点源）をおさえてある！

「数学」ではなく「数的」の攻略本！

- 数学ができなくても、数的はできる！
- 「数的」ならではの解き方を紹介！

頻出度順の章構成！

- よく出る分野から勉強する！
- 学習効果も考えてある！

出る問題ほど手厚い解説！

- 力を入れるべきところと、抜いていいところのメリハリ！

これまでにない詳しい解説！

- 「これでわからなかったら、他に読む本はない！」と断言できる！

「やってしまいがちな×解答」を掲載！

- 典型的な間違え方を知ることで、間違えなくなる！
- 出題者の仕掛けた落とし穴やひっかけがわかる！

「別解」や「裏ワザ」も掲載！

- 自分に合った解き方が見つかる！

とにかく、わかりやすい！

- 数的が苦手な人にチェックしてもらって、何度も書き直してある！

prologue

「数学」ができなくても、「数的」はできる！

「数学ができないから、数的もできない」はマチガイ！

「数学は、できるやつはできる、できないやつはできない科目。

だから、センスがないと、数的もどうしようもない」

と思い込んでいる人が少なくありません。

でも、これは大きなマチガイ！

「数学」と「数的」は別物です。

同じと思っていると、失敗します。

このことをまずよく頭に入れておいてください。

たとえると、数学は絵を描くことで、数的は塗り絵をすること。絵を描くのが苦手な人でも、塗り絵なら、手順さえ覚えればできます。逆に、自由に描くつもりでいると、勝手がちがってしまうのです。

「数的」ならではの解き方を紹介！

だから、「数学が得意だから、数的も得意なはず」もマチガイ！

地方上級や国家一般職などの公務員試験は、早稲田、慶応クラスでも平気で落ちています。

一方で、大学偏差値50未満の大学出身者でも受かっています。

合格者全体の偏差値の差が20もあったりします。

なぜそういうことが起きるのかと言えば、学校での勉強と、公務員試験対策は、また別なのです。

とくに数的は強いクセがあります。

そのクセをつかんでしまえば、誰でも解けるようになります！

逆に、そのクセを知らないと、苦戦することに。

高校までに習った数学の知識の中でも、数的にはぜんぜん必要のない知識もあれば、これが肝心という知識もあります。

本書は数学の本ではなく、数的の本です！

数学の専門家が
書いてるから、
どうしても解説や解法が
数学に偏りがちなのよねー
公務員試験に合格
するための勉強以外、
余計なことはしたくないよ～
マンガ
COMIC
マンガ

出題頻度順に勉強しないなんて、ありえない！

Aから順番に覚える参考書でいいのか！

大昔の大学受験生は、英単語を覚えるとき、アルファベット順に掲載されている単語集で、Aから順番に覚えていました。

伝説の英単語集『試験にでる英単語』が画期的だったのは、初めて、英単語を出題頻度順に掲載したからです。

今ではそれが当たり前になっています。

Aから順番に覚えていくなんて、今からすると、信じられないことで、笑ってしまいますね。

『でる単』の革命が、いまだ公務員試験では起きていない！

でも、本当に、「昔の受験生は要領が悪い」と笑っていられるでしょうか？

手元に、公務員試験の参考書があったら、見てみてください。

Aから順番に勉強するものではないでしょうか？

出題頻度の高い問題が集められているものはあります。でも、**そもそも分野自体に出題頻度があるのです！**

分厚い数的の本の途中で挫折すれば、最も出題頻度の高い分野を勉強しないままになってしまうこともあるのです。

『試験にでる英単語』が出たのは、もう**45年以上**も前です。

それなのに、いまだにAから勉強する本でいいのでしょうか！

「頻出度＋学習効果」こそがベストの配列！

数学のお勉強の本と同じ章の並びのまま、出もしない分野まで含めて、順番にやっていくなんて、そんな時間の余裕はないはず。

数的のことしか考えていない本では受験参考書としては失格です。

やるべきことは多いのですから、**できるだけ短時間で、できるだけ簡単に、「得点力」をつけさせる参考書でなければなりません。**

だから本書では数的推理の分野を、頻出度順に掲載してあります。

ただし、たとえば「場合の数」より「確率」のほうが頻出度が高いですが、「場合の数」のほうを先に持ってきています。**そのほうが学習効果が高いからです。**そういう点はちゃんと配慮してあります。

頻出度順で、しかも学ぶのに無理のないかたちになっているのです。

くどくどした解説ほど、数的の場合はわかりやすい！

解説がシンプルな参考書は、じつは使えない！

今までの数的の参考書は、とにかく、解説が薄い！

苦手な人が、これで理解できたら、そのほうが不思議です。

理解できないのは、数学が苦手なせいではなく、参考書のほうが説明不足なのです！

たとえば、ひとつの数式から、次の数式の間に飛躍があって、「なんでこうなるんだろう？」と頭をひねってしまいます。

まるで、はしごの途中の段を抜いてあるみたいです。

それじゃあ、とても上までのぼれません。

詰め込みすぎて、１問ごとの解説が手薄なのはダメ！

「これ１冊でＯＫ」と言えば聞こえはいいですが、すべてを１冊に詰め込んで、しかもすべての分野を同じあつかいにしているので、けっきょく、１問ごとの解説はじつに手薄。

本書では、頻出の分野ほど問題数も多くし、解説も手厚くしてあります。こういうメリハリこそが、大切なのです！

これほど丁寧な解説は見たことがないはず！

本書を開くと、文字がぎっしり詰まっていて、「うえっ」と思うことでしょう。読むのが面倒で、わかりにくそうです。

多くの読者がとびつくのは、見た目がスッキリしていて、シンプルな解説が、見開きで完結しているような参考書です。

普通は、シンプルなほうがわかりやすく、くどくどしているほうがわかりにくいものです。

でも、数的に関しては、まったく逆なのです！

説明が長いほど、かえってわかりやすく、説明がスッキリしているほど、かえってわかりにくくなるものなのです。

本書ほど丁寧な説明は、どんな本でも見たことがないでしょう。「**これでわからなかったら、他に読む本はない！**」と断言できます。

正しい解き方を知るだけでは不充分！自分の間違いグセを直すことが不可欠！

悪い見本を知るほうが成績が上がる！

普通の参考書は、問題があって、解き方があって、終わりです。

でも、じつはこれだけでは、うまく解けるようにはなりません。

たとえば、文章の書き方の本で、見本として名文が書いてあって、「さあ、こういうふうに書けばいいですよ」と言われても、いざ自分で書こうとすると、うまくいかないものです。

ところが、**悪文例**が書いてあって、「こう書いてはダメですよ」と指導されると、かなりマシな文章が書けるようになります。

数的でも同じことです。

見事な解き方というのは、なかなかマネできません。

でも、「こういう間違いをしてはダメですよ」ということは、わりと簡単に身につくのです。**その間違いが身に覚えのある人はとくに、ぐっと成績がよくなります。**

「やってしまいがちな×解答」も本書だけの特長！

そこで本書では「やってしまいがちな×解答」を載せています。

上手く解けない人というのは、解法を理解できないわけではありません。

間違いグセのついている人なのです。

典型的な間違い方を知ることで、間違わず解けるようになります！

出題者の落とし穴やひっかけがわかる！

「やってしまいがちな×解答」には、もうひとつ意味があります。

数的の問題には、必ず落とし穴やひっかけがあります。

素直な問題を載せていたのでは、点差がつかないからです。

「やってしまいがちな×解答」というのは、その落とし穴に見事に落ちてしまった状態なわけです。

細かいひっかけについても、その都度、側注で解説してあります。

どういう落とし穴やひっかけがあるかを知れば、当然、ひっかからなくなります！

自分に合った解き方を身につけよう！

どの解法がベストかは相性次第！

「最短で解く方法」の他に「別解」や「裏ワザ」も紹介しています。

「最短で解く方法」がイチオシの解法ですが、**「別解」や「裏ワザ」のほうが自分にはやりやすいと思ったら、そちらを覚えてください。**

というのも、**人によって、理解しやすいやり方というのはちがうからです。**

これは頭のよしあしとはまた別です。

その人の情報処理の基本パターンの問題で、**【思考母型】**と呼んだりします。

たとえば、学校で、教師が変わると、それまで得意だった教科の成績が急に下がることがあります。

これも【思考母型】が原因です。「理屈で説明するタイプ」の先生と、「具体例で理解するタイプ」の生徒とか。

教師はなかなか自分では選べませんが、解法は選べます。

自分に合った解き方を身につけてください！

数的が苦手な人にもわかりやすい本に！

数的が苦手な人たちの厳しいチェック済み！

とにかく、わかりやすさには自信があります！

数的が苦手な人たちに原稿を読んでもらって、“わかりにくいと言われたら、書き直す”ということを、何度もくり返しています。

貴重な意見がたくさん得られました。

登場キャラクターの紹介
ナマケモノ
ナマケモノだったが、これからはハタラキモノになろうと決心し、公務員試験を受けることに！だけど、数学は大の苦手で、ついナマケゴコロを起こしがち……
家庭教師
数学は苦手だったが、数的は得意。ナマケモノでも大丈夫な、数的の極意を伝授して、合格報酬をねらっている！

目次

装幀　前田利博（Super Big BOMBER INC.）
本文デザイン・DTP　横田良子・杉沢直美
カバーイラスト・本文イラスト・コミック　ひぐちともみ
校正　三枝みのり　高山ケンスケ　西川マキ　堀越美紀子
小野寺紀子
協力　小山冬樹　福地 誠

本書の使い方

公務員試験での頻出度を★の数で表してあります。**★の数が多いほど、よく出る**ということです。

たんに頻出問題というだけでなく、**「この問題を理解しておくと、多くの問題が解ける」**という、マスターキー的な問題を選んであります。
そのため「**重要問題**」という呼び方をしています。

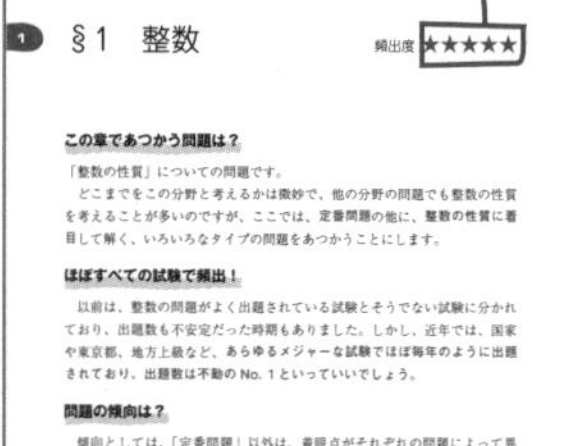

1 §1　整数　　頻出度 ★★★★★

この章であつかう問題は？

「整数の性質」についての問題です。

どこまでをこの分野と考えるかは微妙で、他の分野の問題でも整数の性質を考えることが多いのですが、ここでは、定番問題の他に、整数の性質に着目して解く、いろいろなタイプの問題をあつかうことにします。

ほぼすべての試験で頻出！

以前は、整数の問題がよく出題されている試験とそうでない試験に分かれており、出題数も不安定だった時期もありました。しかし、近年では、国家や東京都、地方上級など、あらゆるメジャーな試験でほぼ毎年のように出題されており、出題数は不動の No. 1 といっていいでしょう。

問題の傾向は？

傾向としては、「定番問題」以外は、着眼点がそれぞれの問題によって異なるため、苦手な人にとっては、どう手を付けていいかわからないという問題が多いです。

また、「方程式で解く」「選択肢をあてはめる」など、複数の方法で解ける問題も多いので、どの方法が一番早いか見極める力も必要です（基本的に得意な方法をまず考えればいいと思いますが）。

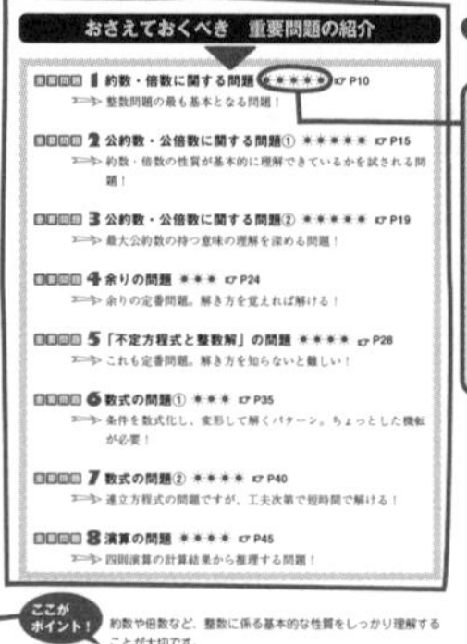

おさえておくべき　重要問題の紹介

1 約数・倍数に関する問題 ＊＊＊＊ ☞P10
⇒ 整数問題の最も基本となる問題！

2 公約数・公倍数に関する問題① ＊＊＊＊＊ ☞P15
⇒ 約数・倍数の性質が基本的に理解できているかを試される問題！

3 公約数・公倍数に関する問題② ＊＊＊＊＊ ☞P19
⇒ 最大公約数の持つ意味の理解を深める問題！

4 余りの問題 ＊＊＊ ☞P24
⇒ 余りの定番問題。解き方を覚えれば解ける！

5「不定方程式と整数解」の問題 ＊＊＊＊ ☞P28
⇒ これも定番問題。解き方を知らないと難しい！

6 数式の問題① ＊＊＊ ☞P35
⇒ 条件を数式化し、変形して解くパターン。ちょっとした機転が必要！

7 数式の問題② ＊＊＊＊ ☞P40
⇒ 連立方程式の問題ですが、工夫次第で短時間で解ける！

8 演算の問題 ＊＊＊＊ ☞P45
⇒ 四則演算の計算結果から推理する問題！

ここがポイント！　約数や倍数など、整数に係る基本的な性質をしっかり理解することが大切です。

このマークの数は頻出度ではなく、「重要度」を表しています。

その分野の問題に関する説明です。**試験別の頻出度についても書いてあります**。頻出度は試験によってもちがうので、自分の受ける試験について確認してください。

その分野の問題を解くうえでのポイントを短くまとめてあります。

最低限必要な数学の知識について、できるだけわかりやすく説明してあります。

長い説明が必要ない人は、ここだけ見てください。

その分野をマスターするのに重要な問題が選んであるので、自分の受ける試験の問題でなくても、飛ばさずに、**順番にすべて解いていってください。**

その問題に関する簡単な説明です。

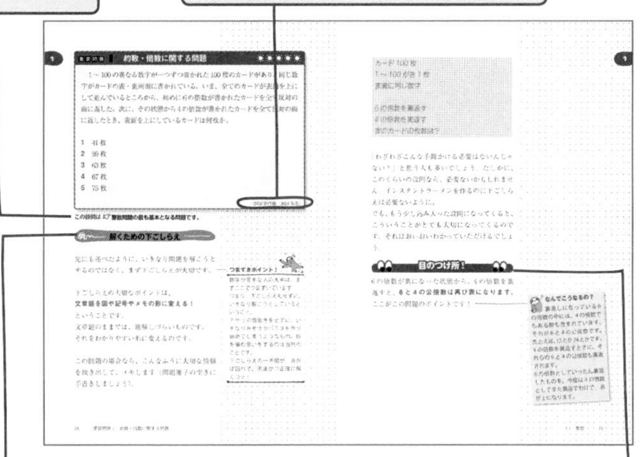

約数・倍数に関する問題
1　41枚
2　59枚
3　63枚
4　67枚
5　75枚
解くための下ごしらえ
文章題を図や記号やメモの形に変える！
つまずきポイント！
目のつけ所！
6と4の公倍数は再び表になります。
なんでこうなるの？

いきなり解き始めるのではなく、まず「下ごしらえ」をします。
じつはこれがとても大切です！
数学が苦手という人は、だいたいこれをやっていません。
「料理は下ごしらえが肝心」と言いますが、数学もまったく同じ！
これまでの参考書で抜け落ちていた部分です。

崖を登るのと同じで、問題を解くときも、**最初のとっかかりが難しいものです。**いったいどこに目をつけて、どうやって解いていけばいいのか？
また、**問題の解き方は覚えていても、どの問題にどの解き方を適用すればいいのかがわからないときがあります。**
そういうことのないよう、**どこに目をつければ、解き方がわかるか**を、ここで解説します。

これが最も**オススメの解法**です。公務員試験は時間の勝負でもあるので、**最も速く解ける方法**を選んであります。

別の解き方も紹介してあります。人によって、解きやすい方法はちがいます。**こちらのほうがやりやすいと感じたら、こちらを覚えましょう。**

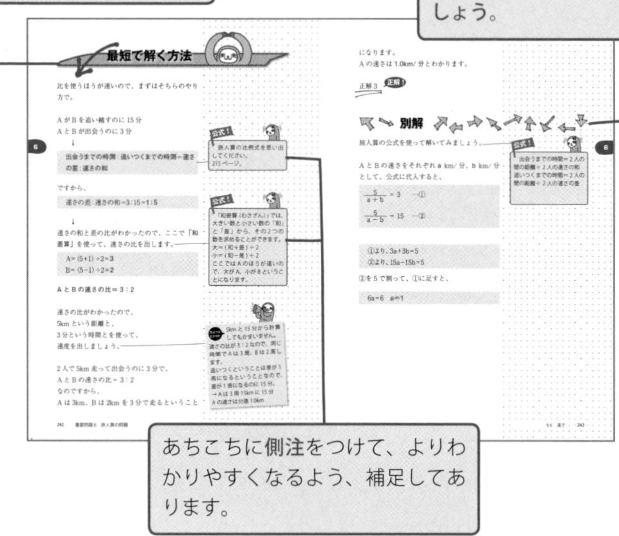

あちこちに側注をつけて、よりわかりやすくなるよう、補足してあります。

裏ワザがある場合は、それも紹介しています。

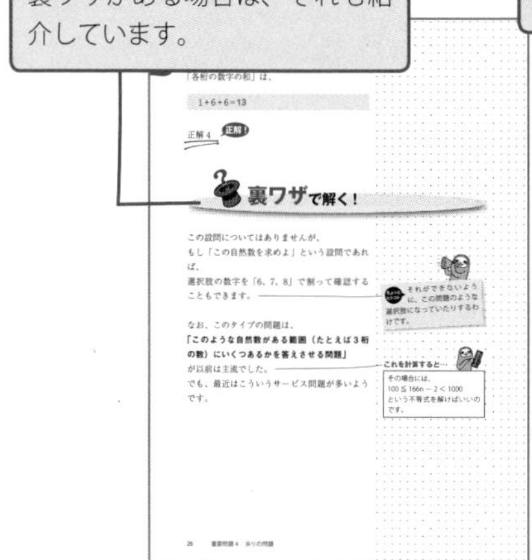

本書の大きな特徴として、多くの人がやってしまいがちな×解答を載せてあります。
典型的な間違い方を知ることで、間違わずに解けるようになります。

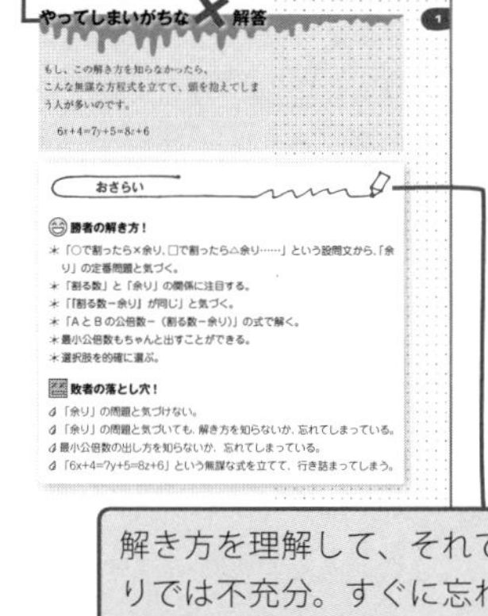

解き方を理解して、それで終わりでは不充分。すぐに忘れてしまうからです。
きちんとおさらいをしましょう。これが大切です！

ほーら、
勉強しますよ！
Zzz
パン
パン

ナマケモンを
卒業して、
ハタラキモンに
なるんでしょ？

しょうがないなー
クサイメンドー～
のろい……

じゃあ、まず
『整数』からよ！
整数
えっ!!
なんで!?

参考書も買ったし
がんばるぞーー!!
試験まで
365日
220
120
76
28
3
Zzz
試験当日
アレ？
因数分解や
素因数分解まで
勉強する時間
なかったなー
『整数』って因数分解
とか素因数分解とか、
やたら分解したがる
やつだよね！
数学でいちばん嫌いなの
因数分解って人も多いよね！
そんなのいちばん
後回しでしょ！
そういうもんでしょ!?

グハッ
カテキョーアタック!!
ボキッ
それじゃダメなのよ!
6

公務員試験じゃ『整数』がいちばんよく出るんだから!
出るところから勉強しないと意味ないでしょ!
かわいい顔して意外と強い…
7

8
でも…でも、難しいよー
ドジでノロマなナマケモノだもの……

難しくて、点差がつくから、出題者も出題するの
9
逆に言えば、ここをおさえておけば、点差をつけられるのよ!
おさえておけばって…簡単に言うけどさぁ
10

大丈夫!
ナマケモノでもちゃんと解けるようにしてあげるから!
カップ麺のフタをおさえるのとはわけがちがうし…
カップラーメン
11

そこまで言うなら…
12
ナマケながら教わります!
キリッ
せんべい
マンガ
カップラーメン
さ、さすがナマケモノ……手強そうだわ
13

頻出度 × 学習効果

1

整数

★★★★★

数的推理のキモは「整数」にあり！

1

§1 整数

この章であつかう問題は？

「整数の性質」についての問題です。

どこまでをこの分野と考えるかは微妙で、他の分野の問題でも整数の性質を考えることが多いのですが、ここでは、**定番問題**の他に、**整数の性質に着目**して解く、いろいろなタイプの問題をあつかうことにします。

ほぼすべての試験で頻出！

以前は、整数の問題がよく出題されている試験とそうでない試験に分かれており、出題数も不安定だった時期もありました。しかし、近年では、国家や東京都、地方上級など、**あらゆるメジャーな試験でほぼ毎年のように出題されており、出題数は不動のNo. 1といっていいでしょう。**

問題の傾向は？

傾向としては、「定番問題」以外は、着眼点がそれぞれの問題によって異なるため、**苦手な人にとっては、どう手を付けていいかわからないという問題が多いです。**

また、「方程式で解く」「選択肢をあてはめる」など、複数の方法で解ける問題も多いので、**どの方法が一番早いか見極める力も必要です**（基本的に得意な方法をまず考えればいいと思いますが）。

おさえておくべき　重要問題の紹介

ここがポイント！

約数や倍数など、整数に係る基本的な性質をしっかり理解することが大切です。

これだけは必要な数学の知識

- 最小公倍数の出し方
- 余りの問題の解き方
- 素因数分解
- 因数分解

いきなり公式の説明なんて ますますやる気がしないよー

なまけた〜い ゲームが やりたいよ〜〜

気持ちは わかるけど

ドヨ〜〜ン

でもゲームでも 武器や防具を 装備するでしょ？ 素手じゃ むずかしいよね

公式もそれと 同じなのよ

ム〜〜

ドスコーイ

素手だって大丈夫だよ

コマンド
▶たたかう じゅもん
にげる どうぐ

ボカ

ギャ〜

キャー いたそう

スカ

フラ〜

やっぱり素手じゃ むずかしいでしょ？

面倒でもコレを 入手しておけば 後がずっと楽だから♪

ラクしたいよ〜 なまけたいよ〜

これから丁寧に説明していきます
「暗記するからゴチャゴチャした
説明はいらない」という人は
「ココだけ！」という囲みの
ところだけ見てくださいね！
長い説明を読むのも
暗記するのも
面倒くさいなぁ…
自分、ナマケモノですから

最小公倍数の出し方

例題1

6、8、12 の最小公倍数は？

ココだけ！

この3つの数字のうち、**2つ以上を割ることができる、最も小さい数字**で割っていきます。

```
2) 6  8  12   ← 3つとも2で割れる。
2) 3  4  6    ← 4と6が2で割れる。3は割れないのでそのまま下に書く。
3) 3  2  3    ← 3が3で割れる。2は割れないのでそのまま下に書く。
   1  2  1
```

割れなくなったらお終いです。

そして、**「割った数字」と「最下段の数字」をすべてかけあわせます。**

赤文字にしてある数字です。

$2\times2\times3\times1\times2\times1=\mathbf{24}$

最小公倍数は 24 です。

余りの問題の解き方

例題 2

①３で割ると２余り、４で割ると２余る自然数は？
②３で割ると１余り、４で割ると２余る自然数は？
③３で割ると１余り、４で割ると３余る自然数は？

①すべて余りが**2**なので、
「3で割り切れて、4で割り切れる数＋2」
が答えということになります。
つまり、

3と4の公倍数＋2

ということ。
3と4の最小公倍数は12なので、答えは14、26、38……と続きます。

②今度は余りがそれぞれちがいますが、よく見ると、すべて**「割る数よりも2だけ少ない」**ことがわかります。
つまり、3で割っても、4で割っても、2足りない数ということです。

3と4の公倍数－2

答えは10、22、34……と続きます。

③今度こそ余りがバラバラです。
こういう場合は、**いちばん大きい倍数**（この問題なら4で割ると3余る数）**をまず書き出してみましょう。**

7、11、15……

この中で7は3で割って1余ります。条件を満たすいちばん小さい数は**7**とわかります。
2番目の数は、**3と4の公倍数の12に7を足した、19**になります。
なぜなら、3と4の公倍数は、当然、3と4で割り切れて、残りの7が「3で割ると1余り、4で割ると3余る数」だからです。
したがって、その後も、

3と4の公倍数＋条件を満たす最小の数
が求める数です。つまり、7、19、31……と続きます。

ココだけ！

余りの問題の解き方

①余りが同じ　→　AとBの公倍数**＋余り**
②（割る数－余り）が同じ　→　AとBの公倍数**－（割る数－余り）**
③余りがバラバラ　→　AとBの公倍数**＋条件を満たす最小の数**

公式を暗記するより、「こういうふうに解く」という流れを覚えておくほうが楽かもしれません。

なお、②の「割る数－余り」が共通というのは、気づきにくいですし、頻出パターンなので、とくによく覚えておいてください。

素因数分解

例題3

84を素因数分解すると？

「素因数分解」とは**「自然数を、素数の積で表す」**ことです。

素数とは**「1とそれ自身しか約数を持たない自然数」**のことです。

具体的には**「2、3、5、7、11……」**です。

84をこれらの素数のかけ算の形で表すのが「素因数分解」です。

ココだけ!

やり方は簡単です。

84を割ることができる**最も小さい数**で割りましょう（最も小さい数で割るようにさえ気をつければ、その数は自然と素数になります）。

その商（割って得られた数）の42をまた、最も小さい数で割りましょう。

それを、割れなくなるまでくり返していきます。

先の「最小公倍数」の出し方と同じ要領です。

2）84
2）42
3）21
　　7

赤くしてある、「割った数字」と「最下段の数字」をすべてかけあわせれば、それが答えです。

84=**2×2×3×7**

因数分解

例題4

次の数式を因数分解すると？

① x^2+5x+6

② $x^2+8x+16$

③ x^2-25

「因数分解」とは、簡単に言ってしまうと、**「1つの整式を、2つ以上の整式の積の形で表すこと」**です。

因数分解には「こうすれば必ず解ける」という絶対的な方法は、じつはありません。その式ごとに工夫して解くしかないんです。

ただ、多くの場合に通用する公式は存在します。

次の3つは覚えておきましょう。

ココだけ!

因数分解の公式

① $x^2+(a+b)x+ab=(x+a)(x+b)$

② $x^2+2xy+y^2=(x+y)^2$

$x^2-2xy+y^2=(x-y)^2$ ← $(-y)^2=y^2$ なので符号は＋のまま

③ $x^2-y^2=(x+y)(x-y)$

① 2+3=**5**　2×3=**6**

なので、公式①の ab が **2** と **3** ということで、

$x^2+\mathbf{5}x+\mathbf{6}=(x+\mathbf{2})(x+\mathbf{3})$

② 2×4=**8**　4×4=**16**

なので、公式②の y が **4** ということで、

$x^2+\mathbf{8}x+\mathbf{16}=(x+\mathbf{4})^2$

③ 5×5=**25**

なので、公式③の y が **5** ということで、

$x^2-\mathbf{25}=(x+\mathbf{5})(x-\mathbf{5})$

1

重要問題 1 約数・倍数に関する問題

　1～100の異なる数字が一つずつ書かれた100枚のカードがあり、同じ数字がカードの表・裏両面に書かれている。いま、全てのカードが表面を上にして並んでいるところから、初めに6の倍数が書かれたカードを全て反対の面に返した。次に、その状態から4の倍数が書かれたカードを全て反対の面に返したとき、表面を上にしているカードは何枚か。

1　41枚
2　59枚
3　63枚
4　67枚
5　75枚

（国家専門職　2014年度）

この設問は ☞ 整数問題の最も基本となる問題です。

解くための下ごしらえ

先にも述べたように、いきなり問題を解こうとするのではなく、まず下ごしらえが大切です。

つまずきポイント！

数学が苦手な人の大半は、まずここでつまずいています。
つまり、下ごしらえもせずに、いきなり解こうとしているということ。
アサリの塩抜きをせずに、いきなりみそ汁やパスタを作り始めてしまうようなもの。砂を噛む思いをするのは当然のことです。
下ごしらえの一手間が、急がば回れで、迅速かつ正確に解くコツ！

下ごしらえの大切なポイントは、
文章題を図や記号やメモの形に変える！
ということです。
文章題のままでは、理解しづらいものです。
それをわかりやすい形に変えるのです。

この問題の場合なら、こんなふうに大切な情報を抜き出して、メモします（問題冊子の空きに手書きしましょう）。

カード 100 枚
1 ～ 100 が各 1 枚
表裏に同じ数字

6 の倍数を裏返す
4 の倍数を裏返す
表のカードの枚数は？

「わざわざこんな手間かける必要はないんじゃない？」と思う人も多いでしょう。たしかに、このくらいの設問なら、必要ないかもしれません。インスタントラーメンを作るのに下ごしらえは必要ないように。
でも、もう少し込み入った設問になってくると、こういうことがとても大切になってくるのです。それはおいおいわかっていただけるでしょう。

目のつけ所！

6 の倍数が裏になった状態から、4 の倍数を裏返すと、**6 と 4 の公倍数は再び表になります。**ここがこの問題のポイントです！

なんでこうなるの？
裏返しになっている 6 の倍数の中には、4 の倍数でもある数も含まれています。それが 6 と 4 の公倍数です。たとえば、12 とか 24 とかです。4 の倍数を裏返すときに、それらの 6 と 4 の公倍数も裏返されます。
6 の倍数としていったん裏返したものを、今度は 4 の倍数としてまた裏返すわけで、表が上になります。

1

最短で解く方法

1～100の中に、6の倍数はいくつあるでしょうか。

100÷6=**16**　余り4

6の倍数のカードの枚数は**16**枚です。

なんでこうなるの？

なんでこうなるの？
6の倍数とは、
6×1、6×2、6×3……
ということです。
100以内だと、いくつまでかけることができるのか？
それを知るためには、100を6を割ってみればいいのです。
100÷6＝16　余り4
つまり、6×16＝96が、1から100までの中の6の倍数のいちばん大きい数です。
かけていける数は16までということで、6の倍数は16個あることがわかります。

1～100の中に、4の倍数はいくつあるでしょうか。

100÷4=**25**

4の倍数のカードの枚数は**25**枚です。

1～100の中に、6と4の公倍数はいくつあるでしょうか。

ひっかけ選択肢！

ここで、「6の倍数と4の倍数が裏返しになったのだから、100から16と25を引いた、59枚が、表のままのカードの数だ」と思ってしまったら、出題者の思うつぼです！
ちゃんと選択肢2が用意されています。

100÷12=**8**　余り4

6と4の公倍数のカードの枚数は**8**枚です。

最初に6の倍数を裏返しにしたときに、**16枚**が裏返しになります。
次に4の倍数を裏返しにしたとき、**25枚**が裏返しになります。
ただし、そのとき、先に裏返しになっていた6の倍数の16枚のうち、6と4の倍数の**8枚**は、もう一度裏返されることになり、表になります。

6の倍数の**16枚**というのは、6と4の公倍数の**8枚**を含んだ枚数です。
4の倍数の**25枚**というのも、6と4の公倍数の**8枚**を含んだ枚数です。
6と4の公倍数は表向きになっているのですから、**6の倍数の枚数と4の倍数の枚数の両方から、6と4の公倍数の枚数を引く必要があります。**
つまり、

裏返しになっているカードの枚数
→（16 − 8）＋（25 − 8）＝**25**枚
表向きになっているカードの枚数
→100 − 25 = **75**枚

正解 5

6と4の最小公倍数は12です

$$\begin{array}{r|rr} 2 & 6 & 4 \\ \hline & 3 & 2 \end{array}$$

2×3×2＝12
6と4の公倍数は、
12×1、12×2、12×3……
ということになります。
「最小公倍数の倍数が、公倍数のすべて」なのです。
というわけで、100を12で割れば、6と4の公倍数の個数がわかります。

裏返しになっている枚数を、
16＋25−8＝33枚
と思った人も多いのでは？
それだと、表向きになっている枚数は、
100−33＝67枚になり、
しっかり、選択肢4が用意されています！
そもそも、6の倍数の16枚と、4の倍数の25枚では、どちらにも6と4の倍数の8枚分が数に入っているわけで、つまり二重にカウントされています。
8を引くだけでは、その重複分をのぞいただけになります。
つまり、6と4の公倍数も、まだ1回分カウントされたままなのです。
6と4の公倍数をなくそうと思ったら、もう1回8を引く必要があるのです。
ここもまた、この問題の大きな落とし穴です！

1

おさらい

ここですぐに次の問題に進むと、ここで学んだことが、右から左に頭の中を通り過ぎてしまって、次に同じような問題を解こうとしたときに、「なんだったっけ？」となってしまいます。

おさらいをしておきましょう。

これが大切です。

勝者の解き方！

- 6と4の公倍数は表向きになることに気づく。
- 6の倍数の数、4の倍数の数を計算できる。
- 最小公倍数の計算ができる。
- 公倍数の数の計算ができる。
- 6の倍数の枚数と、4の倍数の枚数には、6と4の公倍数が二重にカウントされているので、それぞれから引かなければいけないことに気づく。

敗者の落とし穴！

- 6と4の公倍数が再び表になることに気づかず、6の倍数と4の倍数の個数をそのまま100から引いて、選択肢2を選んでしまう。
- 6の倍数と4の倍数の個数の計算を誤る。
- 公倍数を12の倍数ではなく、6×4＝24の倍数として計算して、選択肢4を選んでしまう。
- 6の倍数と4の倍数の合計から、6と4の公倍数を1回引くだけでいいと勘違いして、選択肢4を選んでしまう。

重要問題 2　公約数・公倍数に関する問題①

3つの自然数、14、63、nは、最大公約数が7で、最小公倍数が882である。nが300より小さいとき、自然数nの個数は何個か。

1　2個
2　3個
3　4個
4　5個
5　6個

（特別区Ⅰ類　2016年度）

この設問は ☞ 約数・倍数の性質が基本的に理解できているかを試される問題です。

解くための下ごしらえ

文章題をメモの形に変えましょう。

3つの自然数14、63、n
最大公約数は7
最小公倍数は882

nは300より小さい
nは何個？

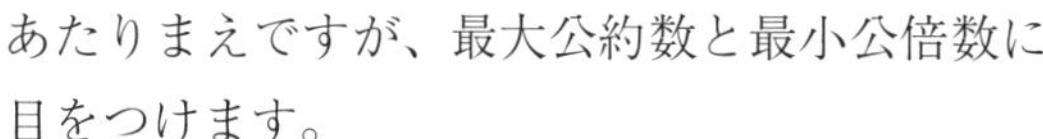

あたりまえですが、最大公約数と最小公倍数に目をつけます。

最大公約数とは、「2つ以上の正の整数に共通

1

する約数のうち最大の数」です。**ようするに、14も63もnも、7で割れる（□×7という式で表せる）ということです。**

最小公倍数とは、「2つ以上の正の整数に共通する倍数のうち最小の数」です。この設問の場合は、14、63、nに共通する倍数のうち、いちばん小さい数が882ということです。
14、63、nは、882の約数（割ったときに割り切れる数）ということです。
つまり、882を素因数分解する（素数の積の形で表す）ことで、nが現れてきます。

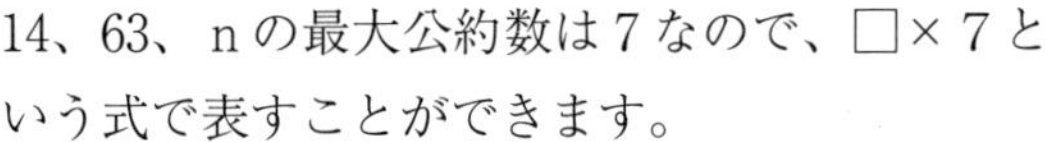

最短で解く方法

14、63、nの最大公約数は7なので、□×7という式で表すことができます。

$14=2\times7$
$63=9\times7=3^2\times7$
$n=\square\times7$

便利なやり方！

9×7のままにしておかず、$3^2\times7$というかたちにしておきましょう。
つまり、素因数分解するということです。
なぜそうするかは、後で説明します。

次に、最小公倍数の882を素因数分解します。

公式！

素因数分解のやり方は、この章の最初の「これだけは必要な数学の知識」で説明してあります。

$$
\begin{array}{r|l}
2 & 882 \\
3 & 441 \\
3 & 147 \\
7 & 49 \\
 & 7
\end{array}
$$

$882=2\times3^2\times7^2$

便利なやり方！

じつは、882をこのやり方で素因数分解しなくてもかまいません。
すでに14、63、nを素因数分解しているからです。
そのうち、指数の大きいほう（もし3と3^2があれば3^2のほう）をかけあわせたものが最小公倍数です（これは覚えておくと便利！）。
$14=2\times7$
$63=3^2\times7$
$n=\square\times7$
なので、$2\times3^2\times7$というところまでは、じつはもうわかっています。
あと7かけると882ですから、$2\times3^2\times7^2$となります。

7^2というのは14、63にはないので、

$n=\square\times7^2$

ということがわかります。

では、この□には何が入りうるのか？
最小公倍数が$882=2\times3^2\times7^2$ですから、**ここに含まれる素数でなければなりません。**
つまり、入りうるのは、2、3、3^2と、それらをかけ合わせたものです。

なんでこうなるの？
14、63、nの最小公倍数は、14、63、nのすべての素因数を含んでいるのです。
ですから、最小公倍数にない素因数を、もとの数が含んでいることはありえません。

$n=7^2=49$
$n=2\times7^2=98$
$n=3\times7^2=147$
$n=2\times3\times7^2=294$
$n=3^2\times7^2=441$　←300以上なのでNG
$n=2\times3^2\times7^2=882$　←300以上なのでNG

300より小さいという条件を見落とさないように！

答えは**4個**とわかります。

正解　3　**正解！**

やってしまいがちな✕解答

$n = 7^2$ のみと勘違いすると、答えがありません。

また、300より小さいという条件を見落とすと、答えは6になってしまいます。

ひっかけ選択肢！

そういう間違いをする人のために、ちゃんと選択肢5が用意されています！

おさらい

勝者の解き方！

- 14と63を素因数分解して、素因数を確認する。
- nは7の倍数であるとすぐにわかる。
- 882を素因数分解して、14、63の素因数と照らし合わせる。
- nの素因数に 7^2 が必要であるとすぐにわかる。
- nは 7^2 と「2×3^2」のいくつかをかけ合わせた数とすぐわかる。
- nの候補となる数を書き出し、300より小さい数を数える。

敗者の落とし穴！

- 最大公約数と最小公倍数の性質を理解できていなくて、解法に戸惑う。
- 与えられた数を素因数分解しないで、大きい数のままあつかって行き詰まる。
- nが 7^2 を素因数に持つことに気づかない。
- nが $7^2 = 49$ しかないと思い込み、答えが出せない。
- nが300より小さいという条件を見落とす。

1

重要問題 3　公約数・公倍数に関する問題②

1以上300以下の自然数のうち、24との最大公約数が6で、25との最大公約数が5であるものはいくつあるか。

1　4個
2　5個
3　6個
4　7個
5　8個

（裁判所職員　2019年度）

この設問は ☞ 最大公約数の持つ意味の理解を深める問題です。

解くための下ごしらえ

文章題をメモの形に変えましょう。

1～300の自然数
24との最大公約数は6
25との最大公約数は5
個数はいくつ？

目のつけ所！

前の設問でも説明したように、最大公約数とは、「2つ以上の正の整数に共通する約数のうち最大の数」です。

つまり、「24との最大公約数が6」ということは、答えとなる自然数と24は、共に6で割り切れる（□×6という式で表せる）ということです。そして、**6より大きな数で、共に割り切れる数はない**ということです。

1

同じことで、「25との最大公約数が5」ということは、答えとなる自然数と25は共に5で割り切れ、5より大きな数で共に割り切れる数はないということです。

答えとなる自然数をxとすると、
24との最大公約数が6なので、□×6という式で表すことができます。

x=□×6
$24=4\times6=2^2\times6$

ちょっとヒトコト　24を素因数分解しています。24は6の他に、4と2という約数があることがわかります。なぜそれを知る必要があるかは、この後を読んでいただければわかります。

この2つの式を見比べてみましょう。
xと24との最大公約数が6ということは、**「6より大きな数で、共に割り切れる数はない」**ということです。
つまり、□には2の倍数が入ることはありません。

なんでこうなるの？
□に2が入ると、xと24は共に$2\times6=12$で割り切れてしまいます。つまり、最大公約数は6ではなく12になります。
□に4が入ると、最大公約数は$4\times6=24$になります。
□に2や4で割れる数が入る場合も同様です。
ですから、□には2や4で割り切れる数、すなわち、2の倍数は入らないわけです。

次に、xと25との最大公約数が5なので、
○×5という式で表すことができます。

x=○×5
$25=5\times5$

ここでも、xと25の最大公約数は5なので、○**に5の倍数が入ることはありません。**

以上で、

$x=\square\times6=\bigcirc\times5$

□に2の倍数は入らない
○に5の倍数は入らない
ということがわかりました。

xは「□×6」でもあり「○×5」でもあります。つまり、xは6の倍数であり、5の倍数でもあります。
ということは、xは、6と5の「公倍数」ということですね。

6と5の最小公倍数は$6\times5=30$ですから、x**は30の倍数**となることがわかります。

公倍数は「最小公倍数の倍数」になります。

$x=30\times\triangle$

1〜300で30の倍数は、

$30\times1=30$　　$30\times6=180$
$30\times2=60$　　$30\times7=210$
$30\times3=90$　　$30\times8=240$
$30\times4=120$　　$30\times9=270$
$30\times5=150$　　$30\times10=300$

の**10個**があります。

しかし、先ほど確認したように、「$x=\square\times6$」の□に2の倍数は入りませんし、「$x=\bigcirc\times5$」の○に5の倍数は入りません。6と5をかけた30に、さらに2の倍数や5の倍数がかけられることはないということです。
つまり、「30×△」の△には、2の倍数や5の倍数は入らないのです。

1

30×1=30	30×**6**=180
30×**2**=60	30×7=210
30×3=90	30×**8**=240
30×**4**=120	30×9=270
30×**5**=150	30×**10**=300

「30 × 2」「30 × 4」「30 × 5」「30 × 6」「30 × 8」「30 × 10」の 6 個は NG というわけです。

すなわち、この自然数（x）の個数は、

10−**6**=4（個）

答えは**4 個**とわかります。

正解　1　**正解！**

やってしまいがちな✕解答

30 の倍数をすべて OK と思ってしまうと、「10 個」で答えがありません。
また、「30 ×△」で、△が 2 の倍数のときのみ NG として数えると「5 個」で選択肢 2 を、4 の倍数のみ NG として数えると「8 個」で選択肢 5 を選んでしまいます。

おさらい

勝者の解き方！

- 求める自然数は 6 の倍数であると気づく。
- 求める自然数は 5 の倍数であると気づく。
- 求める自然数は 30 の倍数であると気づく。
- 求める自然数は「30 ×△」の式で、△は 2 の倍数や 5 の倍数にならないと気づく。

敗者の落とし穴！

- 「24 との最大公約数が 6 で、25 との最大公約数が 5」ということから、何を導き出せばいいかがわからない。
- 求める自然数は 30 の倍数すべて OK と思い込んで、答えが出せない。
- 求める自然数は 1 ～ 300 という条件を見落とす。

重要問題 4　余りの問題

6で割ると4余り、7で割ると5余り、8で割ると6余る正の整数のうち、最も小さいものの各桁の数字の和はいくらか。

1　10
2　11
3　12
4　13
5　14

（国家一般職　2019年度）

この設問は ☞余りの定番問題です。解法パターンを覚えましょう。

解くための下ごしらえ

文章題をメモの形に変えましょう。

6で割る→4余る
7で割る→5余る
8で割る→6余る
その数は？

目のつけ所！

「○で割ったら×余り、□で割ったら△余り……」というのは、「余り」の問題の定型パターンです。そこで「余り」の問題と気づきましょう。

そして、「余り」の問題では、**「割る数」と「余り」の関係**に注目しましょう。
どういう関係があるでしょうか？
「割る数－余り」が同じ数ですね！

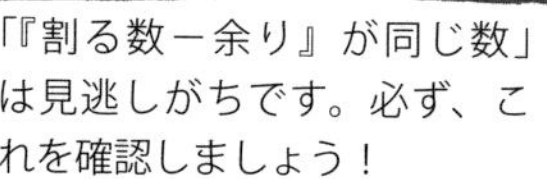

ここに注目！
「『割る数－余り』が同じ数」は見逃しがちです。必ず、これを確認しましょう！

最短で解く方法

6 − 4=**2**

7 − 5=**2**

8 − 6=**2**

「割る数−余り」がいずれも **2** です。

余りに2を足せば、ちょうど割り切れるということです。

つまり、この自然数は、

6、7、8 のいずれで割っても 2 不足する数

ということです。

6、7、8の公倍数−2

とわかります。

「6、7、8 の最小公倍数」を計算しましょう。

「6、8」は2で割ることができるので、

$$
\begin{array}{r|lll} 2 & 6 & 7 & 8 \\ \hline & 3 & 7 & 4 \end{array}
$$

2×3×7×4=**168**

が最小公倍数です。

ということは、

6、7、8の公倍数−2

は、

168−2=**166**

①余りが同じ
→AとBの公倍数＋余り
②（割る数−余り）が同じ
→AとBの公倍数−(割る数−余り)
③余りがバラバラ
→AとBの公倍数＋条件を満たす最小の数

「最小公倍数の出し方」は、この章の最初の「これだけは必要な数学の知識」で説明してあります。

1

これが最小です。
「各桁の数字の和」は、

1+6+6=**13**

正解 4

この設問についてはありませんが、
もし「この自然数を求めよ」という設問であれば、
選択肢の数字を「6、7、8」で割って確認することもできます。

ちょっとヒトコト　それができないように、この問題のような選択肢になっていたりするわけです。

なお、このタイプの問題は、
「このような自然数がある範囲（たとえば3桁の数）にいくつあるかを答えさせる問題」
が以前は主流でした。
でも、最近はこういうサービス問題が多いようです。

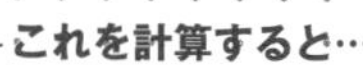

その場合には、
$100 \leqq 168n - 2 < 1000$
という不等式を解けばいいのです。

やってしまいがちな×解答

もし、この解き方を知らなかったら、
こんな無謀な方程式を立てて、頭を抱えてしまう人が多いのです。

$6x+4=7y+5=8z+6$

勝者の解き方！

- 「○で割ったら×余り、□で割ったら△余り……」という設問文から、「余り」の定番問題と気づく。
- 「割る数」と「余り」の関係に注目する。
- 「『割る数－余り』が同じ」と気づく。
- 「AとBの公倍数－（割る数－余り）」の式で解く。
- 最小公倍数もちゃんと出すことができる。
- 選択肢を的確に選ぶ。

敗者の落とし穴！

- 「余り」の問題と気づけない。
- 「余り」の問題と気づいても、解き方を知らないか、忘れてしまっている。
- 最小公倍数の出し方を知らないか、忘れてしまっている。
- 「6x+4=7y+5=8z+6」という無謀な式を立てて、行き詰まってしまう。

重要問題 5 「不定方程式と整数解」の問題 ☀☀☀☀

ある果物店で、もも、りんご及びなしの3商品を、ももを1個300円、りんごを1個200円、なしを1個100円で販売したところ、3商品の販売総数は200個、3商品の売上総額は36,000円であった。りんごの販売個数が100個未満であり、なしの売上金額が3商品の売上総額の2割未満であったとき、ももの売上金額として、正しいのはどれか。

1 9,300円
2 9,600円
3 9,900円
4 10,200円
5 10,500円

（東京都Ⅰ類　2008年度）

この設問は ☞ 定番なので、しっかり解法を覚えましょう。

解くための下ごしらえ

文章題を、図や記号やメモの形に変えましょう。

もも　300円
りんご　200円
なし　100円
全200個
総額36,000円
りんご個数＜100個
なし金額＜総額36,000円×0.2(＝7200円)
もも売上は？

目のつけ所！

文章題をそのまま式にすると、上の「解くための下ごしらえ」のところで書いたように、
りんご個数＜100個

なし金額＜総額36,000円× 0.2
という不等式になります。
一方は「りんごの売上**個数**」で、もう一方は「なしの売上**金額**」です。
これは、売上個数と売上金額の、**どちらかに統一する必要があります。**
それが解くための、とっかかりになります。

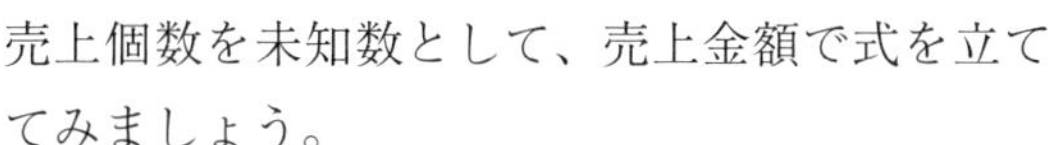

最短で解く方法

売上個数を未知数として、売上金額で式を立ててみましょう。
ももx個、りんごy個、なし（**200 － x － y**）個とします。

$$300x+200y+100(200-x-y)=36000$$
$$2x+y=160$$
$$\boldsymbol{y=160-2x}$$

シンプルな式にはなりましたが、xとyという2つの未知数が残っていて、この先に進めません。
では、行き詰まってしまったのでしょうか？
そうではありません。
こういう式を**「不定方程式」**と言います。

不定方程式だから、解は複数。
でも、条件を満たす「整数の解」は絞れます。

選択肢をあてはめてみればいいのです。

$$y=160-2x$$

つまずきポイント！
なしを「z個」としないように。未知数はなるべく少なくすることが大切。
総数は200個とわかっているので、
3つの果物のうち、2つを未知数とすれば、残りのひとつは（200 －他の果物の個数）となります。

？なんでこうなるの？
300円のももがx個
200円のりんごがy個
100円のなしが(200 － x － y)個
売れた総額が36,000円なので。

ちょっとヒトコト
「不定方程式」とは、方程式の数よりも、変数の数のほうが多い方程式のことです。
この式も、方程式は1つで、変数はxとyの2つで、変数の数のほうが多いですね。
不定方程式は、解が複数あります。

1

という式の形にしたのは、このほうがあてはめて計算しやすいからです。

このコツは覚えておいてください。

選択肢1「9,300円」は、ももの売上金額です。ももは1個300円なので、

9300÷300=31（個）

で、***x*** **は31**です。
これを先の不定方程式にあてはめると、y＝りんごの個数が出ます。

y=160−2×31=98（個）

なしの個数は、

（200−31−98）=71（個）

ここで先にメモった設問文の条件を思い出してください。

りんご個数＜100個
なし金額＜7200円

これを満たしているでしょうか？
りんごは98個なので**OK**。
なしは1個100円なので、71個で、7100円。
こちらも**OK**です。

選択肢2「9,600円」の場合はどうでしょう？

もも　9600÷300=32（個）
りんご　y=160−2×32=96（個）

なしの個数は、

（200−32−96）=72（個）

今度は、

りんご個数<100個

は **OK** ですが、

なし金額<7200円

は **NG** です。なしの金額が7200円になってしまうからです。

また、選択肢2の計算で気がつくように、**ももの個数が増えると、**りんごの数は減って、**なしの個数は増えます。**
つまり、ももの売上金額がさらに高い選択肢3以降は、計算するまでもなく、「なし金額<7200円」の条件を満たしません。

ちなみに、こうなります。

ちょっとヒトコト 本番の試験では、ここまで丁寧に確認して、時間をよけいに使わないように。

	もも	りんご	なし
選択肢1	31	98	71
選択肢2	32	96	72 ×
選択肢3	33	94	73 ×
選択肢4	34	92	74 ×
選択肢5	35	90	75 ×

正解1 正解！

1

別解

選択肢をあてはめずに、不等式を代入して解くこともできます。
x（ももの個数）を不等式で表すようにするのです。

りんごの条件の**「$y<100$」**を

$y=160-2x$

に代入すると、

$100>160-2x$
$-60>-2x$
$\mathbf{30<x}$

なんでこうなるの？
不等式では、両辺にマイナスの数をかけたり、両辺をマイナスの数で割ったりすると、不等号の向きが逆になります。
これは簡単な数字で試してみると、すぐにわかります。
$10>4$
両辺にマイナス2をかけると、
$-20<-8$
両辺をマイナス2で割った場合は、
$-5<-2$

なしの条件「なしの金額＜7200円」は、なしが1個100円なので、

なしの個数＜72

なしの個数が（$200-x-y$）個なので、

$200-x-y<72$
$x+y>200-72$
$\mathbf{x+y>128}$

落とし穴！
この式に、$x>30$を代入してしまうと、$y<98$で、まったく使えません。

これに「$y=160-2x$」を代入して、

$x+160-2x>128$
$\mathbf{x<32}$

先の「$30 < x$」と合わせると、

$30 < x < 32$

よって、x = **31（個）**

ももは1個300円なので、

$31 \times 300 =$ **9300（円）**

と答えが出ます。

やってしまいがちな✕解答

ももを x、りんごを y、なしを z として、条件をすべて式にする。

$$x+y+z=200$$
$$300x+200y+100z=36000$$
$$y<100$$
$$100z<36000\times0.2$$

これはこれで正攻法ですが、どう解けばいいかということで、止まってしまうでしょう。
未知数が3つでも、式が4つあるので、解けそうな気がします。しかし、後半の式は不等式なので、連立方程式として、x、y、z を特定することはできません。
実際は上の式2つで、ちょっと遠回りですが、「$y = 160 - 2x$」となり、下2つの不等式を代入して解けますが、順番や組合せを誤ると、深みにはまることになります。

1

定番の問題は、解き方を覚えて、遠回りしないように注意することが大切です！

おさらい

勝者の解き方！

- 設問文を読んで、条件をメモと式の形で書き出す。
- 個数と金額があるので、片方（個数）を未知数において、もう片方（金額）で式を立てる。
- なるべく未知数が少なくなるようにする（なしを z にしない）。
- 1つの未知数について整理して（この設問では「$y=$」の形にした）、条件を満たす整数解を探す。
- 選択肢をあてはめられるときは、あてはめる。
- この設問ではちがうが、1文字について整理したところで分数式になることも多い。たとえば、$x=\dfrac{100-3y}{5}$ とかなら、分子（$100-3y$）が5の倍数になるように、y を検討する。

敗者の落とし穴！

- 設問文の条件をちゃんと書き出さず、その結果、見落としてしまう。
- 未知数や条件が多いので、どう式を立てていいか、わからない。
- 未知数の数をたくさんにしすぎる。
- 「不定方程式」（式の数より未知数の数が多い）だと、もう解けないと思ってしまう。
- 不等式の解き方がわからない。

重要問題 6　数式の問題①　☀☀☀

ある2つの自然数の積が1000以下で、それぞれの二乗の差が217であったという。この2つの自然数のうち大きい方は次のどれか。

1　17
2　19
3　23
4　31
5　51

（裁判所事務官　2008年度）

この設問は ☞ 条件を数式化し、変形して解くパターンです。

解くための下ごしらえ

文章題を、図や記号やメモの形に変えましょう。

積≦1000
二乗の差＝217
大きいほうは？

目のつけ所！

設問文に「二乗の差」というのが。
「二乗の差」と言えば、「因数分解の公式」！
というふうに、さっと思いつけるようになることが大切。

最短で解く方法

大きいほうの数を x、小さいほうの数を y として、設問文の条件を式にしてみましょう。

$$xy \leqq 1000$$
$$x^2 - y^2 = 217$$

これがどんな数なのか、そのままではわからないので、形を変えてみましょう。

これがコツ！
この発想が大切です！

因数分解の公式に、

$$x^2 - y^2 = (x+y)(x-y)$$

というのがありましたね。

ちょっとヒトコト　「因数分解」の説明は8ページ。

つまり、

$$(x+y)(x-y) = 217$$

ということになります。

何と何をかけたら、217になるでしょうか？
それを知るために、217を「素因数分解」してみましょう。

ちょっとヒトコト　「素因数分解」の説明は7ページ。

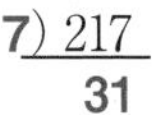

$$7 \underline{)\ 217}$$
$$\quad 31$$

31はもう割れません。

$$217 = \mathbf{7} \times \mathbf{31}$$

ということです。

つまり、

$$(x+y)(x-y)=7\times31$$

ということで、x と y は自然数なので、$(x+y)$ のほうが $(x-y)$ より大きい数になるので、

$$x+y=31$$
$$x-y=7$$

「和差算」を知っていると、これを簡単に解けます。

公式！

「和差算（わさざん）」では、大きい数と小さい数の「和」と「差」から、その２つの数を求めることができます。
大＝（和＋差）÷２
小＝（和－差）÷２

$$x=(31+7)\div2=19$$
$$y=(31-7)\div2=12$$

この２つの積は、1000 以下です。

落とし穴！

この確認を忘れないように。
217 は「1 × 217」と表すこともでき、その場合、
$x=109$　$y=108$
という答えになります。
これがダメなのは、積が 1000 以上だからです。

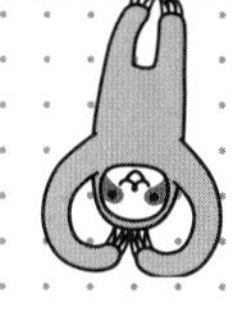

正解２

裏ワザで解く！

選択肢から計算して求めることもできます。

選択肢 1 の **17** は、二乗すると、**289**。

$x^2-y^2=217$
$\mathbf{y^2=x^2-217}$

この x^2 が 289 ということなので、

$y^2=289-217=\mathbf{72}$

ところがこの 72 は平方数（二乗の形で表すことのできる数）ではありません。**つまり、y を出すことができません。**
選択肢 1 は×ということです。

選択肢 2 の **19** は、二乗すると、**361**。

$y^2=361-217=\mathbf{144}$

144 は 12 の二乗。
19 と 12 なら、積が 1000 以下という条件も満たすので、**これが正解！**

もうここから後の選択肢は確認する必要ありません。
選択肢 3 ～ 5 も平方数になりません。

これがコツ！

ある程度の平方数は暗記しておくと便利です。
ゴロ合わせもいろいろあります。
11 × 11 ＝ 121
12 × 12 ＝ 144（トニーはお人よし）
13 × 13 ＝ 169（いいさいいさ一郎君）
14 × 14 ＝ 196（いよいよ一苦労）
15 × 15 ＝ 225（行こう行こう二人で日光）
16 × 16 ＝ 256（いろいろ煮込む）
17 × 17 ＝ 289（いいないいな二泊）
18 × 18 ＝ 324（いやいやミニよ）
19 × 19 ＝ 361（行く行く寒いけど）

やってしまいがちな✕解答

$x^2-y^2=217$

$x^2-y^2-217=0$

として、左辺の因数分解を試みる人も少なくありません。

でも、これはできません。

おさらい

勝者の解き方！

- 設問文の「二乗の差」で、因数分解の公式を思い出す。
- 2つの数を、x、yとおいて、「二乗の差」で式を立てる。
- 因数分解して、x^2-y^2を $(x+y)(x-y)$ に変形する。
- 217を素因数分解することで、$(x+y)$ と $(x-y)$ のそれぞれの値を出す。
- 和差算で、$(x+y)$ と $(x-y)$ の値から、xとyの値を出す。
- $xy \leqq 1000$　という条件を満たしているか確認する。

敗者の落とし穴！

- 設問文の「二乗の差」で、因数分解の公式を思い出さない。
- 因数分解の公式を知らないか、忘れてしまっている。
- 素因数分解のやり方を知らないか、忘れてしまっている。
- 和差算を知らないか、忘れてしまっている。
- $217=1\times217$　と考えてxとyの値を出し、それが　$xy \leqq 1000$　という条件を満たしていないことに気づかない。

重要問題 7　数式の問題②

　正の整数 a、b、c が、ab+ac = 416、bc + ab = 392、ac + bc = 360　を満たしているとき、c の値はいくつか。

1　12
2　13
3　14
4　15
5　16

（裁判所事務官　2005 年度）

この設問は ☞連立方程式の問題です。「約数」を使って解きます。

解くための下ごしらえ

文章題を、図や記号やメモの形に変えましょう。と言っても、この問題の場合は、もう式になっていますね。

a、b、c　正の整数
ab + ac = 416
bc + ab = 392
ac + bc = 360
c は？

目のつけ所！

c を求めるわけですから、**式のどこに c があるか、**目をつけましょう。
そして、**式を変形して、c について何かわからないか、**考えましょう。

最短で解く方法

$ab+ac=416$ …①
$bc+ab=392$ …②
$ac+bc=360$ …③

まず、c がたくさん入っている③に着目しましょう。
③を変形すると、

$c(a+b)=360$

c は 360 の約数とわかります。

なんでこうなるの？
c と（a + b）をかけて、360 になるわけですから、c は 360 の約数ということになります。
3 × 4 = 12
で 3 が 12 の約数なのと同じことです。

ここで選択肢を見てみましょう。

これがコツ！
選択肢を活用できないか、すぐに考えてみるのが、数的推理のコツです。

選択肢の中で 360 の約数なのは、選択肢 1 と 4 だけです。

さあ、ここからどうするかです。
①、②を変形しても、c の情報は出てきません。
では、どうしたらいいのか？
①と②を組み合わせて、③と同じような式を作ればいいのです！
①－②より、

$(ab+ac)-(bc+ab)=416-392$
$ac-bc=416-392$
$c(a-b)=24$

c は 24 の約数ということがわかります。

選択肢１と４で、24 の約数なのは、選択肢１だけです！

正解１

選択肢を c にあてはめてみるやり方もあります。

ここに注目！

選択肢が利用できるというのが、普通の数学の問題と、公務員試験の数的推理の大きなちがい。数的推理では、つねに「選択肢が使えないか」ということを頭に置いておくべきです。

選択肢１「12」

c ＝ 12 を代入して

$ab+12a=416$ …①
$12b+ab=392$ …②
$12a+12b=360$ …③

①－②より、$12a-12b=24$ → $a-b=2$
③より、$a+b=30$

和差算で、

$a=(30+2)\div2=16$
$b=(30-2)\div2=14$

公式！

「和差算」では、大きい数と小さい数の「和」と「差」から、その２つの数を求めることができます。
大＝（和＋差）÷２
小＝（和－差）÷２

これより、a ＝ 16　b ＝ 14
各式にあてはめると、すべて成り立ちます。
正解が１とわかります。

なお、選択肢２以降は、a、b が整数にならないので不適とわかります。

別解②

連立方程式として解くこともできます。ただ、難しいです。

$ab+ac=416$ …①
$bc+ab=392$ …②
$ac+bc=360$ …③

①+②+③より、

$2(ab+bc+ac)=1168$
$ab+bc+ac=584$ …④

④に①を代入すると、ab と ac が消えて、

$bc=168$

④に②を代入すると、bc と ab が消えて、

$ac=192$

④に③を代入すると、ac と bc が消えて、

$ab=224$

これでどうやって c の値を出すか？
ac と bc をかけると、

$c^2\times ab$

ということになります。

1

これを ab で割れば、c^2 になります。

$$c^2 = \frac{ac \times bc}{ab} = \frac{192 \times 168}{224} = \mathbf{144}$$

これがコツ！

分数は約分してから計算すると楽ですよ。

$\frac{168 \times 192}{224}$

は約分すると、3×48になります。

$144 = 12 \times 12$

なので、

$c = \mathbf{12}$

ちょっとヒトコト　これは前にも出てきましたね。
覚えてますか？
38 ページです。

おさらい

勝者の解き方！

- 各式を変形して、c について何かわからないか、さぐる。
- c が 360 と 24 の約数とわかる。
- 選択肢を見て、360 と 24 の約数をさがす。

敗者の落とし穴！

- 連立方程式として、正攻法で解こうとして、途中で行き詰まる。
- 選択肢をあてはめて解いて、時間をかけすぎる。

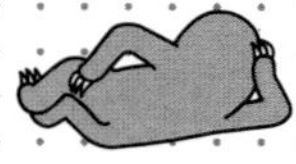

重要問題 8　演算の問題

それぞれ異なる一桁(けた)の四つの自然数 a ～ d について、壊れている二つの電卓 X と電卓 Y を使って、「a ⊠ b ÷ c ⊞ d ⊟」の計算を行ったところ、次のことが分かった。

ア　電卓 X では、「4」又は「6」を押すと「3」と入力される。
イ　電卓 X では、「5」又は「8」を押すと「2」と入力される。
ウ　電卓 X では、「7」又は「9」を押すと「1」と入力される。
エ　電卓 X での計算結果は、5.5 であった。
オ　電卓 Y では、「＋」、「－」、「÷」のどれを押しても「×」と入力される。
カ　電卓 Y での計算結果は、840 であった。

以上から判断して「a × b ÷ c ＋ d」の計算結果として、正しいのはどれか。

1　11.8
2　12.2
3　12.4
4　14.2
5　23.2

（東京都Ⅰ類B　2021 年度）

この設問は ☞ 四則演算の応用問題です。

解くための下ごしらえ

文章題をメモの形に変えましょう。

1 ～ 9 のそれぞれ別の自然数
a × b ÷ c ＋ d ＝ ?
X → a ～ d はすべて「1」「2」「3」のいずれかに→ 5.5
Y →すべて「×」に→ a × b × c × d → 840

ここに注目！
求めるのは「a × b ÷ c ＋ d=」の正しい計算結果なので、X と Y の電卓でこの計算がどうなるのか、というところに注目して、メモを作成しましょう。

1

目のつけ所！

電卓 X の計算結果と、選択肢の計算結果には、すべて**小数部**があります。a ～ d はすべて自然数で、自然数どうしをかけても足しても、そうはなりません。

演算の問題の鍵は「÷」。小数点以下の数字が出てくるのは割ったときだけ！

最短で解く方法

まず電卓 X の計算結果 5.5 について。

「÷」に注目して、考えてみましょう。

電卓 X では、a ～ d の数字はすべて「1」「2」「3」のいずれかになります。

つまずきポイント！

ここが、この設問はわかりにくいです。a ～ d は 1 ～ 9 までの、それぞれ異なる数字なのですが、電卓 X ではすべて「1」「2」「3」のいずれかになります。つまり、もとは異なる数字なのに、電卓 X では同じ数字になる場合もあるということです。ここで混乱しないようにしましょう。

5.5 の **0.5** という小数部は、どういう場合に出てくるでしょうか？

奇数を 2 で割ると、たとえば 3 ÷ 2=1.5 のように、小数部が 0.5 になります。

つまり、a × b ÷ c + d のうち、

c は「2」で、**a × b は奇数**ということです。

1 ～ 3 で、かけて奇数になるのは、

1×1

1×3

3×3

の 3 つの組み合わせのみ。2 で割ってみると、

$$1\times1\div2=0.5$$
$$1\times3\div2=1.5$$
$$3\times3\div2=4.5$$

dは最大で3ですから、上の2つでは a × b ÷ c + d の計算結果が5.5になりません。
電卓Xの計算は、

$3\times3\div2+1=5.5$

ということがわかります。

ア　電卓Xでは、「4」又は「6」を押すと「3」と入力される。
イ　電卓Xでは、「5」又は「8」を押すと「2」と入力される。
ウ　電卓Xでは、「7」又は「9」を押すと「1」と入力される。
という条件から、
aは3、4、6のいずれか。
bも3、4、6のいずれか。
cは2、5、8のいずれか。
dは1、7、9のいずれか。
ということがわかります。

次に電卓Yのほうを考えてみましょう。
a × b × c × d = 840
かけて840になる自然数を探せばいいのですから、840を素因数分解してみましょう。

$$840=2^3\times3\times5\times7$$

これを計算すると…

素因数分解のやり方は、7ページにあります。

2) 840
2) 420
2) 210
3) 105
5) 35
　　7

$840=2^3\times3\times5\times7$

ということは、a～dのうち、どれかは7で、どれかは5ということです。

aは3、4、6のいずれか。
bも3、4、6のいずれか。
cは2、**5**、8のいずれか。
dは1、**7**、9のいずれか。

ということがすでにわかっていますから、7になりうるのはdだけで、5になりうるのはcだけなので、

c=5
d=7

と確定します。
残るはaとbで、その2つをかけると$2^3 \times 3$になるわけですから、
aとbは、4と6とわかります。

というわけで、a × b ÷ c + dは、

4×6÷5+7=11.8

とわかります。

正解1 

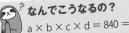

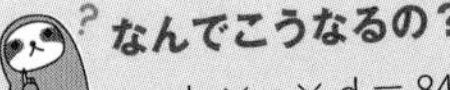

$a \times b \times c \times d = 840 = 2^3 \times 3 \times 5 \times 7$で、a～dは1～9までのそれぞれ別の自然数です。
7と5はこれに2や3をかけると、10以上になってしまいます。
なので、7と5は、そのままa～dのいずれかということです。
一方、2と3はかけても9以下になるので、さらに確認する必要があります。

なんでこうなるの？

$2^3 \times 3$となる、2つの自然数の組み合わせは、(8, 3) か (4, 6) か (2, 12) か (1, 24) です。
12と24は10以上なので不可です。
そして、
aは3、4、6のいずれか。
bも3、4、6のいずれか。
とわかっていますから、(3, 8) もありえません。(4, 6) とわかります。
なお、4と6もどっちがaで、どっちがbかはわかりません。それがわからなくても、答えは出せるので、わからなくてまったくかまいません。
わからなくてもいいことまで突きとめようとして、ムダな時間を使わないように気をつけましょう。

おさらい

勝者の解き方！

- X が 1、2、3 しか入力されないことから、5.5 になる組合せを探す。
- 整数にならないのは「÷」だけだから、2 で割ったと気づく。
- Y は全て「×」であることから、840 を素因数分解することに気づく。
- かけて 840 になる 4 つの 1 桁の数字は、5 と 7 と、(3, 8) か (4, 6) と求める。
- 条件を満たすのは (4, 6) とわかり、正しい計算をする。

敗者の落とし穴！

- 問題の意味がわからず、何をしていいか戸惑う。
- 整数にならないのは 2 で割ったからだと気づかない。
- X で入力できるのが 1、2、3 のみであることを忘れ、色々な数字を思い浮かべて混乱する。
- 840 を素因数分解することに気づかない
- 840 を素因数分解したが、1 ～ 9 の数字の 4 つに分けることに気づかず、色々な例を考えてしまう。

頻出度 × 学習効果

2

平面図形

★★★★★

平面図形は相似と三平方＋ α ！

§2　平面図形

頻出度 ★★★★★

数的推理の図形問題！

判断推理では、空間把握という図形分野があり、パズルのような問題などが出題されますが、数的推理でも図形の問題は出題されます。こちらは、数学的な図形の問題で、長さや面積、体積などを求める問題が多く、主に中学校で習った内容です。

解法によく使う手段は、**相似と三平方の定理がメインで、これを使って長さを求める作業が多くなります。**

図形はどの試験でも１問は出題される！

図形の問題は、たまに例外はありますが、どの試験でもたいてい１問は出題されており、そのうちの多くは平面図形の問題です。

また、近年では、東京都や特別区、警視庁などで、**空間把握の問題でも、面積や長さを求める問題が取り入れられており、他の試験でも同様の傾向がみられることがあります。**これらの問題を含めると、この分野の問題は非常に重要といえますので、しっかり練習をこなすことが必要です。

おさえておくべき　重要問題の紹介

ここがポイント！

長さを求めるときは、「相似」と「三平方の定理」を使うのが定番。どう使えばいいかという目で問題をみましょう。

これだけは必要な数学の知識

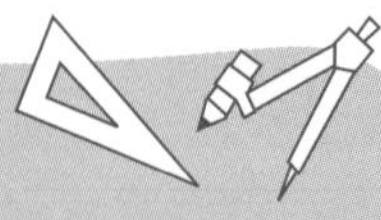

- 平行四辺形の面積の求め方
- 台形の面積の求め方
- ひし形の面積の求め方
- 三角形の面積と内接円の半径
- 相似の基本
- 平行線と線分比
- 相似比と面積比
- 底辺分割の定理
- 三角形の重心の定理
- 三平方の定理
- 接線の性質
- 内接四角形の定理

これだけは必要って、「これだけ」って量じゃないよ、これは！
もうイヤ・・・
そんなに落ち込まないで簡単なものが多いからね

これから丁寧に説明していきます
「暗記するからゴチャゴチャした
説明はいらない」という人は
「ココだけ！」という囲みの
ところだけ見てくださいね！
長い説明を読むのも
暗記するのも
面倒くさいなぁ…
自分、ナマケモノですから

平行四辺形の面積の求め方

例題 1

底辺が 4cm、高さが 3cm の平行四辺形があります。面積は？

ココだけ！

平行四辺形の面積＝底辺×高さ

4cm×3cm＝**12cm²**（12平方センチメートル）

平行四辺形は変形すると長方形になります。

ですから、平行四辺形の「底辺×高さ」は、長方形の「横×縦」と同じことなのです。

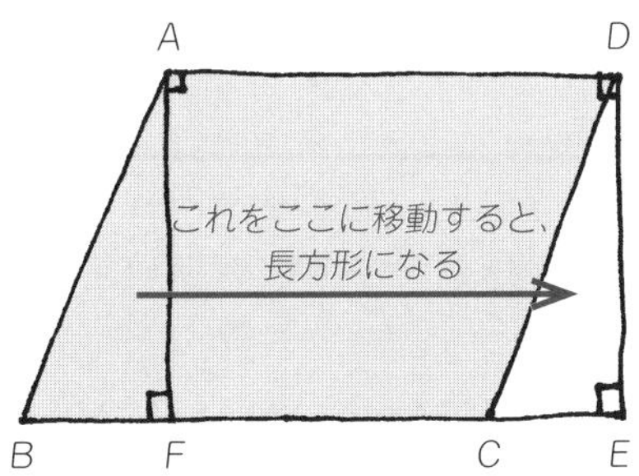
A
D
これをここに移動すると、
長方形になる
B
F
C
E

2

台形の面積の求め方

例題 2

上底が 5cm、下底が 3cm で、高さが 4cm の台形があります。面積は？

「上底」は台形の上の辺のこと、「下底」は下の辺のことです。

ココだけ！

台形の面積＝（上底＋下底）×高さ÷ 2

(5cm＋3cm)×4cm÷2＝**16cm²**

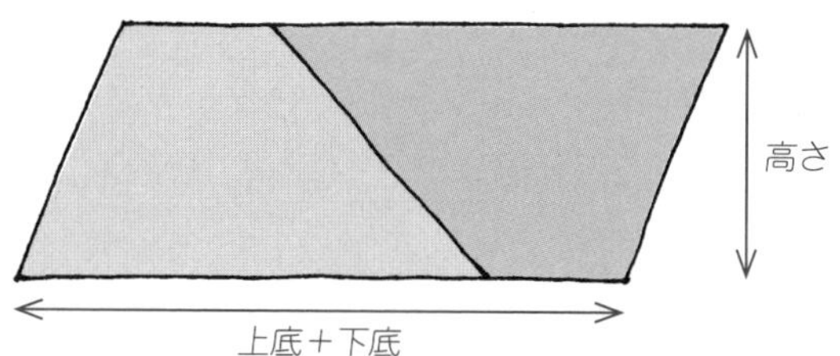

台形は、同じ台形をひっくり返してつなげると、**平行四辺形**になります。

その面積は「(上底＋下底) ×高さ」となり、2 つつなげているので、それを 2 で割るのです。

ひし形の面積の求め方

例題 3

対角線が 6cm と 4cm のひし形があります。面積は？

ひし形の面積＝対角線×対角線÷ 2

$6\text{cm} \times 4\text{cm} \div 2 = \mathbf{12cm^2}$

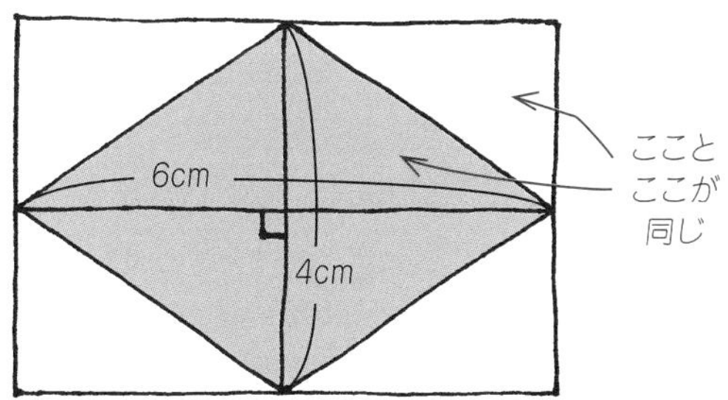

上の図のように、ひし形を長方形が囲んだところを考えてみてください。

ひし形を対角線で４つの三角形に分けたとき、その４つの三角形はそれぞれが向かいあってる三角形と「合同（同じ形とサイズ）」ですよね。

つまり、ひし形の面積は、この長方形の半分です。

この長方形の縦と横の長さは、ひし形の対角線×対角線と同じです。

だから、ひし形の面積＝対角線×対角線÷２　ということになるのです。

三角形の面積と内接円の半径

例題４

三角形の面積を内接円の半径から出す方法は？

ココだけ！

三角形の面積＝内接円の半径×周の長さ÷２

※「周の長さ」とは三角形の３辺の長さの合計のことです。

三角形の面積＝底辺×高さ÷２

この出し方なら、なじみがあると思います。でも、三角形の面積の出し方は、他にもいろいろあります。

今回は、内接円の半径から出す方法です。

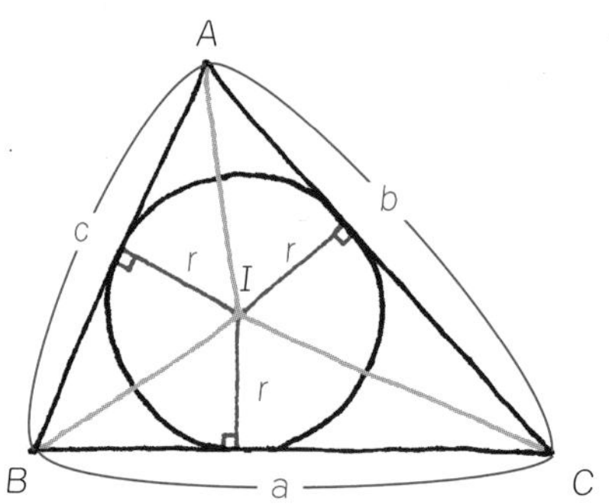

三角形 ABC の内接円の中心を I とすると、その I から各頂点 ABC を結んだ線で、**３つの小さな三角形に分けることができます。**

その小さな三角形の面積は、底辺×高さ÷２です。

内接円の半径を r とすると、小さな三角形３つの面積は、

AB×r÷2　BC×r÷2　CA×r÷2

全体の三角形 ABC の面積は、小さな三角形の面積３つを足したものなので、

（AB×r÷2）＋（BC×r÷2）＋（CA×r÷2）
＝r（AB＋BC＋CA）÷2

すなわち、

三角形の面積＝内接円の半径×周の長さ÷2

となります。

四角に内接するナマケモノ

相似の基本

例題5

三角形が相似である３つの条件って？

「相似」とは**「2つの図形のサイズは違うけれども、形は同じ」**ということです。

三角形が相似であることを示すには、つぎの３つのうちのいずれかを示す必要があります（どれか１つだけでかまいません）。

ココだけ！

三角形の相似条件

①３辺の比が等しい
②２辺の比と、そのはさむ角がそれぞれ等しい
③２組の角が等しい

平行線と線分比

例題6

◎印のついている２本の線が平行なとき、x と y はそれぞれ何 cm ？

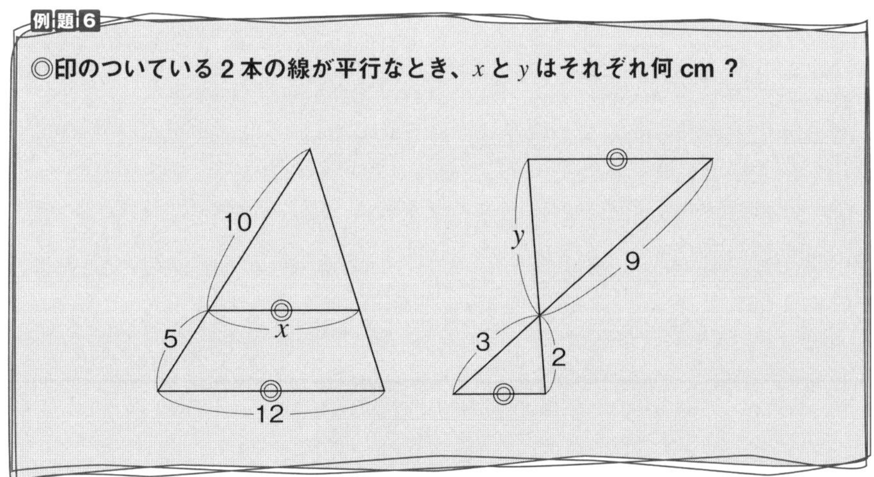

ココだけ！

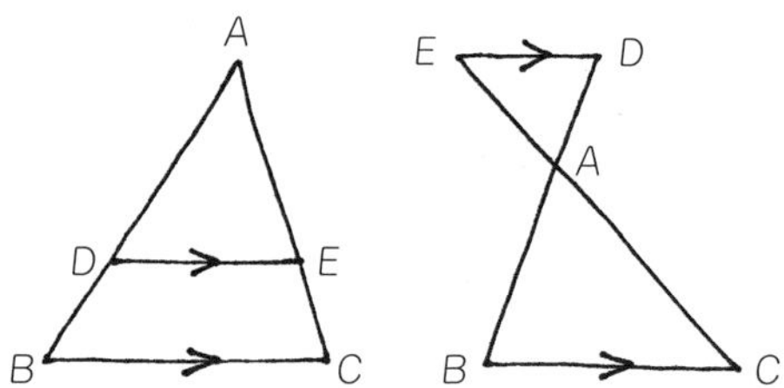

※図の矢印記号は、この２本の線が平行ということを表します。

上の右の図でも左の図でも、次のことが成り立ちます。

AB：AD＝AC：AE＝BC：DE
AD：DB＝AE：EC

この法則から、

左の図は　15：10＝12：x
右の図は　3：9＝2：y

これを解くと（比の計算は「外側の積＝内側の積」なので）、

$15x=10\times12$　$x=10\times12\div15=$**8（cm）**
$3y=18$　$y=$**6（cm）**

ここらへんから、ちょっと複雑になってきますが、**これはめちゃくちゃよく使う法則で、最重要といっても過言ではありません。**

三角形の３辺から面積や内接円の半径を求める定番問題では、相似か三平方の定理を使って解くことになります。

しっかり頭に入れておきましょう。

相似比と面積比

例題7

2つの相似な図形があり、相似比が1：2のとき、面積比は？

「相似比」とは、**相似な図形の「対応する辺の長さの比」**のことです。（「対応する辺」とは、たとえば直角三角形の斜辺どうしとか、そういうことです）
「面積比」とは、その名の通り、**「面積の比」**のことです。

ココだけ！

相似比が a：b なら、面積比は $a^2：b^2$

つまり、相似比が1：2なら、面積比は1：4。

これは次のような正方形の場合で考えてみると、よくわかります。

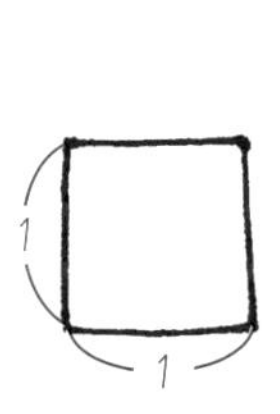

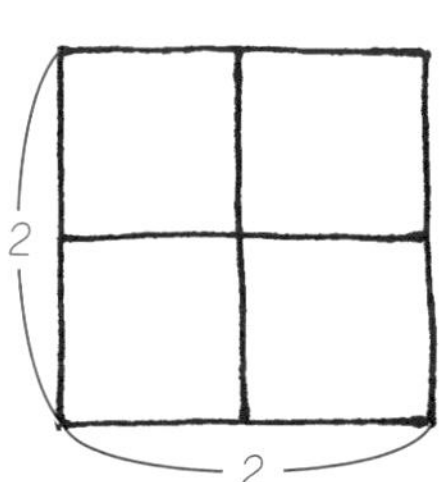

底辺分割の定理

例題8

次のような、三角形を１本の線で分割した２つの三角形があり、底辺の比が２：１のとき、面積比は？

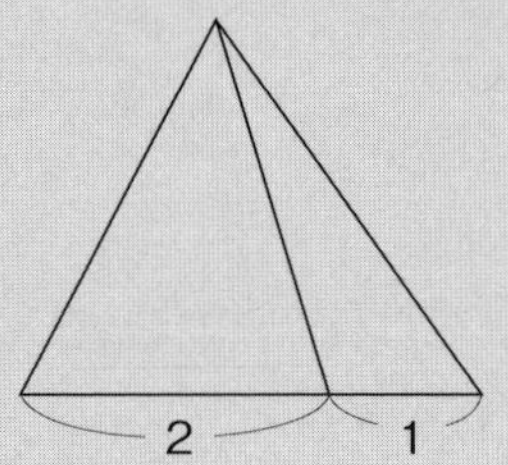

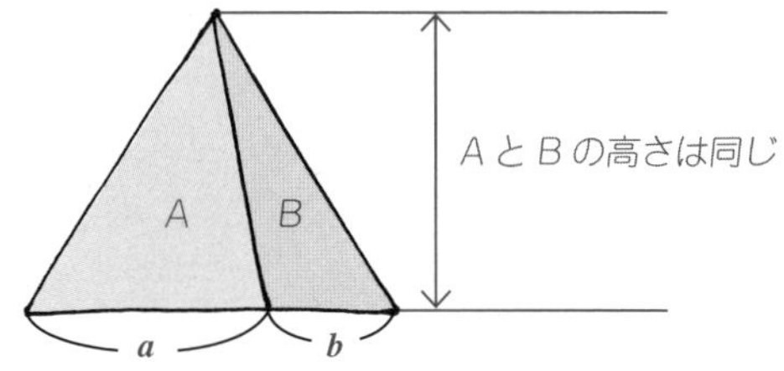

面積比＝底辺の比

左の三角形の面積をA、右の三角形の面積をBとすると、

A：B=a：b

が成り立ちます。

なぜそうなるかは、三角形の面積の出し方を考えるとわかります。
三角形の面積の出し方は、

底辺×高さ÷２

ですね。

図を見るとわかるように、底辺をそれぞれa、bとしたとき、AとBの２つの三角形は高さが同じです。そうすると、面積の大きさは底辺の長さで決まることになります。

例題の場合も、**底辺の比が 2：1 なら、面積比も 2：1** です。

数的推理の問題で、三角形の面積の比率を求めるときには、例題 7 の相似比の二乗か、この底辺分割の定理が用いられることが、ほとんどです。

ですから、よく頭に入れておきましょう。

三角形の重心の定理

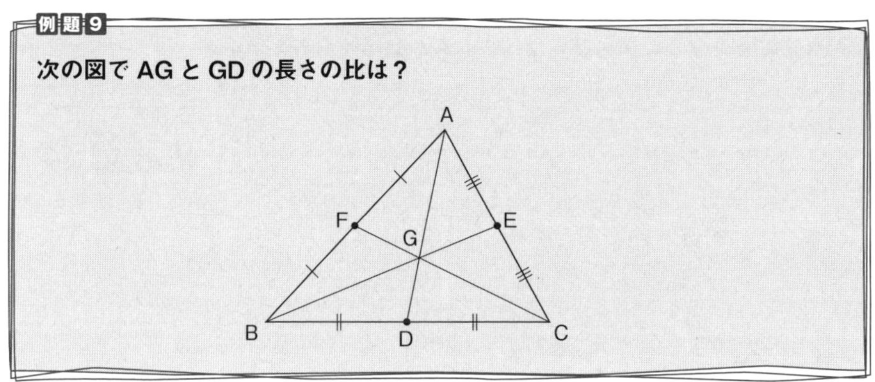

例題 9

次の図で AG と GD の長さの比は？

点 D、E、F はそれぞれの辺の中点です。

三角形の頂点と、その対辺の中点を結んだ線を、**中線**と言います。AD、BE、CF は中線です。

三角形の 3 本の中線は、必ず一点で交わります。その一点を**三角形の重心**と言います（この一点にヒモをつけて三角形をぶら下げたとしたら、ちょうどバランスがとれます）。

この例題の G は重心ということです。

三角形の重心は、3 つの中線をそれぞれ 2：1 に内分します。
これが三角形の重心の定理です。

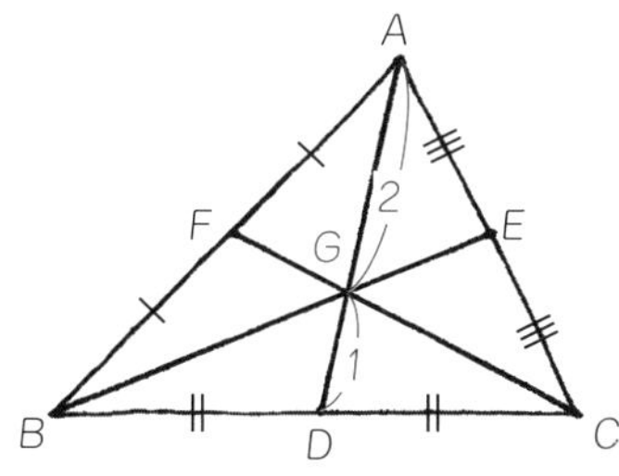

つまり、例題の答えは、2：1です。

もちろん、AGとGDの長さの比だけでなく、BGとGE、CGとGFの長さの比も2：1です。

三平方の定理

例題10

直角三角形の3つの辺の長さには、どんな関係がある？

ココだけ！

直角三角形の**斜辺の長さをc**とし、その他の辺の長さをa、bとしたとき、次の関係が成り立ちます。

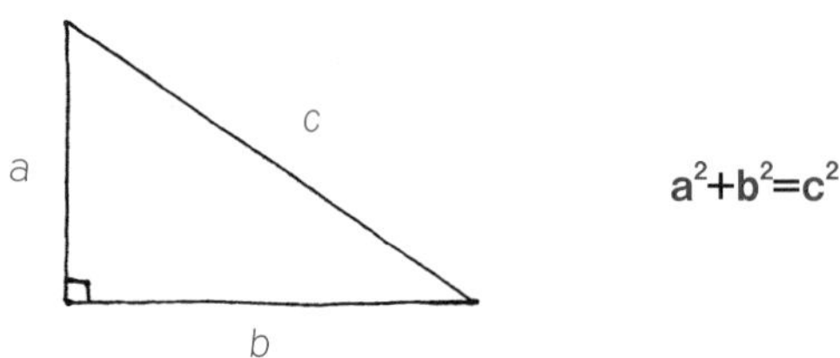

$$a^2+b^2=c^2$$

（直角三角形の斜辺の長さの2乗は、他の2辺の長さの2乗の和に等しい）

ピタゴラスの定理とも呼ばれます。

直角三角形の辺の長さや面積を出す問題では頻出です。直角三角形を見たら、「三平方の定理では？」と疑っていいくらいの存在です。

接線の性質

例題11

「円の接線」と「円の中心と接点を結ぶ線」との関係は？
また、外部の1点から円に引いた2本の接線の関係は？

ココだけ！

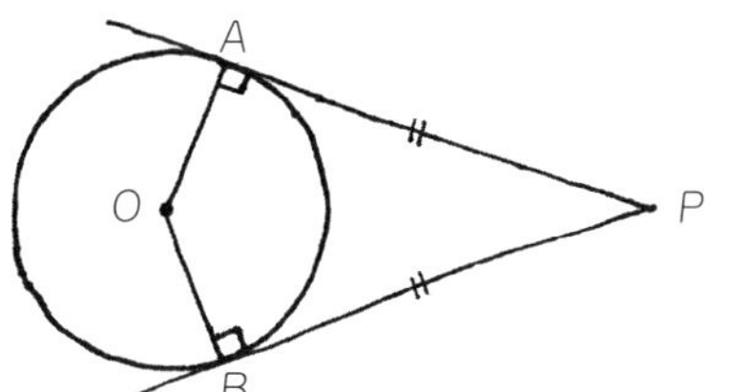

図にするとよくわかります。

「円の接線」と「円の中心と接点を結ぶ線（半径）」は、つねに**直角**になります。

∠OAP＝∠OBP＝90°

また、外部の1つの点から円に引いた2本の接線は**長さが等しく**なります。

AP＝BP

2

内接四角形の定理

例題12

∠PCB が 70°のとき、∠PAB の角度は？

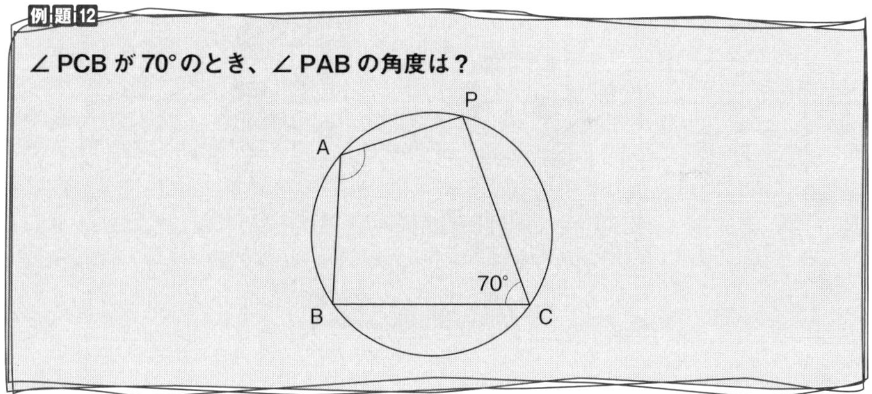

2

ココだけ!

円に内接する四角形は、**向かい合う内角の和が180°** になります。

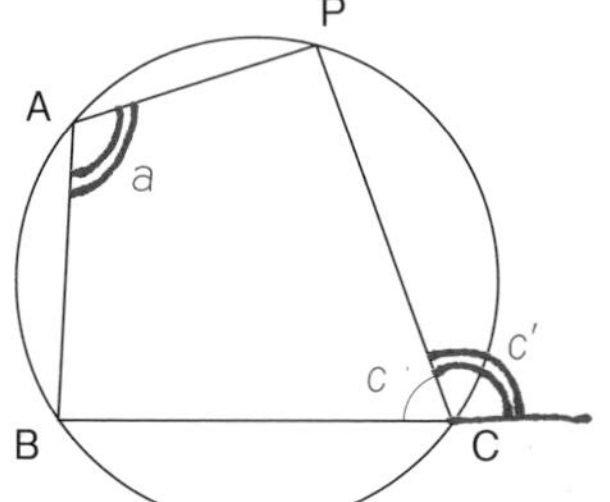

a＋c＝180°
a＝c′

したがって、∠PCBが70°のとき、向かい合う∠PABの角度は、

180°－70°＝**110°**

ごちゃごちゃ覚えなくても、測っちゃえばいいんじゃない？
それを言っちゃぁおしまいよ

重要問題 **面積についての基本問題**

図は正方形 ABCD の中に四つの合同の長方形を配置したもので、影を付けた部分の面積が 121cm^2、各長方形の面積が 180cm^2 である。このとき、長方形の短い方の一辺の長さは、次のどれか。ただし、図は必ずしも正確ではない。

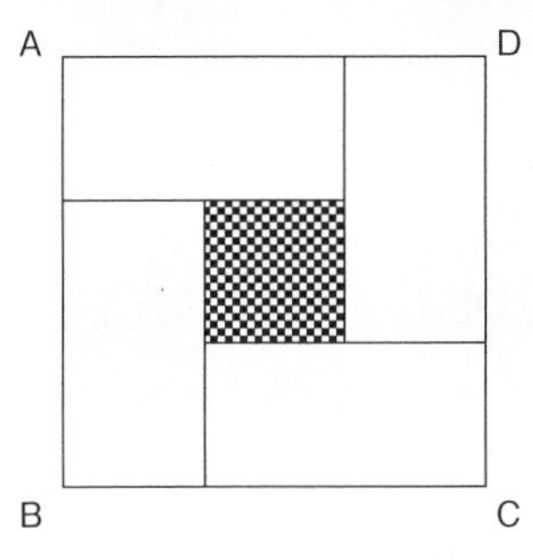

1　5cm
2　6cm
3　9cm
4　10cm
5　12cm

（警視庁警察官　2010 年度）

この設問は ☞ まずはウォーミングアップで、基本的な問題です。

解くための下ごしらえ

文章題を、図や記号やメモの形に変えましょう。

4 つの長方形は合同　面積 180cm^2
影を付けた部分の面積 121cm^2
長方形の短辺の長さは？

目のつけ所！

真ん中の影をつけた四角が目のつけ所です。
これはいったいどういう四角なのか、考えてみましょう。

それと、**求める「長方形の短辺」と、この真ん中の四角の辺がどういう関係にあるか、**よく図を見てみましょう。

最短で解く方法

2

図をよく見てみてください。
真ん中の影を付けた四角の一辺の長さは、
長方形の長辺－長方形の短辺
です。
４辺ともそうです。
つまり、この真ん中の四角は**「正方形」**です。

面積が 121cm^2 の正方形ですから、
１辺の長さは 11cmです。

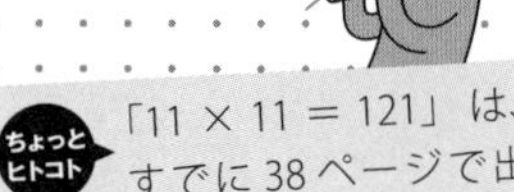

ちょっとヒトコト 「11 × 11 ＝ 121」は、すでに 38 ページで出てきました。覚えてますか？

長方形の短辺に 11cmを足したら、長方形の長辺なのですから、
長方形の長辺と短辺の差が 11cmということです。
長方形の面積（長辺×短辺）が 180cm^2 なので、
差が 11 で、積が 180 になる２つの数を出せば、
短辺の長さが（長辺の長さも）わかります。
それは 9 と 20 です。
短辺は 9cmとわかります。

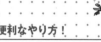

便利なやり方！

「差と積」から２つの数を出すには、
積のほうの数に目をつけて、
２つの数の組合せを、順番に書いていきます。
そして、差が 11 になる組合せを見つけます。
1 × 180　2 × 90　3 × 60
4 × 45　5 × 36　6 × 30（7と8では 180 は割れません）9 × 20
9と 20 は差が 11 ですね。
なお、「1 × 180　2 × 90……」と進むにつれて、２つの数の差はだんだん縮んでいきます。ですから、「これはまだかなり先だな」と気づくはず。ちょっと数を飛ばしたりして、時間を節約しましょう。

正解 3

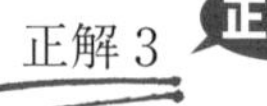

別解①

真ん中の正方形の一辺の長さを出すところまでは同じです。
この正方形の一辺と、長方形の短辺がどういう関係にあるか、図をよく見てみましょう。
正方形 ABCD の一辺は**「短辺＋真ん中の正方形の一辺＋短辺」**になっています。
今、真ん中の正方形の一辺の長さは 11cm とわかっているのですから、正方形 ABCD の一辺の長さがわかれば、長方形の短辺の長さもわかります。

正方形 ABCD の一辺の長さは、正方形 ABCD の面積がわかれば出せます。
正方形 ABCD の面積は「長方形の面積 × 4 ＋ 真ん中の正方形」の面積です。

$180 \times 4 + 121 = 841$

一辺の長さ $= \sqrt{841} =$ **29（cm）**

これを計算すると…

ルートの計算では、数字を「素因数分解」しますが、841 はそれが難しいですね。割れる数をなかなか思いつけないと思います。
そういうときは、おおよそで推測します。
841 は 900 に近い。$\sqrt{900}$ は 30 なので、$\sqrt{841}$ は 30 より少し小さいだろう。
841 は 1 桁目が 1 。二乗して 1 になる数字は 1 桁目が 1 か 9。
じゃあ、まず 29 × 29 を計算してみるか。841 になった！
という感じで解きます。

正方形 ABCD の一辺の長さから、真ん中の正方形の一辺の長さを引いて、2 で割れば、長方形の短辺の長さなので、

$(29 - 11) \div 2 =$ **9（cm）**

別解②

選択肢をあてはめて解くこともできます。

肢１　短辺が 5cmなら、長辺は、180 ÷ 5 ＝ 36

↓

真ん中の図形の１辺の長さは 31cm

→面積 121 にならない

肢２　短辺が 6cmなら、長辺は、180 ÷ 6 ＝ 30

↓

真ん中の図形の１辺の長さは 24cm

→面積 121 にならない

肢３　短辺が 9cmなら、長辺は、180 ÷ 9 ＝ 20

↓

真ん中の図形の１辺の長さは 11cm

→面積 121 で OK ！

おさらい

勝者の解き方！

- 真ん中の四角が正方形と気づく。
- 正方形の面積から、１辺が 11cmと出る。
- 長方形の２辺は差が 11 であること、面積が 180 であることから、短辺は 9cm、長辺は 20cmとわかる。
- 長方形の辺の長さを求めるのに、まず真ん中の正方形の辺の長さを求めるところがポイント！

敗者の落とし穴！

- 真ん中の四角が正方形と気づかない。
- すべてを未知数として方程式を立ててしまう。

重要問題 2　底辺分割の定理と面積比の問題

下の図のように、三角形ABCは、AB = ACの二等辺三角形であり、辺AB上に点D、Fが、辺AC上に点E、Gが置かれ、線分DE、EF、FG、GBによって五つの三角形に分割されている。この五つの三角形のそれぞれの面積が全て等しいとき、ADの長さとAEの長さの比として、正しいのはどれか。

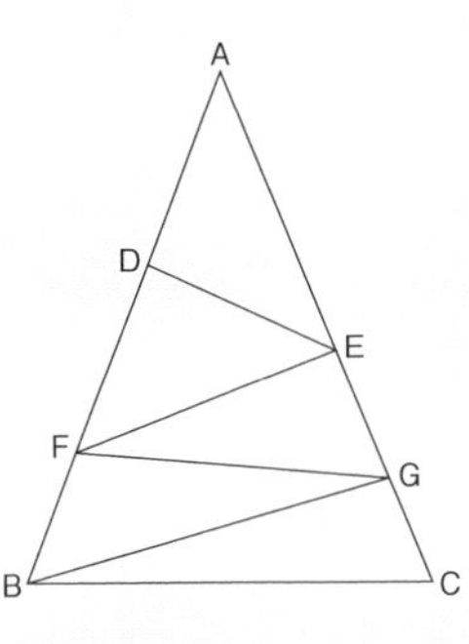

	AD	:	AE
1	5	:	7
2	9	:	13
3	15	:	22
4	45	:	62
5	45	:	64

（東京都Ⅰ類　2019年度）

この設問は ☞ 底辺分割の定理の使い方をマスターする問題です。

解くための下ごしらえ

設問の文章中から、重要な情報をメモしましょう。

三角形ABCは二等辺三角形　AB = AC
5つの三角形は面積が等しい
ADとAEの比は？

 目のつけ所！ 

1つの三角形がいくつかに分割されています。さらに、その面積が等しいわけですから、**「底辺分割の定理」**の出番です。

定理！

「底辺分割の定理」については、この章の最初の「これだけは必要な数学の知識」で説明してあります。

2

高さが等しい三角形を探して、辺の比を調べるわけです。

ただ、**設問には具体的な長さがまったく示されていません。**
ABやACの長さとか、∠Aの大きさとかまったくわかりません。
それでも、ADとAEの比は求められるということです。

ここに注目！

ABとACの長さが同じということはわかっています。
なので、ABに対するADの比と、ACに対するAEの比がわかれば、ADとAEの比を求められます。
つまり、目標は、ABに対するADの比と、ACに対するAEの比を割り出すことです。
というふうに、最初から目標設定できるとベストですが、それができなくても大丈夫！
「底辺分割の定理」でとにかく辺の比を出していけば、そこに行き着けます。

与えられているのは、**5つの三角形の面積が等しいということだけ**ですから、とにかく、図の中で**辺の比がわかる部分**を探すようにしましょう。

最短で解く方法

「底辺分割の定理」が使える形を探します。
まず、わかりやすいところで、**三角形AFE**に着目しましょう。
三角形ADEと三角形DFEは面積が等しいわけですから、AD = DFです。
つまり、

AD:DF=1:1

となります。

なんでこうなるの？

三角形AFEを、頂点Eを上にしてみるとわかりやすいでしょう。

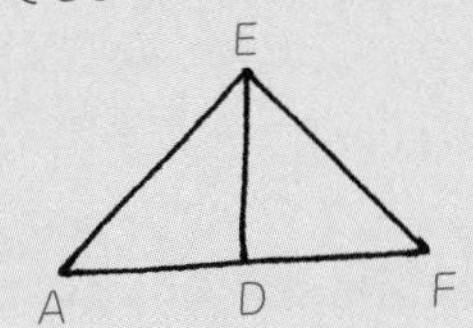

三角形EADと三角形EFDの面積比が1：1なので、AD：DF＝1：1となるわけです。

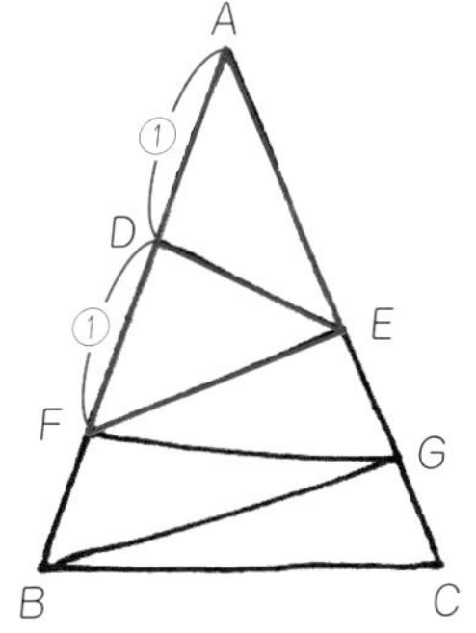

次に、**三角形 AFG** に着目します。
三角形 AFE と三角形 EFG の面積比は **2：1** ですから、

AE：EG＝2：1

となります。

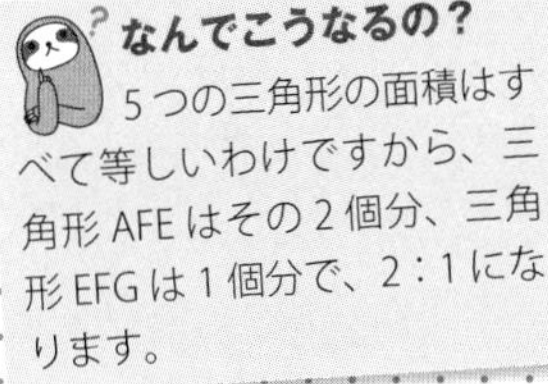

なんでこうなるの？
5つの三角形の面積はすべて等しいわけですから、三角形 AFE はその2個分、三角形 EFG は1個分で、2：1になります。

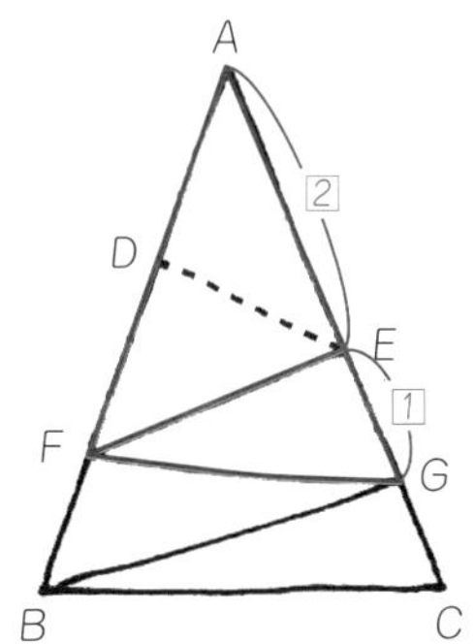

続けて、**三角形 ABG** に着目します。
三角形 AFG と三角形 FBG の面積比は **3：1** ですから、

AF：FB＝3：1

となります。

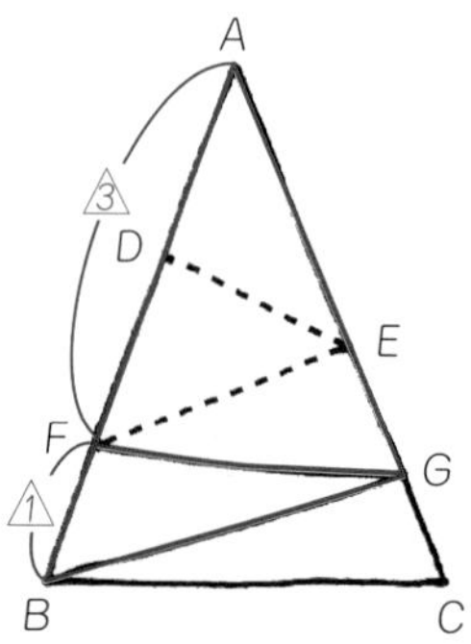

最後に、**三角形 ABC** について見ます。
三角形 ABG と三角形 GBC の面積比は **4：1** ですから、

AG：GC=4：1

となります。

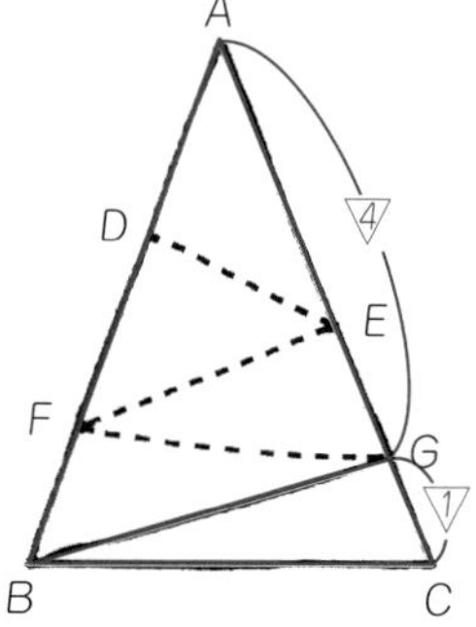

では、ここまでをまとめて、AB と AC について、それぞれの長さの比を考えます。

AD：DF=1：1
AF：FB=3：1

ですから、AF = 3、FB = 1 とおくと、

$$AD:DF:FB = 1.5:1.5:1$$
$$= \mathbf{3:3:2}$$

となります。

なんでこうなるの？

AD＝DFなので、AF＝3を半分に分けるとそれぞれ1.5になります。
「1.5：1.5：1」はそれぞれを2倍して「3：3：2」というきれいな比にしましょう。

同様に、ACについてまとめると、

$$AE:EG = 2:1$$
$$AG:GC = 4:1$$

となります。
これより、AG = 4、GC = 1とおくと、AEとEGはそれぞれAGの $\frac{2}{3}$ と $\frac{1}{3}$ ですから、

$$AE:EG:GC = \left(4\times\frac{2}{3}\right):\left(4\times\frac{1}{3}\right):1$$
$$= \frac{8}{3}:\frac{4}{3}:1$$
$$= \mathbf{8:4:3}$$

ABとACについて、それぞれの長さの比がわかりました。
最終的に求めるのは、ADとAEの比です。
ABとACの長さは同じですから、ABに対するADの割合と、ACに対するAEの割合がわかれば、ADとAEの比を求められます。

まず、ABに対するADの割合は、
AD：DF：FB ＝ **3：3：2**
なので、

$$\frac{AD}{AB} = \frac{3}{3+3+2} = \frac{3}{8}$$

とわかります。

なんでこうなるの？

なぜ $\frac{AD}{AB}$ を出すのかと唐突に思うかもしれません。求めるのは、ADとAEの比です。それを出すために、まず、ADのABに対する割合を出したわけです。
この後、今度は、AEのACに対する割合を出します。

同様に、ACに対するAEの割合は、

2

AE：EG：GC ＝ **8：4：3**

なので、

$$\frac{AE}{AC} = \frac{8}{8+4+3} = \frac{8}{15}$$

とわかります。

これで、AD と AE について、それぞれ AB と AC に対する割合がわかりました。

AB と AC は等しいわけですから、AD と AE の比は、

$$\frac{3}{8} : \frac{8}{15} = \left(\frac{3}{8} \times 120\right) : \left(\frac{8}{15} \times 120\right)$$

$$= \mathbf{45 : 64}$$

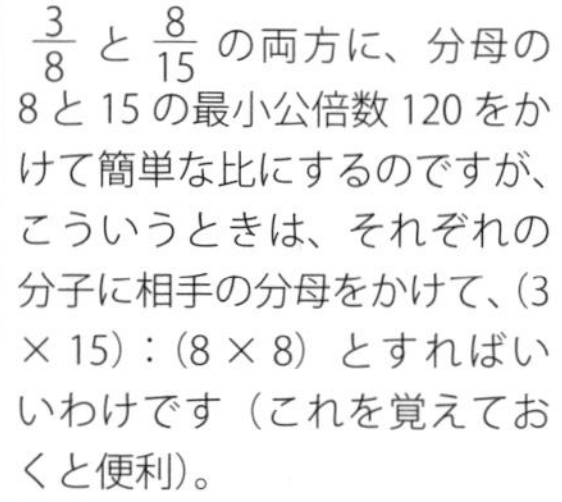

便利なやり方！

$\frac{3}{8}$ と $\frac{8}{15}$ の両方に、分母の 8 と 15 の最小公倍数 120 をかけて簡単な比にするのですが、こういうときは、それぞれの分子に相手の分母をかけて、(3 × 15)：(8 × 8) とすればいいわけです（これを覚えておくと便利）。

とわかります。

正解　5

やってしまいがちな✕解答

たとえば、三角形 ADE と四角形 DBCE の比が 1：4 なので、AD：DB ＝ 1：4 としてしまうことがあります。
底辺分割の定理が使えるかたちをきちんと確認しましょう。

おさらい

勝者の解き方！

- 「底辺分割の定理」を使うことに気づく。
- 「底辺分割の定理」が使える三角形に着目して辺の比を求める。
- AB に対する AD の比と、AC に対する AE の比を出して、AD と AE の比を求める。

敗者の落とし穴！

- 具体的な長さが与えられていなので、無理だと思い込む。
- 「底辺分割の定理」を知らず、面積比を活用できない。
- 「底辺分割の定理」を使うかたちをまちがえて、誤った比を出してしまう。
- 比を簡単にできず、答えにたどり着けない。

2

重要問題 3 平行線と面積比と底辺分割の定理の問題 ☀☀☀☀

次の図のように、辺 BC=24cm とする長方形 ABCD があり、辺 AB の中点を E、辺 AD を 4 等分した点をそれぞれ F、G、H とし、F、G、H から辺 BC に垂線を引いた。今、C から A、E 及び G に直線を引き、∠ CGD=45° であるとき、斜線部の面積はどれか。

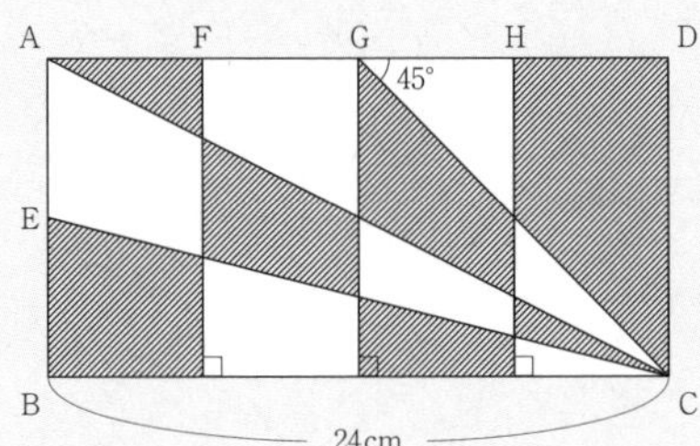

1 108cm²

2 126cm²

3 144cm²

4 162cm²

5 180cm²

（特別区Ⅰ類　2019 年）

この設問は ☞ 「平行線と線分比」「相似比と面積比」「底辺分割の定理」がいっぺんに出てきます。相似の基本知識をしっかりマスターしましょう！

解くための下ごしらえ

設問の文章中から、重要な情報をメモしましょう。

四角形 ABCD は長方形　BC=24cm
E は AB の中点
F、G、H は AD の 4 等分点
たて線はすべて平行
∠ CGD=45°

目のつけ所！

平行線が登場するということは、**「平行線と線分比」**を使って解くことが多いです。

相似な図形がたくさんあります。**「相似比と面積比」**を使うことになりそうです。

底辺が分割された三角形がたくさん出てきます。**「底辺分割の定理」**の出番です。

「平行線と線分比」「相似比と面積比」「底辺分割の定理」については、この章の最初の「これだけは必要な数学の知識」で説明してあります。

45°とわざわざ入れてあるのは、なぜでしょう？
これの意味するところを考えましょう。
ここが45°ということは、三角形CDGは直角二等辺三角形です。
図の右半分の四角形は**正方形**ということです。
そうすると、当然、左半分も同じ正方形です。
ということは、辺ABの長さは、辺BCの長さの半分の12cmということになります。

辺AB＝12cm

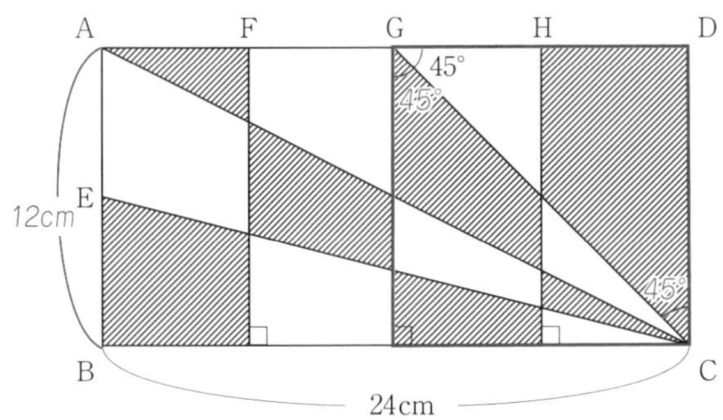

こういう、設問の文書中には書いてないけれども、図からわかることを、しっかり見つけ出すようにしましょう。

最短で解く方法

まず、「平行線と線分比」の形を探します。

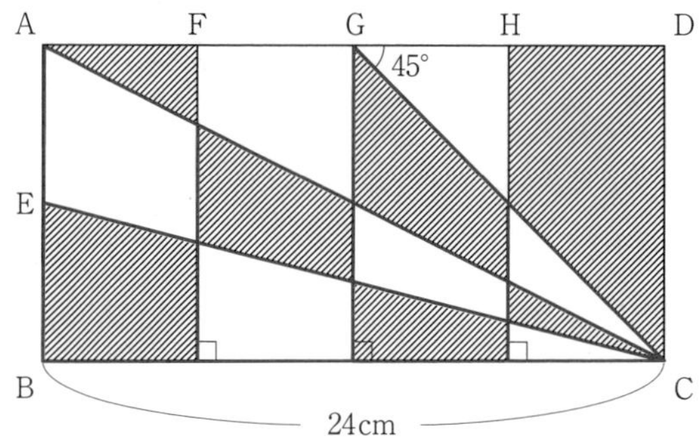

そして、**線分比**を確認しましょう（説明のために、図にIからRの記号を足しました）。

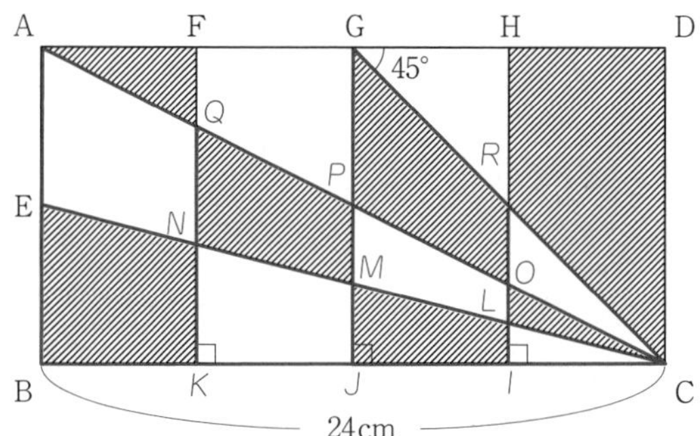

たとえば、まず三角形CBEについて見ると、「平行線と線分比」で、

CB：CI=EB：LI

辺CBは4等分されているわけですから、
CB：CI=4：1
つまり、EB：LI=4：1

EB= ④、LI= ①とすると、同様に、辺 MJ は②、辺 NK は③ということになります。
三角形 CAE についても同じことです。
そして、他の辺についても、次のように**線分比**がわかります。

なんでこうなるの？

辺 FQ は、辺 QN と辺 NK がどちらも③とわかれば、全体（辺 FK は辺 AB と同じ⑧）から③＋③＝⑥を引いた、②とわかります。
辺 GP も、⑧から辺 PM と辺 MJ の②＋②＝④を引いた、④とわかります。
辺 GP が④なら、三角形 CGP において、「平行線と線分比」で、辺 RO は②です。そうすると、辺 HR は⑧から②＋①＋①＝④を引いた、④とわかります。

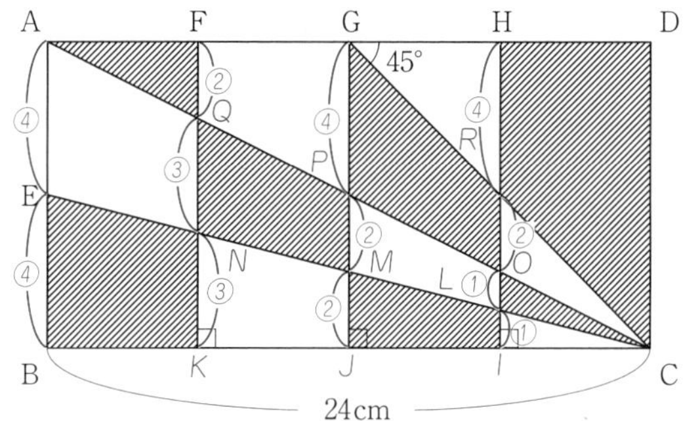

この線分比をもとに、「相似比と面積比」と「底辺分割の定理」から**面積比**を出しましょう。

「相似比と面積比」については、「これだけは知っておきたい数学の知識」のところを参照してください（61 ページ）。

まず、「相似比と面積比」です。
三角形 CLI と三角形 CMJ は相似です。相似比は 1：2 です（辺 LI と辺 MJ の線分比が 1：2 ですから）。
相似比が 1：2 なら、面積比は $1^2 : 2^2 = 1 : 4$ です。
つまり、三角形 CLI と三角形 CMJ の面積をそれぞれ[1]、[4]とすると三角形 CMJ から三角形 CLI を引いた、四角形 LIJM の面積は[3]ということになります。
同様にして、四角形 MJKN は[5]、四角形 NKBE は[7]とわかります。

なんでこうなるの？

三角形 CLI と三角形 CNK は相似です。相似比は 1：3 です（辺 LI と辺 NK の線分比が 1：3 ですから）。
相似比が 1:3 なら、面積比は 1:9 です。
つまり、三角形 CLI と三角形 CNK の面積比は 1：9 です。
三角形 CMJ の面積は[4]ですから、
三角形 CNK から三角形 CMJ を引いた、四角形 MJKN の面積は[5]ということになります。
四角形 NKBE についても同様です。

次に、「底辺分割の定理」から、三角形 CAE の各部についても、三角形 CEB と同じとわかります。

同様に、三角形 CGP も三角形 CPJ と同じですから、三角形 CRO は三角形 COI と同じで$\boxed{1}+\boxed{1}=\boxed{2}$、四角形 ROPG は四角形 OIJP と同じで$\boxed{3}+\boxed{3}=\boxed{6}$となります。

また、三角形 AQF は、三角形 COI と合同な三角形なので、面積は$\boxed{2}$です。

これより、長方形 ABKF の面積は$\boxed{2}+\boxed{7}+\boxed{7}=\boxed{16}$とわかります。そうすると、長方形 FKJG、長方形 GJIH、長方形 HICD もいずれも同じ$\boxed{16}$ですから、残る部分の面積は下図のようにわかります。

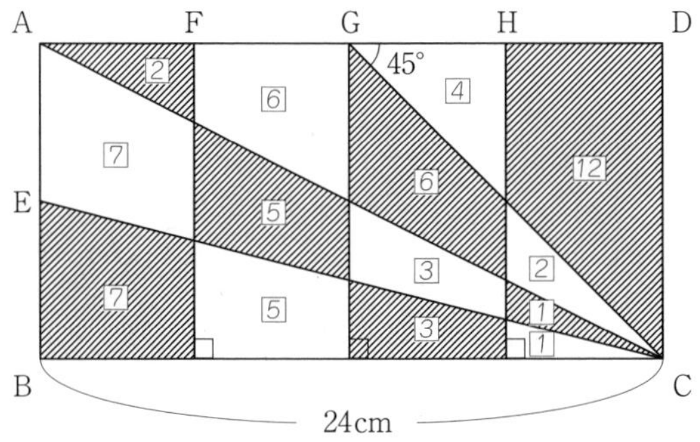

斜線部分の面積比を足しましょう。

$$12+1+6+3+5+2+7=\mathbf{36}$$

全体は、四角形 ABKF が$\boxed{16}$なので、それを 4 倍して、

$$16\times4=\mathbf{64}$$

つまり、**四角形 ABCD 全体の面積の $\frac{36}{64}$ が、斜線分の面積ということです。**

なんでこうなるの？

「底辺分割の定理」については、「これだけは知っておきたい数学の知識」のところを参照してください（62 ページ）。

三角形 CLI と三角形 COL は、ひとつの三角形を一本の線で分割した三角形とみなすこともでき、底辺の比＝面積比です。底辺の比が 1：1 ですから、面積は同じです。

三角形 CMJ と三角形 CPM、三角形 CNK と三角形 CQN、三角形 CEB と三角形 CAE についても同じことです。底辺の比が同じなので、面積も同じです。

なんでこうなるの？

AF ＝ CI、FQ ＝ IO だから、合同な直角三角形になります。

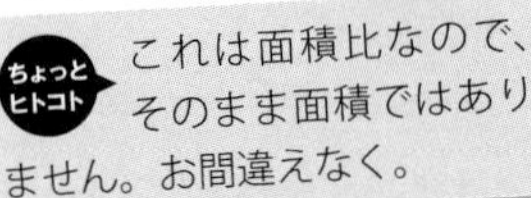

ちょっとヒトコト　これは面積比なので、そのまま面積ではありません。お間違えなく。

四角形ABCD全体の面積は、先に、辺ABは12cmとわかりましたから、

$$24\times12$$

です。

斜線部分の面積は、

$$24\times12\times\frac{36}{64}=\mathbf{162}\ (\text{cm}^2)$$

正解 4　**正解！**

やってしまいがちな×解答

×解答というほどではないですが、各辺の長さを求めて台形の面積を出していくと、時間がかかりすぎます。

斜線部分と白い部分が交互にあるので、「何となく半分かな？」と思って計算すると選択肢3を選んでしまいます。
選択肢3はそういう受験者をちゃんと間違わせるために並べてあります（この選択肢がないと、受験者が自分の間違いに気づいてしまいますから）。

2

おさらい

勝者の解き方！

- 「平行線と線分比」「相似比と面積比」「底辺分割の定理」が使えそうと気づく。
- ∠ CGD ＝ 45°から、半分が正方形になり、AB ＝ 12㎝になると気づく。
- 「平行線と線分比」によって、線分比を求める。
- 「相似比と面積比」「底辺分割の定理」から、それぞれの面積比を求める
- 全体と斜線部分の面積比を求めて、斜線部分の面積を計算する。

敗者の落とし穴！

- ∠ CGD ＝ 45°の意味がわからず、AB の長さを求められない。
- 平行線から相似な三角形を見つけられない。
- 「平行線と線分比」を知らず、線分比を求められない。
- 「相似比と面積比」「底辺分割の定理」を知らず、面積比を求められない
- 斜線部分の面積比の計算でケアレスミスをする。
- ひとつひとつの線分の長さを求めて台形の面積を出そうとして手間取る。
- 何となく半分と思い込んで、選択肢 3 にひっかかってしまう。

重要問題 4　斜線部分の面積を求める問題

図のように、点Bを中心に半径$\sqrt{2}$の扇形を反時計回りに30°回転させたとき、弧ABの通過する斜線部の領域の面積はいくらか。

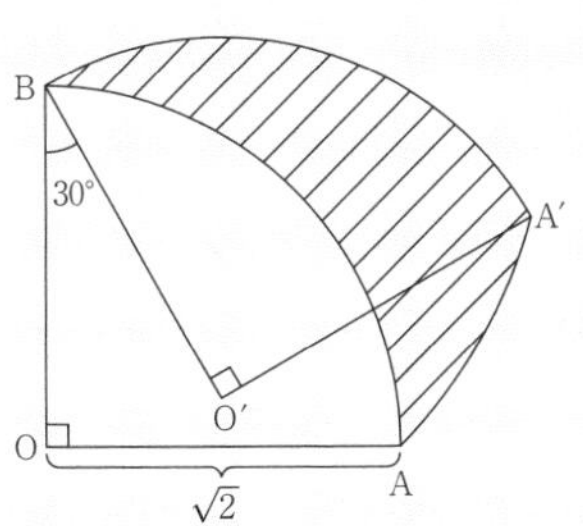

1　$\frac{1}{6}\pi$

2　$\frac{1}{4}\pi$

3　$\frac{1}{3}\pi$

4　$\frac{\sqrt{2}}{3}\pi$

5　$\frac{1}{2}\pi$

（国家一般職　2015年度）

この設問は ☞ 図形を変形して考えるパターンの問題です。

解くための下ごしらえ

文章題を、図や記号やメモの形に変えましょう。

半径$\sqrt{2}$、中心角90°の扇形OAB
Bを中心に30度回転
弧ABが通過する斜線部分の面積は？

目のつけ所！

斜線部分は変な形です。
変な形の面積をそのまま求めることはできません。
ほとんどの場合、中学校で習った範囲で求められる形になるはずです。
どうすればきれいな形になるか、分割、組合せ、移動など考えてみましょう！

2

本問では、**円弧 AA′を含む図形を考えること、移動前と移動後の扇形は合同であること**を見逃さないのがポイントです。

最短で解く方法

「目のつけ所！」でも述べたように、
斜線部分は変な形なので、そのままでは面積を出せません。
面積を出せるかたちに変形する必要があります。

変形というのは、具体的には、いくつかに分割したり、他の部分の面積を出して全体から引いたり、他に同じ面積の場所を見つけたり、というようなことです。

いずれにしても、たいていの場合、**補助線を引くことになります。**

これがコツ！

たいていの場合、設問の図のままでは解けません。
解けるように、自分で線を書き入れる必要があるのです。
補助線は苦手とする人が多いですが、実際にはそれほどパターンは多くないので、すぐに慣れます。

斜辺部分は、A が A′まで移動してできたのですから、**弧 AA′**は必ず関わってくるはずです。

弧 AA′を含んで、面積を出せる図形というと、何が考えられるでしょうか？

B と A と結び、B と A′を結んで、**扇形 BAA′**を作ると、この面積なら出せそうですね。

試しに、B と A と結び、B と A′を結んでみましょう。

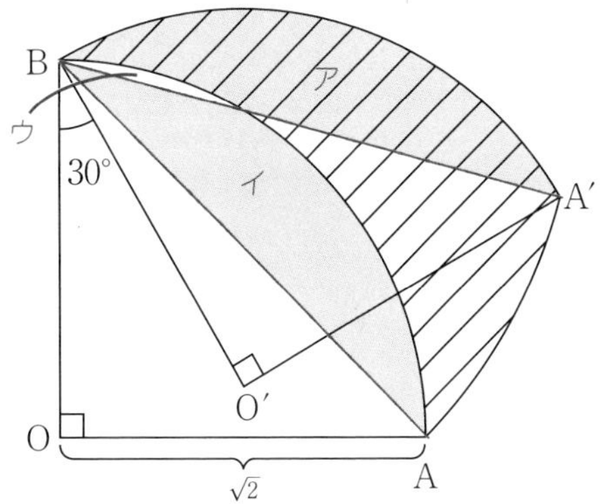

扇形BAA′と、斜線部を見比べると、
斜線部のうち**ア**の部分が、扇形BAA′には含まれません。
その代わりに、扇形BAA′にはイの部分が含まれます。
アとイは同じ面積です。

> **なんでこうなるの？**
> 扇形BOAがそのまま移動したのが扇形BO′A′です。
> つまり、まったく同じ図形です。
> ですから、BとAと結んでできる弓形と、
> BとA′を結んでできる弓形は、当然、まったく同じ図形です。
> そこから同じウを引いたのが、アとイですから、
> 同じ面積です。

ということは、**斜線部と扇形BAA′は同じ面積です**。
計算できない斜線部を、計算できる扇形に変形することができました。
あとは、扇形BAA′の面積を計算すればいいだけです。

∠ABA′は30°とわかっています。
半径はBAです。
BAは、直角二等辺三角形OBAの斜辺です。
他の2辺の長さは$\sqrt{2}$ですから、
三平方の定理（$a^2+b^2=c^2$　cが斜辺）で、
$\sqrt{2}$を2乗すると2。それを2つ足して4。

> **なんでこうなるの？**
> Bを中心に、Aが30°移動したのがA′ですから。

$$4=c^2$$

となるので、
BA の長さは 2 ということになります。

半径が 2 で、中心角が 30° なので、扇形 BAA′ の面積は、

$$2^2\pi\times\frac{30}{360}=\frac{1}{3}\pi$$

正解 3　**正解！**

便利なやり方！

直角二等辺三角形の場合、3 辺の比は、
「1：1：$\sqrt{2}$」になります。
これを覚えておくと便利です。

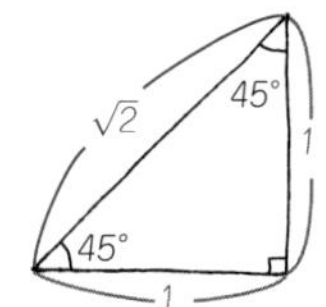

ここでも、
$\sqrt{2}\times\sqrt{2}=2$
とすぐに計算できます。

ひっかけ選択肢！

ここでうっかり、
「扇形 BAA′ の半径は$\sqrt{2}$」と間違えてしまうと、
面積は $\frac{1}{6}\pi$ となり、
ちゃんとその答えも選択肢 1 に用意されています！

なんでこうなるの？

円の面積は、
半径の二乗×π
扇形 BAA′ はそのうちの 30° 分なので、
$\frac{30}{360}$ をかけることになります。

やってしまいがちな×解答

斜線部分を図のように分割して、それぞれを求めようとしても、どちらの面積を出すのも無理です。

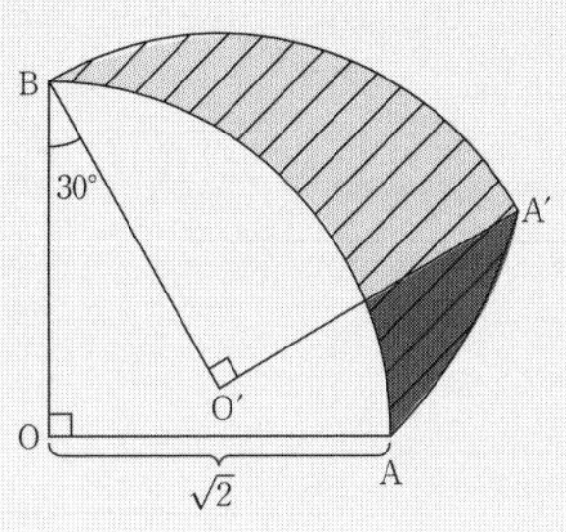

勝者の解き方！

- 斜線部の面積は、そのままでは出せないことに気づく。
- 補助線を引いて、面積を出せる形に変形する。
- 面積を計算する。

敗者の落とし穴！

- 補助線を引くということをしない。
- 無理な変形をして行き詰まる。
- √2を扇形の半径と勘違いするなど、ケアレスミスをする。

2

重要問題 5　重心と三平方の定理の問題

円に外接する正方形と、同じ円に内接する正三角形があるとき、正方形の面積は、正三角形の面積の何倍か。

1 $\frac{5}{2}$ 倍

2 $\frac{5\sqrt{3}}{3}$ 倍

3 3 倍

4 $\frac{16\sqrt{3}}{9}$ 倍

5 $\frac{11\sqrt{2}}{5}$ 倍

（国家専門職　2021 年度）

この設問は ☞ 円に内接する正三角形の面積を「三角形の重心の定理」から考える問題です。

解くための下ごしらえ

設問に図がありませんから、まずこれを自分で描きましょう。

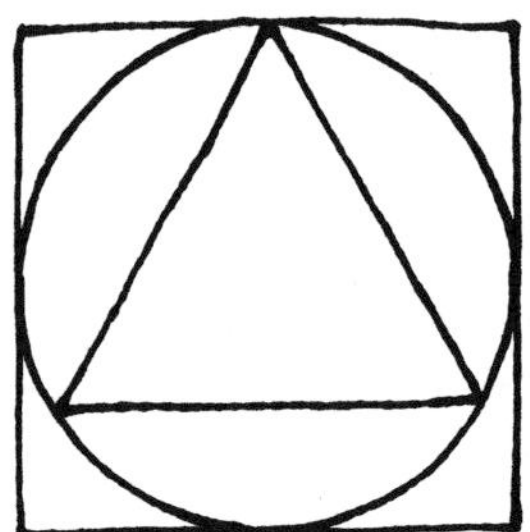

目のつけ所！

円の**直径**と、正方形の**一辺の長さ**は同じです。
円の**中心**と、正三角形の**重心**は同じです。

この２つに気づけるかどうかが、この問題のキモです。
とくに後者は、「三角形の重心」を知らないと気づけません。
この設問は、「三角形の重心の定理」を知っていて、それをちゃんと使えるかを試すためのものです。

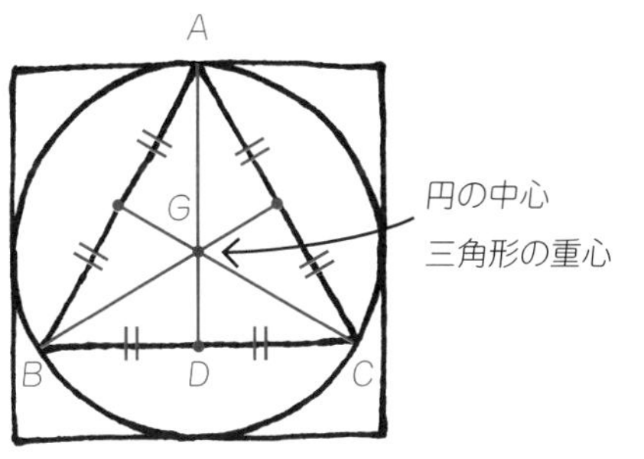

最短で解く方法

「正方形の面積は、正三角形の面積の何倍か」という問題ですから、正方形の面積と、三角形の面積がわかれば、答えは出ます。
円の半径を仮に**2**として、正方形と三角形の面積を求めましょう。

なんでこうなるの？
設問に長さの指定はありません。そして、問われているのは「何倍になるか？」です。
なので、計算しやすそうな数字を仮に設定して解けばいいのです。
1でもいいですが、2にしたほうが楽です。理由はあとでわかります。

まず、正方形の面積です。
正方形の面積は、一辺の長さの2乗です。
円の**直径**と、正方形の**一辺の長さ**は同じですから、円の半径が2なら、正方形の一辺の長さは4です。

$4 \times 4 = \mathbf{16}$

次に、正三角形の面積です。
三角形の面積は、底辺×高さ÷2です。
高さはADの長さです。

なんでこうなるの？
正三角形は中線によって二等分されるので AD ⊥ BC です。

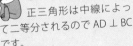

円の**中心**と、正三角形の**重心**は同じです。
ここで「三角形の重心の定理」を思い出しましょう。
三角形の重心は、3つの中線をそれぞれ**2：1**に内分します。

63ページに「三角形の重心の定理」の説明があります。

2

描いた図のAGとGDの長さの比は**2：1**ということです。
そして、円の中心と三角形の重心は同じなので、AGの長さは円の半径と同じです。
つまり、AGの長さは2で、そうするとGDは1ということになりますから、ADの長さは$2 + 1 = \mathbf{3}$とわかります。これが正三角形の高さです。
半径を2としたのは、この数字をわかりやすくするためです。

ADの長さが3とわかると、正三角形の一辺も長さもわかります。
正三角形を半分にした直角三角形は、三辺の比が$1:2:\sqrt{3}$になります。

$\sqrt{3}$にあたる辺の長さが3とわかったのですから、正三角形の一辺の長さは、

$$\frac{6}{\sqrt{3}}$$

三角形の面積は、底辺×高さ÷2ですから、

$$\frac{6}{\sqrt{3}} \times 3 \div 2 = \frac{9}{\sqrt{3}}$$

$$\frac{9}{\sqrt{3}} = \frac{9\sqrt{3}}{3} = 3\sqrt{3}$$

正三角形の面積は$\mathbf{3\sqrt{3}}$とわかります。

正方形の面積は**16**で、正三角形の面積は$\mathbf{3\sqrt{3}}$とわかりました。
問われているのは、「正方形の面積は、正三角形の面積の何倍か」ということです。

特別な直角三角形の3辺の比については、覚えておくと便利です。

30°、60°、90°の直角三角形

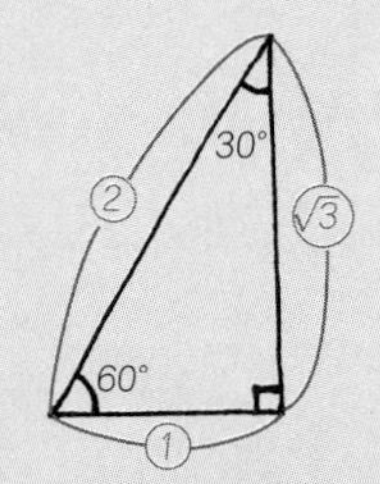

3辺の比は
$1:2:\sqrt{3}$
となります。

なんでこうなるの？

$AB : AD = 2 : \sqrt{3}$
ADが3なので、
$AB : 3 = 2 : \sqrt{3}$
$AB \times \sqrt{3} = 3 \times 2$
正三角形の一辺であるABの長さは、
$AB = \frac{6}{\sqrt{3}}$
となります。

これを計算すると…

ルートの計算の仕方も忘れないようにしましょう。
整数をルートの値で割る場合、分母と分子に「分母のルートの値」をかけます。分母にルートがないかたちに変えるためです。これを「分母の有理化」と言います。
$\frac{9}{\sqrt{3}}$の分母と分子に$\sqrt{3}$をかけて、$\frac{9 \times \sqrt{3}}{\sqrt{3} \times \sqrt{3}} = \frac{9\sqrt{3}}{3}$となります。
3で約分して、$3\sqrt{3}$です。

正方形の面積を、正三角形の面積で割れば、何倍かがわかります。

$$16 \div 3\sqrt{3} = \frac{16 \times \sqrt{3}}{3\sqrt{3} \times \sqrt{3}} = \frac{16\sqrt{3}}{9} \text{（倍）}$$

正解 4

勝者の解き方！

- 「三角形の重心の定理」を知っている。
- 円と正方形、円と正三角形の関係に気づく。
- 円の半径を仮に決めて、正方形の面積を表す。
- 正三角形の高さを、「三角形の重心の定理」から求める。
- 正三角形の半分の直角三角形の三辺比から底辺を求め、正三角形の面積を求める。
- ルートの計算ができる。
- 正方形の面積は正三角形の面積の何倍かを計算する。

敗者の落とし穴！

- 「三角形の重心の定理」を知らない。忘れている。
- 円と正方形、円と正三角形の関係に気づかない。
- 正方形または正三角形の１辺を x とし、もう片方の面積を表そうとして混乱する。
- 円の半径を具体的な数字ではなく、ｒなどの記号にして計算が面倒になる。
- 「三角形の重心の定理」を知らないため、正三角形の高さを表せない。
- 30°、60°、90°の直角三角形の三辺比を知らず、正三角形の面積を求められない。
- ルートの計算や有理化の方法を知らず、計算で行き詰まる。

2

重要問題 6 相似と三平方の定理①

下の図のように∠BAC = 75°の△ABCを、線分DEを折り目として点Aが辺BC上の点A′に来るように折り返す。∠BA′D = 90°、線分AD = 6、線分BA′ = $2\sqrt{3}$とするとき、辺BCの長さはいくらか。

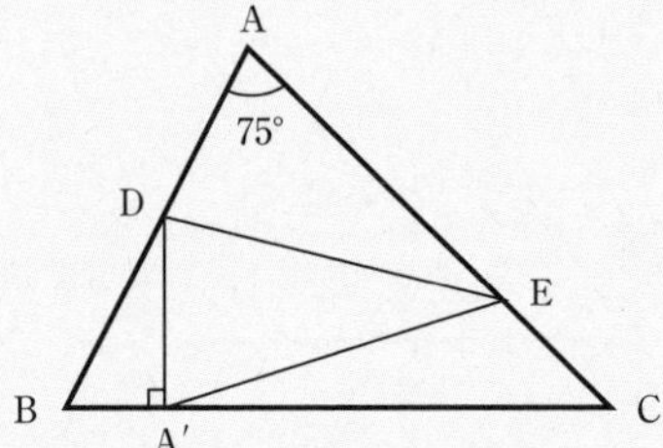

1 $10\sqrt{3}$
2 $6 + 8\sqrt{3}$
3 $8 + 6\sqrt{3}$
4 $9 + 5\sqrt{3}$
5 $12 + 2\sqrt{3}$

（裁判所職員　2017年度）

この設問は ☞ 直角三角形の三辺比と平行線の線分比から長さを求める問題！

解くための下ごしらえ

文章に書かれている条件を図に書き込みましょう。

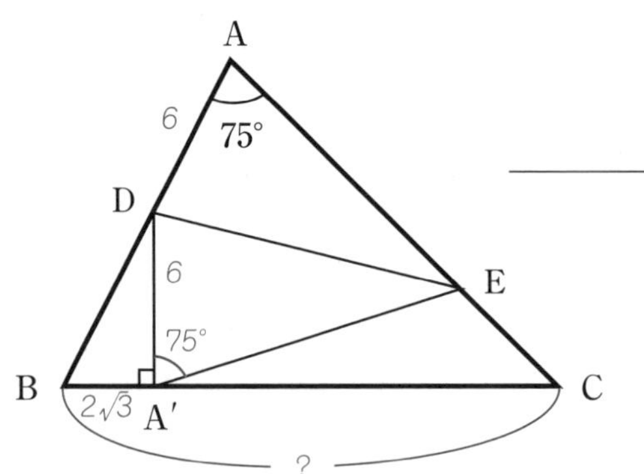

これがコツ！

線分DEを折り目として点Aが辺BC上の点A′に来るように折り返したのですから、△ADEと△A′DEは同じもの。
なので、
∠BAC＝75°なら、∠DA′Eも75°。
線分ADが6なら、線分A′Dも6。
とにかく、こうしてわかることを、すべて書き込んでいきましょう。

目のつけ所！

2

△DBA′の2辺の長さが**6**と**$2\sqrt{3}$**とわかっています。
このことから、何か気づきませんか？
これがどのような三角形か気づければ、75°の意味も見えてきます。

$BA':A'D=2\sqrt{3}:6$
$=\sqrt{3}:3$

両方に$\sqrt{3}$をかけて、

$=3:3\sqrt{3}$
$=1:\sqrt{3}$

つまり、△DBA′は**1：2：$\sqrt{3}$の三角形**です。

つまり、**辺DBの長さ**は、

$1:2:\sqrt{3}=2\sqrt{3}:DB:6$

なわけで、

$2\sqrt{3}\times 2=\mathbf{4\sqrt{3}}$

そして、∠BDA′は30°で、∠DBA′は60°です。
これも図に書き込みましょう。

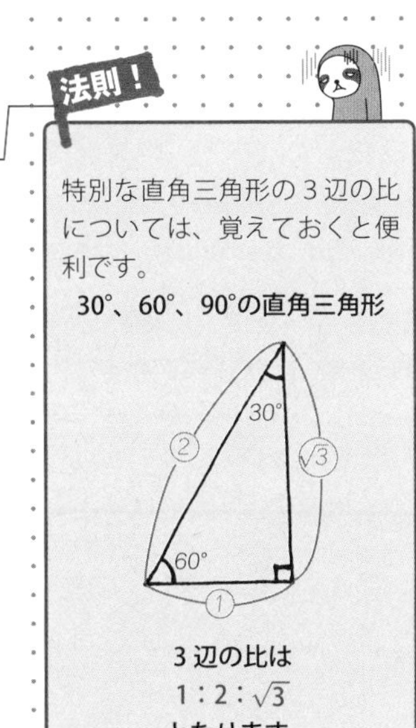

法則！
特別な直角三角形の3辺の比については、覚えておくと便利です。
30°、60°、90°の直角三角形
30°
60°
②
$\sqrt{3}$
①
3辺の比は
1：2：$\sqrt{3}$
となります。

2

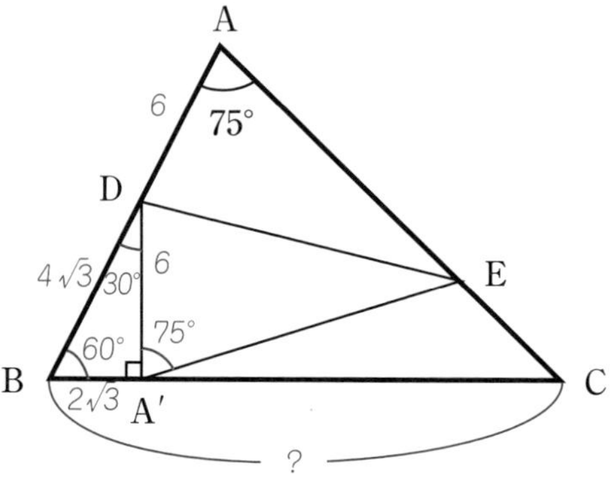

さて、線分DBの長さがわかりましたし、これで辺ABの長さもわかりました。

△DBA′の内角もわかりました。

ここから、いったいどうやって辺BCの長さを出せばいいでしょうか？

このままでは、これ以上は進展がありません。

そういうときは、**「補助線」**の登場です！

どう補助線を引いたらいいのか？

ここが難しいところです。

そもそもなぜ∠BACは75°という設定なのでしょうか？

75°とは、どういう角度でしょうか？

75°から30°を引くと、45°になると気がつけば、もう解けたも同然です！

AからBCに垂線AHを引いてみましょう。

垂線ですから、∠AHCは90°です。

△DBA′と△ABHは相似です。

つまり、∠BAHも、∠BDA′と同じ、30°です。

ここに注目！

直角三角形とか二等辺三角形とか、3辺の比がわかっていたり、角度がわかっていたりする図形を用いて解くことがよくあります。

つまり、そういう図形がどこかにないか、どこに作ればいいか、注意してみることが大切です。

ちょっとヒトコト 補助線です。

補助線を引いて答えを出す解き方を理解することはできても、いざ自分で補助線を引くとなると、難しいものです。

「その補助線を引くことを、どうやって思いつけばいいのか？」まで、よく考えることが大切です。

なんでこうなるの？

この章の始めの「これだけは必要な数学の知識」の「相似の基本」を思い出してください。

「2組の角が等しい」三角形は、相似でしたね。

△DBA′と△ABHは直角三角形で、∠DBA′を共有しています。つまり、2組の角が等しいです。

∠BAH が 30° ということは、
75° − 30° = 45° で、
∠CAH は 45° です。
∠AHC は 90° なのですから、残る∠ACH も 45° です。
つまり、△**ACH は二等辺三角形**ということです。

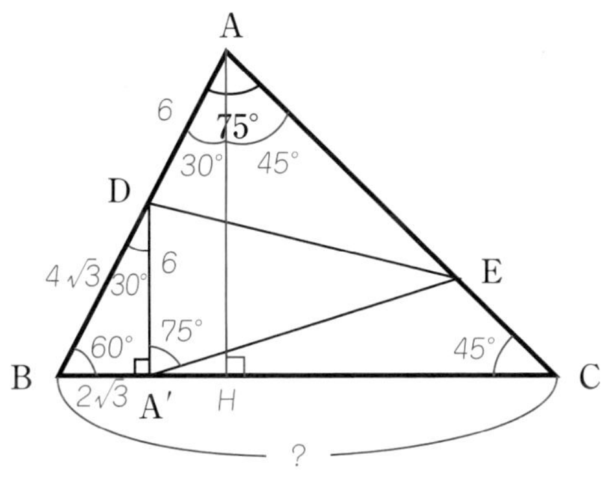

△ACH が二等辺三角形なら、辺 AH と辺 CH は同じ長さです。
つまり、辺 AH の長さがわかれば、辺 CH の長さもわかります。

辺 AH の長さは、△DBA′と△ABH が相似なので、そこからわかります。
「平行線と線分比」の法則を思い出してください。

BA：BD＝AH：DA′

なので、これにわかっている数値をあてはめると、

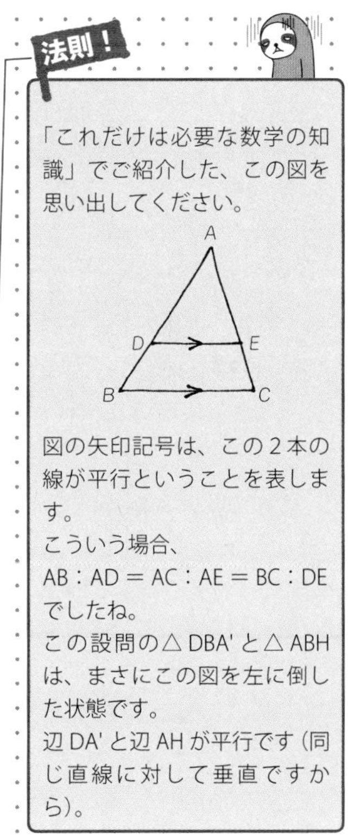

法則！
「これだけは必要な数学の知識」でご紹介した、この図を思い出してください。
A
D
E
B
C
図の矢印記号は、この２本の線が平行ということを表します。
こういう場合、
AB：AD＝AC：AE＝BC：DE
でしたね。
この設問の△DBA' と△ABH は、まさにこの図を左に倒した状態です。
辺 DA' と辺 AH が平行です（同じ直線に対して垂直ですから）。

$(4\sqrt{3}+6):4\sqrt{3}=\mathrm{AH}:6$

$4\sqrt{3}\times\mathrm{AH}=6(4\sqrt{3}+6)$

$4\sqrt{3}\times\mathrm{AH}=(6\times4\sqrt{3})+36$

$\mathrm{AH}=6+(\frac{36}{4\sqrt{3}})$

$=6+(\frac{9}{\sqrt{3}})$

$=6+(\frac{3\sqrt{9}}{\sqrt{3}})$

$=\mathbf{6+3\sqrt{3}}$

比は、内項の積と外項の積が等しくなります。
つまり「内側のかけ算＝外側のかけ算」になります。
詳しくは、「比と割合」の章の「これだけは必要な数学の知識」をご参照ください。

これを計算すると…

ルートの計算、大丈夫ですか？
ルートの割り算は、たとえば次のように計算します。

$$\frac{5}{\sqrt{5}}=\frac{\sqrt{25}}{\sqrt{5}}=\sqrt{\frac{25}{5}}=\sqrt{5}$$

つまり、「ルートの内側の数字どうしは割ることができる」のです。
この設問では、
$9=3\times3=3\sqrt{9}$なので、
$\sqrt{9}$を$\sqrt{3}$で割って、$\sqrt{3}$となります。

AHの長さは$6+3\sqrt{3}$とわかります。
つまり、HCの長さも$6+3\sqrt{3}$ということです。

あとは、線分A′Hの長さがわかれば、辺BCの長さがわかります。
線分A′Hの長さも、同じように出せばいいだけです。
△DBA′と△ABHが相似なので、

$2\sqrt{3}:4\sqrt{3}=1:2$より

$\mathrm{A'H}:6=1:2$

$\mathbf{A'H=3}$

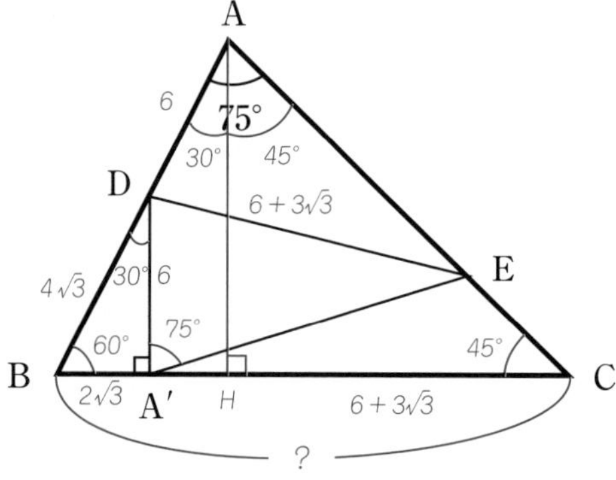

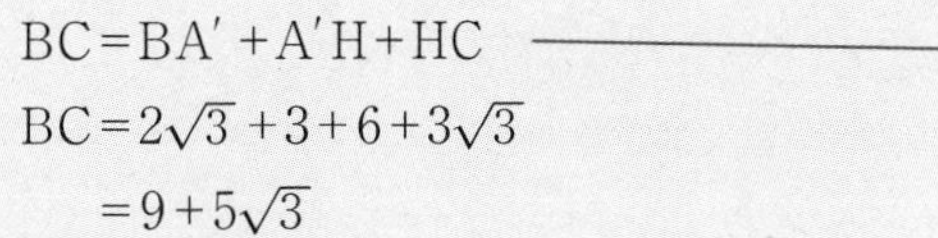

$$BC = BA' + A'H + HC$$

$$BC = 2\sqrt{3} + 3 + 6 + 3\sqrt{3}$$

$$= 9 + 5\sqrt{3}$$

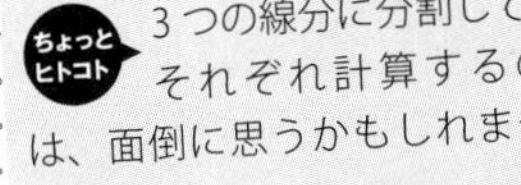

3つの線分に分割して、それぞれ計算するのは、面倒に思うかもしれません。
しかし、いきなりA'Cの長さがわかるようなことはまずありません。
「困難は分割」です。

正解　4

勝者の解き方！

- △DBA'が1：2：$\sqrt{3}$の直角三角形だと気づく。
- 75° = 30° + 45°と気づく。
- 垂線AHを引いて、二等辺三角形△AHCと、平行線と線分比の形を作れる。
- ルートや比の計算からA'H、HCの長さを求められる。

敗者の落とし穴！

- AD = A'Dであることに気づかず、△DBA'の三辺比を求められない。
- 直角三角形の三辺比を使うことができず、辺の長さがわからない。
- 補助線AHが引けず、2つの直角三角形に分割できない。
- 75°の意味がわからず、解くことをあきらめる。
- ルートや比の計算ができず、長さを求められない。

2

重要問題 7　相似と三平方の定理②

一辺の長さが 13cm、14cm、15cm の三角形に内接する円の半径はいくらか。

1　3.5cm
2　4cm
3　4.5cm
4　5cm
5　5.5cm

（東京消防庁　2005 年度）

この設問は ☞ 三角形の 3 辺から面積や内接円の半径を求める定番問題。

解くための下ごしらえ

文章題を、図や記号やメモの形に変えましょう。

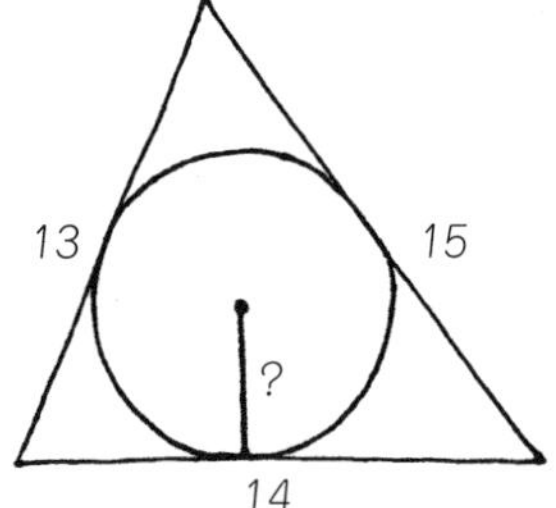

目のつけ所！

設問文に**「三角形に内接する円の半径」**とあります。
これを見たら、すぐに先に紹介した**「三角形の面積を内接円の半径から出す方法」**を思い出しましょう。

三角形の面積＝**内接円の半径×周の長さ÷ 2**

最短で解く方法

先にご紹介したのは**「三角形の面積を内接円の半径から出す方法」**ですが、逆に、**三角形の面積がわかれば、「内接円の半径」もわかります。**

ですから、**まず三角形の面積を出しましょう。** そのためには、**三角形の高さ**を知る必要があります。
下の図のように、頂点Aから底辺BCに垂線を引きましょう。

ちょっとヒトコト また補助線です。これが大切です。
直角ができるように補助線を引くと、「三平方の定理」で長さを求めることができます。
なお、A、B、C、Hというのは、適当に記号をふっただけです。

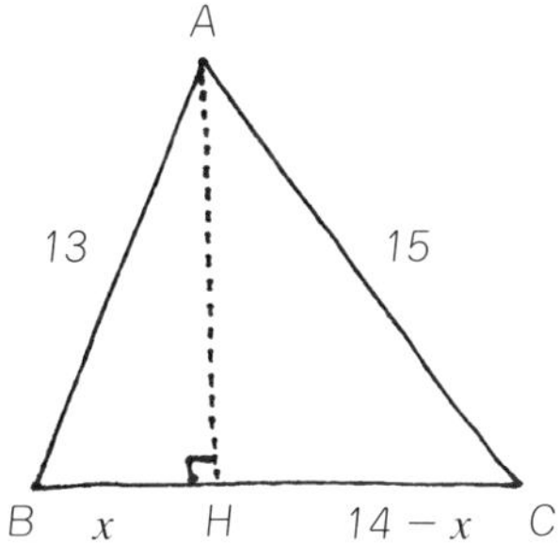

こうすると、直角三角形が2つできます。
これで、「三平方の定理」で高さを求めることができます。
BH = x、CH = 14 − xとすると、
△ABHと△ACHそれぞれについて三平方の定理より、
AHの2乗について、次のように方程式が成り立ちます。

△ABH　$(AH)^2=13^2-x^2$
△ACH　$(AH)^2=15^2-(14-x)^2$

このことから、

2

$$13^2-x^2=15^2-(14-x)^2$$
$$169-x^2=225-196+28x-x^2$$
$$28x=140$$
$$\boldsymbol{x=5}\ \textbf{(cm)}$$

△ ABH より、三平方の定理で、

$$(AH)^2=169-5^2=144$$
AH=12（cm）
△**ABC**=14×12÷2=**84（cm²）**

三角形の面積＝**内接円の半径**×**周の長さ÷ 2**
なので、内接円の半径を r とすると、

$$84=r(13+14+15)\div 2$$
$$21r=84$$
$$r=4$$

正解 2

おさらい

勝者の解き方！

- 設問文の「**三角形に内接する円の半径**」で、「三角形の面積を内接円の半径から出す方法」を思い出すのが、いちばんのポイント。
- 内接円の半径を出すために→三角形の面積を出す→そのために三角形の高さを出す→そのために三角形を 2 つの直角三角形に分ける補助線を引く。こう考えて、逆にやっていく。

敗者の落とし穴！

- 「三角形の面積を内接円の半径から出す方法」を知らない。

重要問題 8 円と接線の性質

次の図のように、半径3cmの円と半径6cmの円が点Cで接している。2つの円に接する3本の接線の交点をO、A、Bとするとき、ABの長さはどれか。

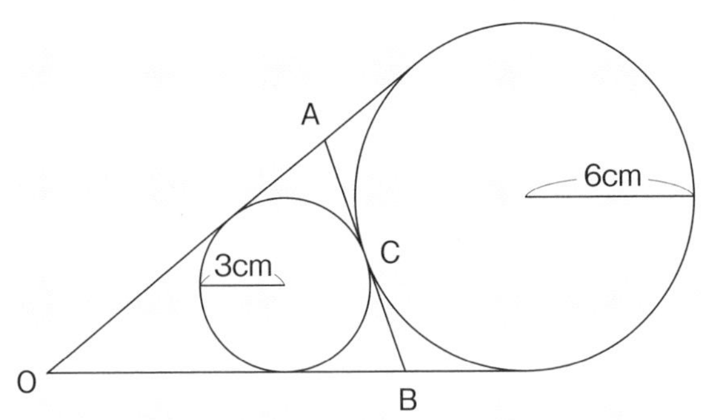

1 $3\sqrt{6}$ cm　**2** $6\sqrt{2}$ cm　**3** 9cm　**4** $4\sqrt{6}$ cm　**5** $6\sqrt{3}$ cm

（特別区Ⅰ類　2010年度）

この設問は ☞ 接線の性質と相似を使った問題です。

解くための下ごしらえ

図がちゃんとあるので、設問文を読んで、図と照らし合わせましょう。

目のつけ所！

2つの円が接しているところに注目。

こういうときは、2つの円の中心を結ぶのが鉄則！

最短で解く方法

2つの円の中心を結ぶ線を引いてみましょう。
その線は、OとCも通ります。

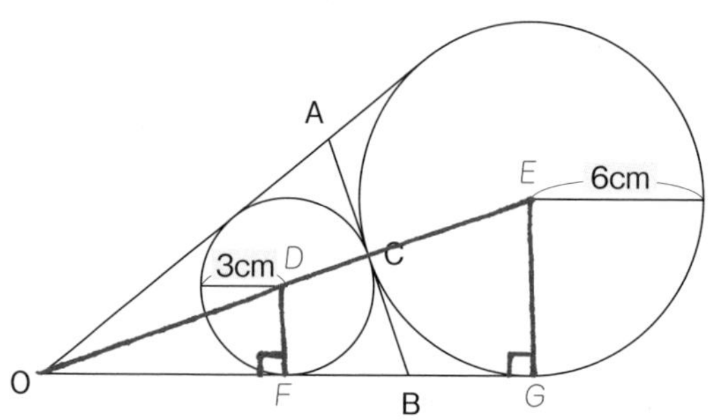

ここで「接線の性質」を思い出してください。
△OAB は**二等辺三角形**です。
△ODF、△OEG は**直角三角形**です。

定理！

・「円の接線」と「円の中心と接点を結ぶ線（半径）」は、つねに「直角」になります。
・また、外部の1つの点から円に引いた2本の接線は「長さが等しく」なります。

△ODF ∽△OEG で、

ちょっとヒトコト ∽は「相似」を表す記号です。

DF：EG=3：6=**1：2**
DE=3+6=**9**
よって、**OD=9**
OC=9+3=**12**

ちょっとヒトコト 半径の長さの「3」と「6」を使いまくっています。
図をよく見て、理解してください。

三平方の定理で、

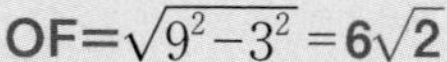

$$\mathbf{OF}=\sqrt{9^2-3^2}=\mathbf{6\sqrt{2}}$$

△ODF ∽△OBC より、

$$3:6\sqrt{2}=BC:12$$

$$\mathbf{BC}=\frac{36}{6\sqrt{2}}=\mathbf{3\sqrt{2}}$$

これを計算すると…

$\frac{36}{6\sqrt{2}}$ の計算は、分子と分母に$\sqrt{2}$をかけて、

$$\frac{36\sqrt{2}}{6\times 2}=3\sqrt{2}$$

ABはBCの2倍なので、

$$\mathbf{AB}=3\sqrt{2}\times 2=\mathbf{6\sqrt{2}}$$

おさらい

勝者の解き方！

- 2つの円が接しているので、その中心を結ぶ。
- 「接線の性質」より、直角三角形を作って、「三平方の定理」からOFを求め、「相似」を使ってBCを求める。
- 最終的に求める長さを出すために、まずどこの長さを出せばいいのか、というふうに遡っていくことが大切。

敗者の落とし穴！

- 「接線の性質」を知らないか、思い出せない。
- 長さを出すときは「相似」と「三平方の定理」ということが頭にない。

頻出度 × 学習効果

3

場合の数

★★★☆

「確率」を射んと欲すれば、まず「場合の数」を射よ！

§3　場合の数

頻出度★★★★

3

「確率」へつながる大事な内容！

「場合の数」とは、「何通りあるか」を求めることで、**これをもとに「確率」を計算することがよくあります**。ですから、「§4 確率」へつながる大事な内容になります。

「場合の数」と「確率」は、合わせるとかなりの出題数になります。昔は「場合の数」の出題のほうが圧倒的に多く、「確率」の出題はわずかだった頃もありましたが、2000年あたりから「確率」の出題がかなり増え、一時は数的推理の出題数No.1となりました。

近年では、「確率」の出題数は依然として多いですが、それに比べると「場合の数」はそれほどではありません。しかし、**学習効果を考慮して、「場合の数」を「確率」より先に学習することにします**。

近年の傾向は？

「順列」や「組合せ」などの公式を使って計算する問題もありますが、樹形図などで地味に数え上げるだけの問題（重要問題 1）などもあります。公式は、圧倒的によく使うのは「組合せ」の公式ですが、大事な公式は一通り理解しておきましょう。近年は図形を絡めた問題も多く、「最短経路数」を求める問題（重要問題 3）はやり方を覚えれば確実に得点できますので、落とさないようにしましょう。

「場合の数」を特によく出題する試験というのはありませんが、**最近では、東京都、警視庁、地方上級などでよく出題されています**。国家では、高い頻度で「確率」が出題されますが、合わせて「場合の数」も出題されることもあります。

3

おさえておくべき　重要問題の紹介

重要問題 1 樹形図の問題 ☀☀☀ ☞ P124

⇒ 樹形図を使って場合の数を数える基本問題！

重要問題 2 「組合せ」と「積の法則」と「和の法則」の問題 ☀☀☀☀☀ ☞ P127

⇒ 「場合分け」をして、最後に「和の法則」を使うという頻出パターン。

重要問題 3 「最短経路数」の問題 ☀☀☀ ☞ P133

⇒ 「最短経路」の数え方は、やり方を知らないと解けない！
必ずマスターしよう！

ここがポイント！ 「場合の数」の問題は、「組合せの公式」と「和の法則」「積の法則」を使って解く問題が主流です。

解く過程において、ちょっとした数え間違いでミスを招くことが多いので、基本的な部分で油断せず、丁寧に解きましょう。

これだけは必要な数学の知識

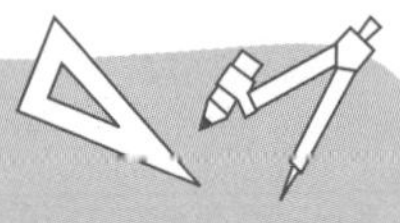

「場合の数」で必要な数学の知識は次の８つです。

- **樹形図**
- **積の法則**
- **和の法則**
- **階乗の計算**
- **順列の公式**
- **組合せの公式**
- **最短経路の数**
- **円順列**

これらについて、先に簡単に説明しておきます。

これから丁寧に説明していきます
「暗記するからゴチャゴチャした
説明はいらない」という人は
「ココだけ！」という囲みの
ところだけ見てくださいね！

長い説明を読むのも
暗記するのも
面倒くさいなぁ…

自分、ナマケモノですから

樹形図

例題1

ある女性が、シャツ２枚とパンツ２枚と靴２足を持っています。組合せを自由に変えられるとしたら、何通りのコーディネイトができる？

頭の中だけで考えると、けっこうこんがらがるものです。
そこで図に描いて、間違いのないように数える方法が「樹形図」です。
こんなふうに描きます。

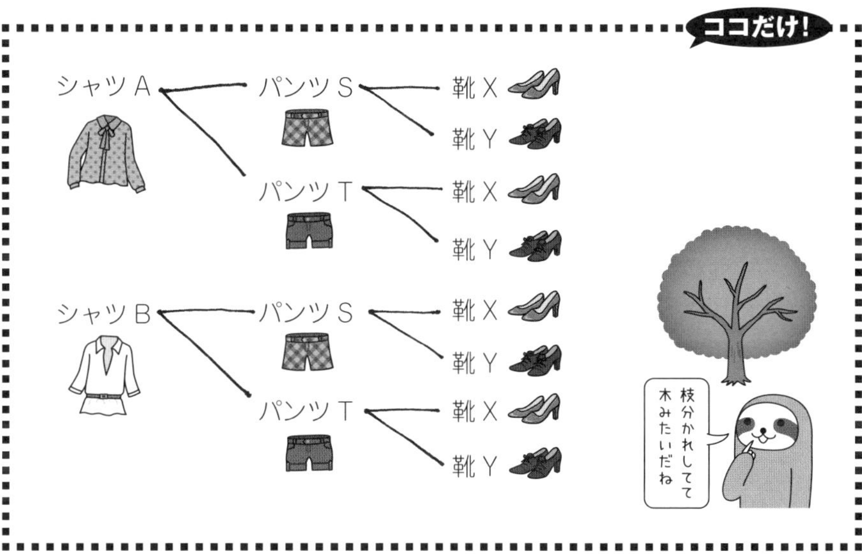

「シャツＡのときには、パンツはＳとＴがあって、パンツＳのときには靴はＸとＹがあって……」というふうに描いていきます。

だんだん枝分かれしていって樹木のような形になるので「樹形図」と呼ぶわけです。

枝分かれした最後のところ（この図だと靴）の数をかぞえれば、それがすべての「場合の数」です。

８通りのコーディネイトが可能ということです。

「樹形図」を描いて数えるというのは、「場合の数」の基本です。

積の法則

例題2

ある女性が、帽子10個とシャツ10枚とパンツ10枚と靴10足を持っています。組合せを自由に変えられるとしたら、何通りのコーディネイトができる？

3

帽子を足して、それぞれの数を増やしただけです。ですから、「樹形図」で解けるわけですが、数が多すぎて面倒ですね！

「樹形図」の弱点は「数が増えると大変になる」ということです。

「いちいち手描きしなくても、計算でなんとかならないの？」と思いますよね。

なんとかなるんです。それが「積の法則」です。

【例題1】の樹形図をもう一度、見てみてください。シャツ2枚に対して、それぞれパンツが2枚で、そのパンツに対してそれぞれ靴が2足というカタチになっています。

つまり、2×2×2ということです。

「樹形図」を描く代わりに「2×2×2＝8」と答えを出すのが、「積の法則」です。

数がいくつになっても、同じことです。この【例題2】なら、

10（帽子）×10（シャツ）×10（パンツ）×10（靴）＝10000通り

とすぐに答えが出ます。**「積の法則」は便利なんです。**

和の法則

例題3

ある女性が、ヴィトンのバッグを５つと、グッチのバッグを８つ持っています。バッグを１つだけ持って出かけるとしたら、何通りの選び方がある？

3

これは単純に、

5（ヴィトン）+8（グッチ）=13通り

ですよね。

このように足し算する場合を「和の法則」と言います。

「わざわざ法則と呼ぶほどのものかな」と思うかもしれません。これくらいの問題なら、たしかに簡単です。

でも、ちょっと込み入った問題になると、ついつい「和の法則」だか「積の法則」だか迷って、５×８のようなことをしてしまいがちなのです。

「積の法則」と「和の法則」は、「この問題ではどちらなのか？」という見分けが肝心です。

「and」なら「積の法則」
「or」　なら「和の法則」

と覚えると、わかりやすいと思います。

ココだけ！

◎ A **and** B　→　A が何通り × B が何通り　**積の法則**
◎ A **or** B　→　A が何通り ＋ B が何通り　**和の法則**

【例題3】のバッグの場合は、ヴィトンかグッチのどちらか１つなので、「or」で「和の法則」（足し算）。

【例題2】の場合は、シャツだけ着て外に出たりしないわけで、シャツを着て、パンツを履いて、靴を履くというように、これらは「and」の関係です。だから、「積の法則」（かけ算）。

3

他の例もあげておくなら、6種類のアイスと5種類のジュースの中から、何か1品頼むのなら、頼み方は、

6＋5＝11通り（アイスorジュースなので「和の法則」）

アイスとジュースを1つずつ頼むのなら、頼み方は、

6×5＝30通り（アイスandジュースなので「積の法則」）

階乗の計算

例題4

ある男性が、少年野球のコーチを頼まれました。クリーンナップ（3番、4番、5番打者）にふさわしい3人の選手がいるのですが、どの子を何番にするか迷っています。3人の打順は全部で何通りある？

今度は**「順番に並べる」**場合についてです。
3人を仮にA君、B君、C君とします。
ABC、BCA、CAB……などといろいろな並べ方があります。
すべての並べ方はいくつあるでしょうか？

また「樹形図」を描いてみましょう（「樹形図」はつねに基本です）。

「まず3番をAにした場合、4番にはBかC。4番をBにすれば5番は自動的に残ったC……」というふうに描いていきます。

3

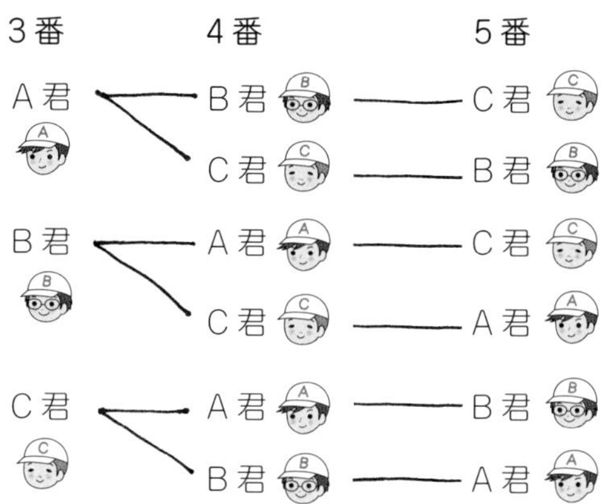

全部で6通りとわかります。

ただ、また数が増えて、たとえば「9人の選手の打順は何通りあるか？」というようなことになってくると、とても描ききれません。

順番に関しても、便利な計算法があります。

上の「樹形図」を見るとわかるように、3人の中からまず1人を決めると、次の候補者は2人になり、最後は1人になります。

つまり、

3（全部の数）×2（1引いた数）×1（2引いた数）＝6

というふうに計算できるのです。

9人の選手の打順の場合には、

9×8×7×6×5×4×3×2×1

を計算すればいいのです。これもかなり大変ですが、「樹形図」よりはずっと楽です。

ココだけ！

○個のものを並べるときの、並べ方が何通りあるか？
○から1ずつ引いた数を1までかけていけば出ます。
こういう計算を**「階乗」**と呼びます。
「3×2×1」は3の階乗、
「9×8×7×6×5×4×3×2×1」は9の階乗です。

これがまた100の階乗とかになると、100 × 99 ×……と書いていくのが大変なので、100！というふうに記号を使って表します。

ココだけ！

3！は「3の階乗」で「3×2×1」
9！は「9の階乗」で「9×8×7×6×5×4×3×2×1」

順列の公式

例題5

ある男性が、少年野球のコーチを頼まれました。9人のレギュラーの中から、クリーンナップ（3番、4番、5番打者）の3選手を選ぶとすると、選び方は何通りある？

今度は3人の順番を決めるだけでなく、9人の中から3人選んで並べるのです。

このように**「選んで、並べる」**ことを**「順列」**と言います。

【例題4】のときと同じように考えると、3番の候補者は9人で、4番は8人で、5番は7人ということになります。つまり、

9×8×7＝504通り

この式を見ると、先の「階乗」の途中までの計算になっています。
9人全員を並べるのなら、9！ですが、9人の中から3人だけを選んで並べる場合には、9×8×7と3つのかけ算で終わりなのです。
これを今度はこういう記号で表します。

ココだけ!

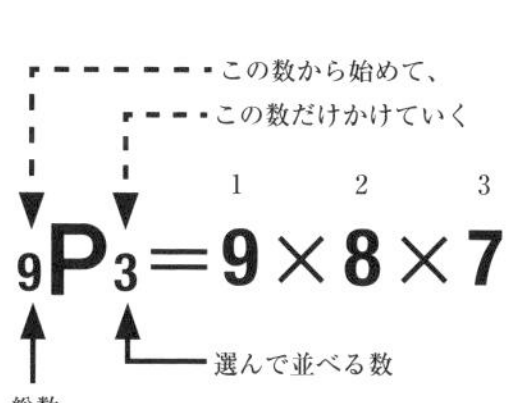

3

これが**「順列の公式」**です。ですから、$_5P_2$なら、

$5 \times 4 = 20$

ということになります。
公式というのは、覚えてしまえば楽なものです。

と、ここまで説明しておいてなんですが、**この「順列」の公式を使う問題は、公務員試験ではあまり出ません。**
でも、次の「組合せの公式」を理解するのに必要ですから、ご勘弁ください。「組合せの公式」は頻出です。

組合せの公式

例題 6

ある男性が、少年野球のコーチを頼まれました。選手が 12 人いるので、3 人ほど補欠にしなければなりません。3 人の選び方は何通りある?

今度は補欠ですから、クリーンナップとちがって、打順がありません。
ただ 3 人を選び出すだけで、順番に並べることはしないのです。
こういうふうに**「いくつか選ぶ（順番は関係ない）」**だけの場合は**「組合せ」**と言います。

「組合せ」という言葉は日常的にもいろんなところで使われます。【例題 1】でも文章中に使いました。ただ、日常用語としてでなく、数学用語として「組合せ」というときには、「いくつか選ぶ（選んだものの順番は関係ない）」という意味です。

> **「順列」と「組合せ」のちがいは、**
> **● いくつか選んで、並べる（順番がある）→「順列」**
> **● いくつか選ぶだけ（順番は関係ない）→「組合せ」**

3

「組合せ」の数はどうやって出せばいいのでしょうか？

12人の中から3人を選んで並べる「順列」なら、【例題5】で見たように、

$$_{12}P_3 = 12 \times 11 \times 10$$

です。

でも、これだと、たとえばA君B君C君の3人を補欠に選んだとして、

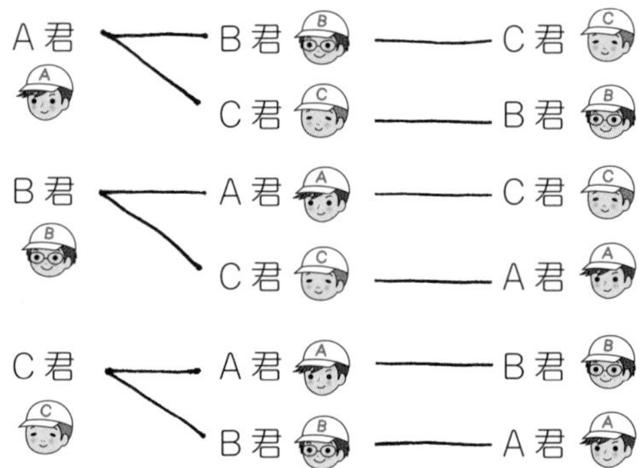

この**6通り**を別々にカウントしてしまっています。

「組合せ」の場合、3人の順番は関係ありません。この6通りのいずれも「A君とB君とC君」という同じ組合せであり、**1通り**です。

つまり、6で割らなければ、なりません。

これはA君B君C君のときに限りません。D君E君F君でも、**どの3人の場合でも同じことです。つねに6通り（3！＝3×2×1）ずつ重複しています。**

つまり、$_{12}P_3$ を6で割れば、「組合せ」の数が出ます。

「順列」を、選ぶ数の「階乗」で割れば、「組合せ」が出るのです。

それが組合せの公式です。

「組合せの公式」は今度は $_{12}C_3$ というふうに表します。

ココだけ！

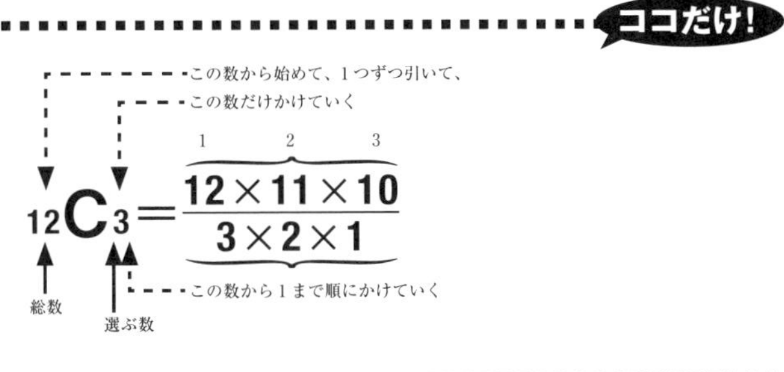
この数から始めて、1つずつ引いて、
この数だけかけていく
1 2 3
$${}_{12}C_3=\frac{12\times11\times10}{3\times2\times1}$$
この数から1まで順にかけていく
総数
選ぶ数

えーと、この中から
3人（匹？）選ぶ
「組み合わせ」は…

ヒトコト

くり返しになりますが、公務員試験の出題内容としては、**「組合せの公式を使って解くタイプ」が最も多く、次に「樹形図などを使って地道に数え上げるタイプ」が出題されています。**

「順列」の公式はほとんど使う機会はありません。

「和の法則」と「積の法則」は基本ですから、随所で使用されます。

最短経路の数

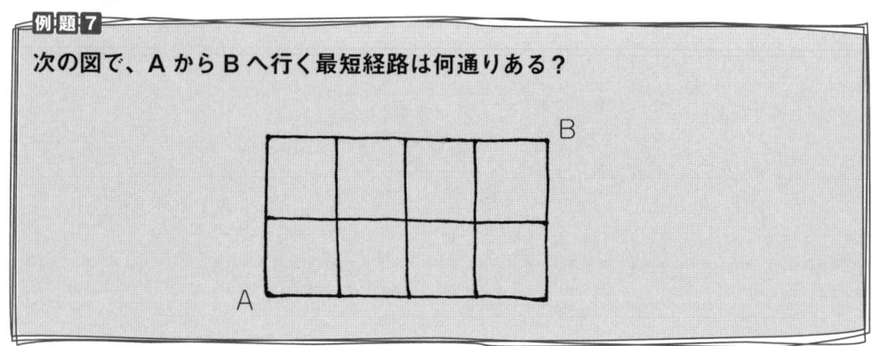

「A から B へ行く最短経路」と言われると、何か近道でも発見しなければならないようですが、そうではありません。

「最短経路」と言っている意味は、「右に行って、また左に戻ったりしない」「上に行って、また下に戻ったりしない」ということです。

つまり、**「行ったり来たりして遠回りをしてはいけない」**と言っているだけなのです。

ですから、ごく普通に、A から B へ行くすべての経路の数を出せばいいだけです。

数字を書き入れていく方法

A から出発なので、まず A の上と右の曲がり角にすべて「**1**」と書きます。A から、それらの地点までの行き方は「1 通り」だからです。

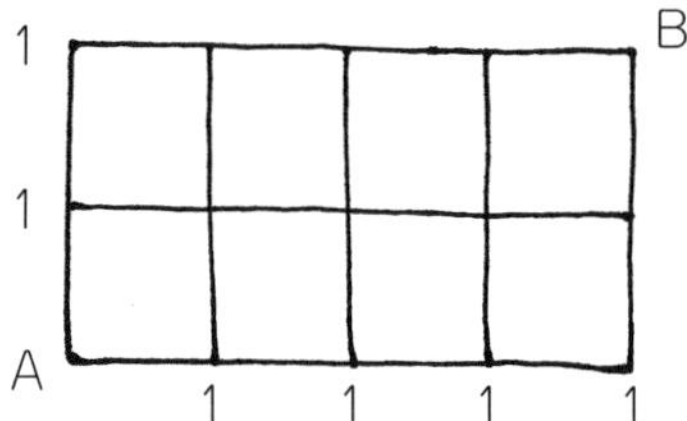

その後は、**すべての曲がり角に「左の数字」と「下の数字」の２つの数字を足した数字**を書き入れていきます。

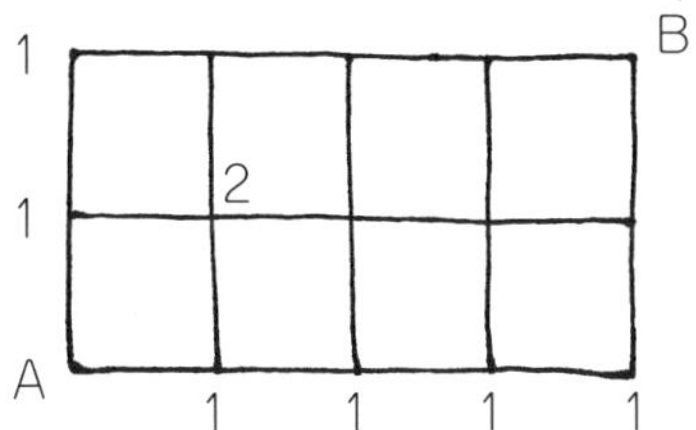

1（左の数字）＋1（下の数字）＝2

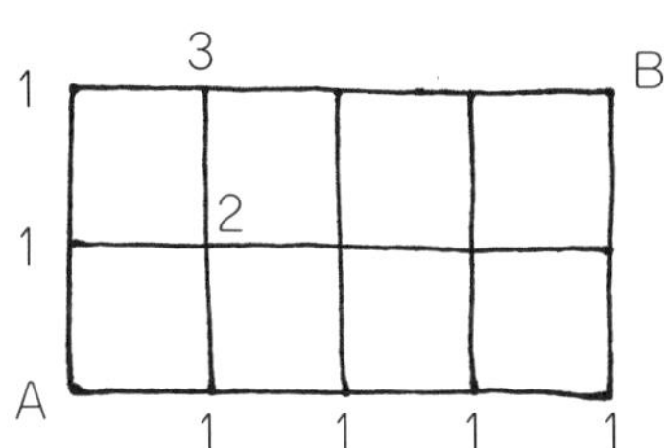

1（左の数字）＋2（下の数字）＝3

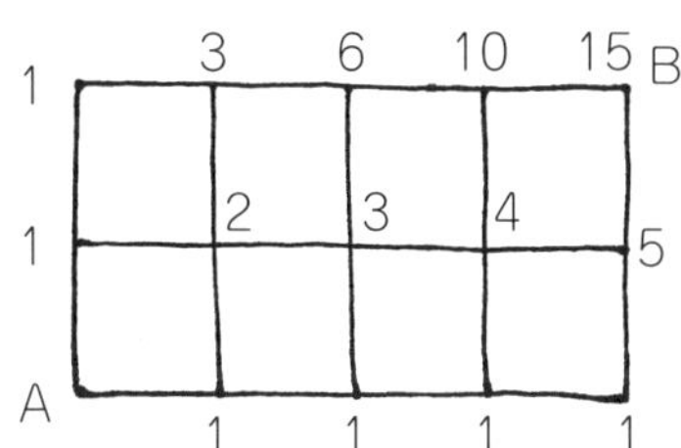

そうやって順番にすべて入れていくと、こうなります。

最後はB地点で、「左の数字10」と「下の数字5」を足して、**15**です。

上図をよく見てください。**それぞれの地点の数字が、そこに行くまでの最短経路の数になっていることがわかるでしょう。**

簡単な足し算をくり返せば答えを出せる、便利な方法です。

答えは**15通り**ということです。

3

円順列

例題8

中華料理を食べに行き、丸テーブルに４人で座ることに。座り方は何通りある？

中華料理を食べに行って、なにも座り方が何通りあるか出さなくてもいいわけですが、それはおいといて、いったい何通りでしょうか？

４人を順番に並べるのですから、**「階乗」**で解けそうです。
では、「**４！**」が答えでしょうか？
そうではないのです。階乗で解けるのは、一直線に並べる場合。
丸テーブルのように円形に並ぶ場合には、ちょっと事情がちがってきます。

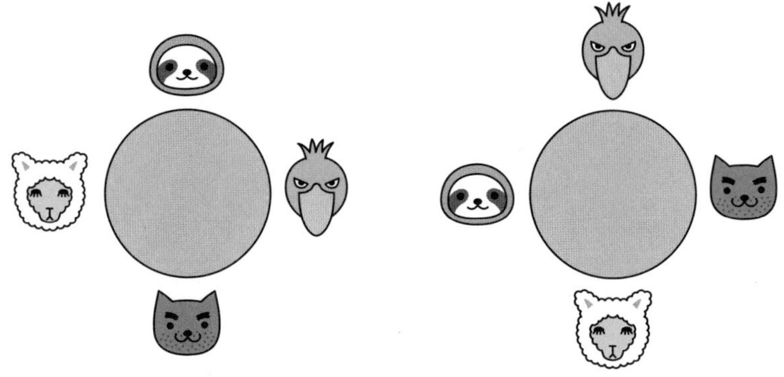

上図の右と左は、円形に並んでいる場合、「同じ並び方」ということになります。
回して重なるものはすべて同じ並び方、つまり「１通り」なのです。
でも、「４！」だと、回して重なる並び方まで、すべてカウントしてしまうのです。

なんでこうなるの？
現実の中華料理屋の室内の場合には、位置がちがうということになりますが、あくまで数学の問題なので、それは無視。
円形に並んでいる場合には、その並び方（順番）だけが問題で、位置は考えません。どうぐるぐる回っても、並び方が同じなら、１通りなのです。

では、どうしたらいいのか？
誰か１人を固定させて考えればいいのです。

そうすれば、グルグル回らなくなります。

たとえばナマケモノを固定して、**他の３人の並び順を求めれば、それが答えになります。**

つまり、

ココだけ！

並べる総数

(4−1)！＝3×2×1＝6（通り）

1を引く

これが**「円順列」**の公式です。

3

3

重要問題 1　樹形図の問題

家電量販店で買い物をし、一万円紙幣３枚、五千円紙幣６枚、千円紙幣６枚、五百円硬貨８枚のうち、いずれかを組み合わせて、ちょうど 32,000 円を支払うとき、紙幣及び硬貨の組合せは何通りあるか。

1　24 通り
2　25 通り
3　26 通り
4　27 通り
5　28 通り

（東京都Ⅰ類Ａ　2019 年度）

この設問は 樹形図を根気よく書いていく問題です。

解くための下ごしらえ

文章題をメモの形に変えましょう。

一万円　３枚
五千円　６枚
千円　　６枚
五百円　８枚
32,000 円支払う方法は？

目のつけ所！

公式で計算？　樹形図で数える？
それぞれの紙幣や硬貨の枚数はそんなに多くありません。
こういうときは、**樹形図**で数えるのが確実です。
いちばん額の大きい１万円札から樹形図をスタートさせるのがコツ！

最短で解く方法

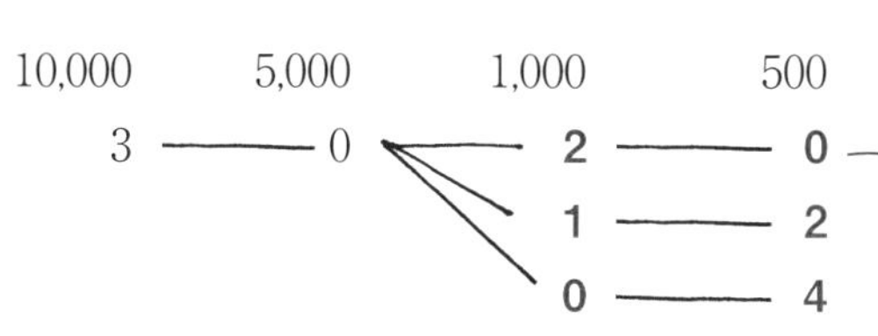

2,000 円の作り方は上記の 3 通り（A）

なんでこうなるの？

一万円札を 3 枚使うと、3 万円なので、残りは 2 千円。五千円札はもう使えません。残りの 2 千円を、千円札と五百円硬貨で支払うわけですが、千円札を 2 枚で 2 千円にしたら、五百円硬貨は 0 枚。千円札を 1 枚なら、五百円硬貨は 2 枚。千円札を 0 枚なら、五百円硬貨は 4 枚。こうやって、樹形図を書いていきます。

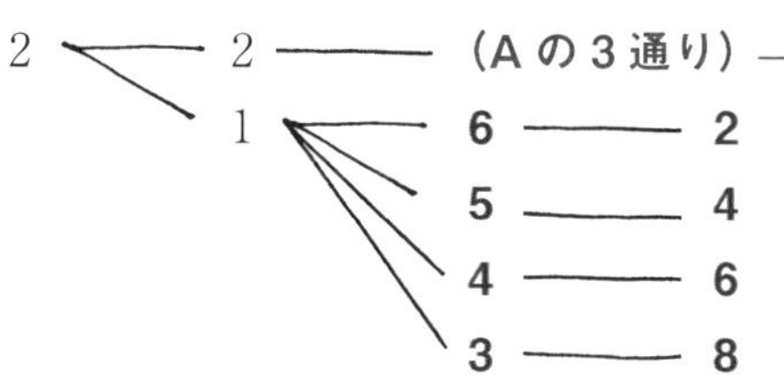

7,000 円の作り方は上記の 4 通り（B）

便利なやり方！

一万円札が 2 枚で 2 万円。五千円札が 2 枚で 1 万円。合計 3 万円。残りは 2 千円です。この残りの 2 千円を、千円札と五百円硬貨で支払うわけですが、それはもう上でやりましたね。そのことに気づきましょう！
組み合わせは 3 通りでした。すべて数え上げなければならないわけではなく、同じことの繰り返しになる部分があるので、そこは前に数えた回数を、そのまま記せばいいのです。

3

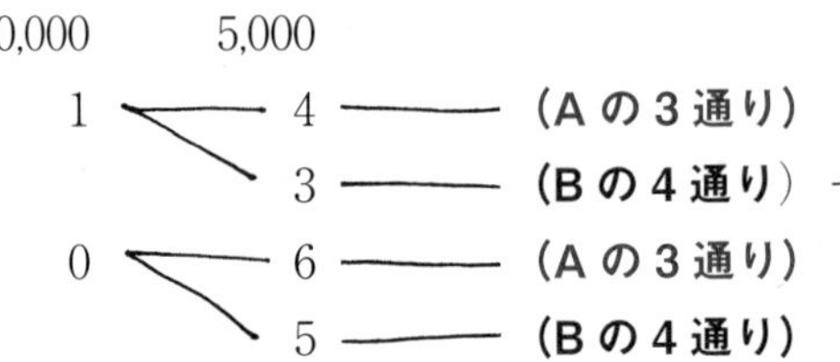

便利なやり方！

こちらも同じことで、千円札と五百円硬貨で7千円にする組み合わせは、すでに「一万円札が2枚と五千円札が1枚で2万5千円で、残りの7千円を、千円札と五百円硬貨で支払う」というときに、考えています。そのときの組み合わせの数を書けばいいだけです。
時間を節約しましょう。

以上で何通りあるか、数えます。
24通りです。

正解1

おさらい

勝者の解き方！

- 樹形図を書いて数える問題だと気づく。
- 樹形図を丁寧に書いて、数え漏れのないようにする。
- 解説のA、Bのような同じパターンは省略して、時間短縮を図る。

敗者の落とし穴！

- 樹形図を書く問題と気づかず、公式で解こうとして混乱する。
- 樹形図を適当に書いて、数え漏れや重複を起こす。
- 解説のA、Bのパターンをそれぞれ全部書いて、余白がなくなり、時間もロスする。

3

重要問題 2　「組合せ」と「積の法則」と「和の法則」の問題

男性７人、女性５人の中から代表を４人選びたい。女性が２人以上含まれる選び方は何通りあるか。

1　165 通り
2　219 通り
3　285 通り
4　420 通り
5　495 通り

（裁判所職員　2015 年度）

この設問は ☞「場合分け」をして、「積の法則」を使い、さらに最後に「和の法則」を使うという頻出パターンです。

解くための下ごしらえ

文章題を、図や記号やメモの形に変えましょう。

男性７人
女性５人
計 12 人
→４人選ぶ
女性が２人以上

目のつけ所！

12 人から４人を選んで、その４人に順番はないのですから、「順列」ではなく、**「組合せ」の問題とわかります。**

最短で解く方法

「女性が２人以上含まれる場合」が問われているので、まず、それがどういう場合かを考えてみましょう。

ここに注目！
問われている状況がどういうものなのか、まずハッキリさせましょう。でなければ、解けません。

女性２人
女性３人
女性４人

ちょっとヒトコト　選ぶのは４人。女性は５人いるので、４人とも女性の場合もありえます。

この３つの場合しかありません。
３つに「場合分け」されるわけです。
それぞれの場合について、考えていきましょう。

これがコツ！
いっぺんに考えようとせずに、「場合分け」して、それぞれについて考えていきます。「困難を分割」することは数的推理ではつねに大切なコツになります。

①女性が２人の場合

選ぶのは４人なので、残りの２人は男性です。

女性５人から女性２人を選ぶ「組合せ」は、

$_5C_2$

男性７人から男性２人を選ぶ「組合せ」は、

$_7C_2$

女性２人と男性２人の４人を選ぶ「組合せ」の数は、この２つをかけた、

$_5C_2 \times {_7C_2}$

となります。

なんでこうなるの？
「これだけは必要な数学の知識」の例題３の「ココだけ！」をあらためて見てみてください（113ページ）。
● A and B →積の法則
● A or B →和の法則
でしたね。
ここは女性２人 and 男性２人なので、「積の法則」です。

これを計算すると、

$$ {}_5C_2 \times {}_7C_2 = \frac{5 \times 4}{2 \times 1} \times \frac{7 \times 6}{2 \times 1} = 10 \times 21 $$
$$ = \mathbf{210} \text{（通り）} $$

②女性が３人の場合

選ぶのは４人なので、残りの１人は男性です。

女性５人から女性３人を選ぶ「組合せ」は、

$$ {}_5C_3 $$

男性７人から男性１人を選ぶ「組合せ」は、

$$ {}_7C_1 $$

女性３人と男性１人の４人を選ぶ「組合せ」の数は、この２つをかけた、

$$ {}_5C_3 \times {}_7C_1 $$

となります。

これを計算すると、

$$ {}_5C_3 \times {}_7C_1 = \frac{5 \times 4 \times 3}{3 \times 2 \times 1} \times \frac{7}{1} = 10 \times 7 $$
$$ = \mathbf{70} \text{（通り）} $$

③女性が４人の場合

選ぶのは４人なので、女性のみということになります。

女性5人から女性4人を選ぶ「組合せ」は、

$$ {}_5C_4 $$

これを計算すると、

$$ {}_5C_4=\frac{5\times4\times3\times2}{4\times3\times2\times1}=\mathbf{5}\ （通り） $$

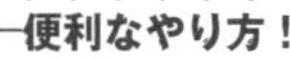

これを計算するときは、最初に約分しましょう。
分母と分子の4×3×2×1が消えて、5だけが残ります。
なお、5人から4人を選ぶということは、残る1人を選ぶというのと同じことです。
なので、最初から ${}_5C_1$ で計算するというのも、いいやり方です。

これで3つの場合のすべての「組合せ」の数が出ました。
女性が2人の場合　**210通り**
女性が3人の場合　**70通り**
女性が4人の場合　**5通り**

この3つの場合は、同時に起きることはなく、「女性が2人」**or**「女性が3人」**or**「女性が4人」という関係です。
ですから、「女性が2人以上の場合」の「組合せ」の数は、「和の法則」で、

210＋70＋5＝285（通り）

ということになります。

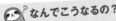

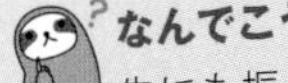

先にも振り返ったように、
● A and B →積の法則
● A or B →和の法則
でしたね。

別解

「女性が0人の場合」「女性が1人の場合」を計算して、
それを全体から引く、
というやり方もできます。

ちょっとヒトコト　どちらのほうが手間がかかりそうにないかを考えて、選びましょう。
ただ、最近は、どちらのやり方でも手間があまり変わらないという問題がよく出ます。
この問題もそうです。
普段の勉強では、両方を試して感覚をつかんでおくとよいでしょう。

①女性が0人の場合

男性が4人ということで、

$_7C_4=\mathbf{35}$（通り）

②女性が1人の場合

男性が3人ということで、

$_5C_1\times{}_7C_3=5\times35=\mathbf{175}$（通り）

③すべての組合せ

12人から4人を選ぶ「組合せ」の数は、

$_{12}C_4=\mathbf{495}$（通り）

全体から、「女性が0人の場合」と「女性が1人の場合」を引きます。

$495-35-175=\mathbf{285}$（通り）

3

おさらい

勝者の解き方！

- 「女性が２人以上含まれる」場合を、「場合分け」する。
- それぞれの場合について、組合せの数を計算する。
- その計算で「積の法則」を使う。
- すべての場合の組合せの数を「和の法則」で足す。
- 答えが出る。

敗者の落とし穴！

- 「女性が２人」と思い込んでしまう。
- 「場合分け」して、それぞれ計算するということを思いつかない。
- 「積の法則」を使うべきか、「和の法則」を使うべきか、混乱する。

重要問題 3 「最短経路数」の問題 ☀☀☀

図のような経路で、点Aを出発して点Pを通り点Bへ行く最短経路は何通りあるか。

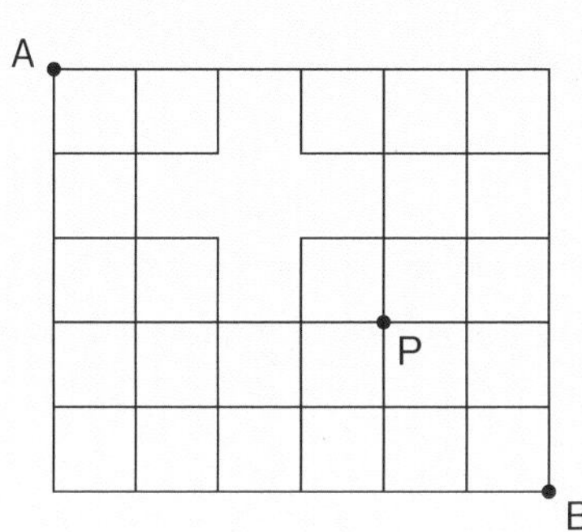

1 40通り
2 48通り
3 54通り
4 60通り
5 72通り

（国家Ⅱ種　2010年度）

この設問は ☞「最短経路数」の問題です。解き方を覚えておけば簡単です。

解くための下ごしらえ

文章題を、図や記号やメモの形に変えましょう。

A → P → B

目のつけ所！

これは図もありますし、設問にも「最短経路」という言葉が出てきますから、**「最短経路数」**の問題であることはすぐに気づけるでしょう。

気をつけるべき点は、きちんと碁盤の目になっ

ているか、それとも図の一部が欠けているかです。
この問題では、一部欠けています。

ちょっとヒトコト 公務員試験では、多くの場合、一部が欠けています。

3

また、**P点**を通らなければならないという条件も見逃してはいけません。

「数字を書き入れていく方法」で解きましょう。このやり方は、このように経路の一部が欠けていたり、**複雑な経路であるほど、力を発揮します。**

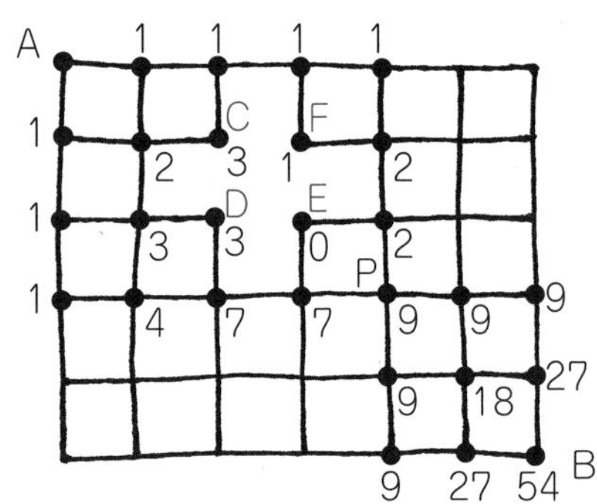

説明のために、経路が途切れている箇所に、仮にC、D、E、Fと記号を付けました。

数字を書き込んでいくとき、注意しなければならないのは、以下の点です。

○例題のときは、出発点のAが下にあったので、「左の数」と**「下の数」**を足すと言いましたが、この問題ではAが上にあるので、「左の数」と**「上の数」**を足していくことになります。

○Dのように、上とつなぐ線がないところは、「左の数」をそのまま書きます。

同じことで、Fのように左とつなぐ線がないところは、「上の数字」をそのまま書きます。

○Eのように、左も上も両方ないところは「0」。

○P点を通過しなければならないので、まずAからPへの経路の数を書き入れていきます。それから、PからBへの経路の数を書き入れていきます。

○Pから先も、AからPまでの数を継続させましょう。

AからP、PからBへの経路以外は無視しましょう。

このやり方を覚えておけば、他の問題でも簡単に解けます。

正解3 正解！

おさらい

3

勝者の解き方！

- 数字を書き込んでいく方法で解く。
- 「P 点を通過する」というような条件を見逃さないようにする。
- 数字を間違えないように、きちんと書いていく。

敗者の落とし穴！

- 「P 点を通過する」ということを忘れてしまう。
- 数字を書き間違える。
- 必要ないところまで数字を書いて、時間をロスする。

頻出度 × 学習効果

4

確率

それでもやっぱり「確率」が大好き！

§4　確率

頻出度 ★★★★★

最近の出題数は落ち着いている！

前章で述べたように、昔は「確率」の出題はそれほどでもありませんでしたが、2000年あたりから急に出題が増え始め、国家や裁判所などでは毎年2問以上、多いときは4問ほど出題されていた時期もありました。しかし、近年は出題数も落ち着いてきて、2問以上出題されることは滅多になくなりました。

それでも、**国家や裁判所はほぼ毎年1問の出題があり、東京都は「判断推理」枠の定位置で毎年1問出題されています。また、これまで、あまり「確率」を出題していなかった地方上級でも、最近は出題が増えています。**それ以外の試験でも出題頻度は結構高いですが、特別区については、最近やや出題が減っています。

出題傾向は割と普通！

出題傾向としては、最近は割と普通の問題が中心ですから、きちんと筋道を立てて考え、場合分けなどを行って丁寧に計算する作業が必要になります。**難易度も全体的に易化傾向にあり、かなり易しい問題も出題されていますが、中には面倒な問題もありますので注意してください。**

また、国家で一時期よく出題されていた「期待値」などの特殊な問題は、最近はほとんど出題されなくなりましたので、本書では扱いませんが、「反復試行」の問題だけは以前からよく出題されていますので、しっかり解き方を覚えてください。

おさえておくべき　重要問題の紹介

重要問題 1 確率の基本① ✹✹✹✹ ☞P150

⟹ 場合の数を数える方法と、「加法定理」、「乗法定理」の両方で解いてみよう！

重要問題 2 確率の基本② ✹✹✹✹ ☞P153

⟹ 重要問題1からさらにパワーアップした問題に挑戦しよう！

重要問題 3 「乗法定理」と「加法定理」の問題① ✹✹✹✹ ☞P157

⟹ 「乗法定理」と「加法定理」を使う基本パターン。

重要問題 4 「乗法定理」と「加法定理」の問題② ✹✹✹✹ ☞P162

⟹ 「場合分け」をして、「乗法定理」と「加法定理」の両方を使う頻出パターン。

重要問題 5 「余事象」の問題 ✹✹✹✹ ☞P168

⟹ 「余事象」で解く方法と、普通に解く方法を比較してみよう！

重要問題 6 「反復試行」の問題 ✹✹✹ ☞P172

⟹ 公式を覚えれば解けるので、しっかりパターンを覚えよう！

重要問題 7 「加法定理」と「乗法定理」と「余事象」の問題 ✹✹✹✹✹ ☞P175

⟹ 「加法定理」の使い方を確認しよう！

ここがポイント！

「確率」の問題の多くは、「場合の数」をきちんと数えること、「場合分け」を的確に行うこと、「加法定理」「乗法定理」を正確に使うことができれば解けます。ただ、重要問題6のような定型問題は、解き方を知っているかが重要です。いずれも覚えれば解けるので、しっかりマスターして得点源にして下さい。

これだけは必要な数学の知識

- 確率の公式
- 「同様に確からしい」
- 乗法定理
- 加法定理
- 余事象
- 反復試行
- 期待値

ズドーン
また、たくさんあるな〜
まぁまぁ

これから丁寧に説明していきます
「暗記するからゴチャゴチャした説明はいらない」という人は「ココだけ!」という囲みのところだけ見てくださいね!
長い説明を読むのも暗記するのも面倒くさいなぁ…
自分、ナマケモノですから

確率の公式

例題 1

サイコロを投げて、1の目の出る確率は？

確率と言えば、サイコロが出てくるのが定番。
「またサイコロかよ！」と嫌気がさすかもしれませんが、やっぱり説明には便利なので、ご勘弁ください。

確率とは、「ある出来事が起こる可能性の度合い」のことです。

ココだけ!

確率を求める公式は、

$$\text{確率}=\frac{\text{特定の場合の数}}{\text{すべての場合の数}}$$

サイコロの目は6つあります。**「すべての場合の数」**は**6**。
1の目は1つだけです。**「特定の場合の数」**は**1**。
ですから、「サイコロを投げて、1の目の出る確率」は、$\frac{1}{6}$です。
確率の基本はとても簡単ですね。

簡単だなんて言っても、
ダマされないぞ……

「同様に確からしい」

例題2

「あなたは公務員試験に合格するか、不合格になるかです。だから、あなたが合格する確率は$\frac{1}{2}$です」これは正しい？

4

そんなバカな話はないですね。最初から合格の確率が$\frac{1}{2}$なら、勉強しても仕方ありません。今、この本で勉強しているのは、合格率を上げるためです。

では、これのどこが間違っているのでしょうか？

コインなら、投げて「表」が出る確率は$\frac{1}{2}$です。

なぜなら、「表」が出ることと、「裏」が出ることは**「同様に確からしい」**からです。

ココだけ！

「同様に確からしい」というのは、
「起きやすさが同じ」＝「一方のほうが起きやすかったり、起きにくかったりしない」ということです。

サイコロの１～６の目が出るのも、「同様に確からしい」と言えます。もし、イカサマサイコロで、どれかの目が出やすくなっていたとしたら、**「同様に確からしくない」**ことになります。

先の「確率の公式」が使えるのは、すべてが「同様に確からしい」場合だけです。イカサマサイコロの場合には、この式で確率を出すことはできないのです。

受験の場合も同じこと。合格と不合格の起きやすさは同じではありません。だから、$\frac{1}{2}$というのは成り立たないのです。

確率を出すときには、それらが**「同様に確からしい」**かどうかに注意するようにしましょう。

なまけているか、
いないかだから、
なまけている確率は1／2
ウソばっかり！
ほとんど
なまけてるじゃない

乗法定理

例題3

サイコロを2回投げて、最初に1の目、2回目に2の目が出る確率は？

またサイコロです。
サイコロを投げて1の目が出る確率は、【例題1】で出したように、$\frac{1}{6}$。
2の目が出る確率も、同じく$\frac{1}{6}$。

この2つの出来事が連続して起きる確率は、

$$\frac{1}{6}\times\frac{1}{6}=\frac{1}{36}$$

と求めることができます。

ココだけ！

乗法定理

AがきてBが起きる確率＝Aの確率×Bの確率

加法定理

例題4

サイコロを投げて、1か2の目が出る確率は？

今度は連続して起きる確率ではなく、**「どちらかが起きる確率」**です。
こういう場合には、**2つの確率を足します。**

$$\frac{1}{6}+\frac{1}{6}=\frac{2}{6}=\frac{1}{3}$$

ココだけ！

加法定理

AまたはBが起きる確率＝Aの確率＋Bの確率

「乗法定理」を使うべきか「加法定理」を使うべきかの見分け方は、「場合の数」のときと同じように、こう覚えておくといいでしょう。

ココだけ!

◎ A **and** B → A の確率 × B の確率　**乗法定理**
◎ A **or** B → A の確率 ＋ B の確率　**加法定理**

4

余事象

例題 5

サイコロを 3 回投げたとき、少なくとも 1 回は 6 の目が出る確率は？

「A が起きる」ことに対して、**「A が起きない」**ことを**「余事象」**と言います。

たとえば、「サイコロを投げて 6 の目が出る」ことに対して、「6 の目が出ない」ことが「余事象」です。

「6 の目が出ない」ということは、「他の目が出る」ということで、他の目は 5 つあるので、その確率は$\frac{5}{6}$。

この$\frac{5}{6}$というのは、**1** から$\frac{1}{6}$（1 の目の出る確率）を引いたのと同じです。

ココだけ!

「余事象」の公式

A の確率 ＝ **1 －** A でない確率

これを知っておくと、とても便利です。

たとえば、この問題のように**「少なくとも」**という言葉が出てきたとき。**これが出てきたら「余事象」を使いましょう。**

「少なくとも 1 回は 6 の目が出る」の余事象は、**「1 回も 6 の目が出ない」**ということです。

「少なくとも 1 回は 6 の目が出る」というのは考えるのがややこしくても、「1 回も 6 の目が出ない」なら簡単です。

1 回投げて 6 の目が出ない確率は$\frac{5}{6}$。2 回目も 3 回目も同じことです。これが連続で起きる場合の確率ですから、「乗法定理」で、

$$\frac{5}{6}\times\frac{5}{6}\times\frac{5}{6}=\frac{125}{216}$$

これを「余事象の公式」にあてはめます。つまり、**1**から引きます。そうすれば、答えが出ます。

少なくとも1回は6の目が出る確率 $= 1 - \frac{125}{216}$ **(1回も6の目が出ない確率)**

答えは$\frac{91}{216}$です。

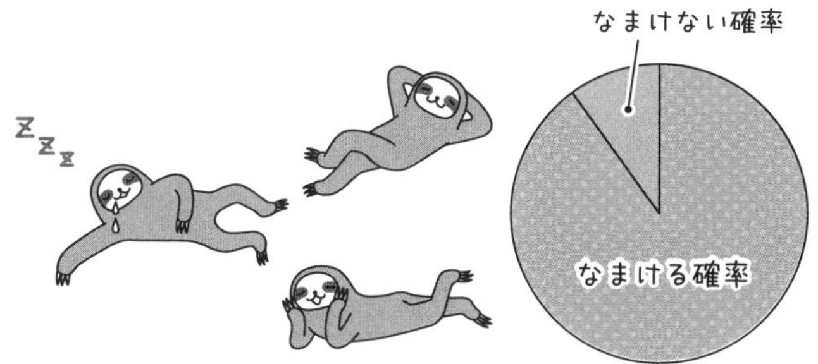

4

反復試行

例題6

サイコロを3回投げたとき、1回だけ6の目が出る確率は?

今度は「少なくとも1回」ではなく、「1回だけ」です。
こうなると、また事情がぜんぜんちがってきます。

サイコロは何回投げても「6の目が出る確率」は変わりません。こういう、**「確率が同じことを、何回か繰り返すこと」**を**「反復試行」**といいます。見た目は難しい用語ですが、中身はそんなに難しくありません。

「サイコロを3回投げたとき、1回だけ6の目が出る」
まず、そういう「場合の数」がいくつあるか考える必要があります。
それは1回目に投げたときか、2回目に投げたときか、3回目に投げたときです。つまり、**3通り**が考えられます。

組合せの式で表すと（3回の中から1回を選ぶ組合せなので）、

$_3C_1 = 3$（通り）

ということです。

4

そして、この**3通りのそれぞれの確率**を考えると、次のようになります。

1回目に投げたときに6の目が出る（2回目、3回目は6以外の目です）

$$\frac{1}{6} \times \frac{5}{6} \times \frac{5}{6} = \frac{25}{216}$$

2回目に投げたときに6の目が出る（1回目、3回目は6以外の目です）

$$\frac{5}{6} \times \frac{1}{6} \times \frac{5}{6} = \frac{25}{216}$$

3回目に投げたときに6の目が出る（1回目、2回目は6以外の目です）

$$\frac{5}{6} \times \frac{5}{6} \times \frac{1}{6} = \frac{25}{216}$$

このうちのどれかが起きるということなので、「or」の関係で、「加法定理」。3つを足せばいいのです。

でも、よく見ると、**すべて同じ数値**です。何回目に投げようが、6の出る確率はいっしょです。

だったら、1つだけ計算して、3をかけるほうが速いです。

つまり、**「6の目が1回出る確率×6以外の目が2回出る確率」**を計算して、それに**6の目が出る「場合の数」**をかければいいのです。

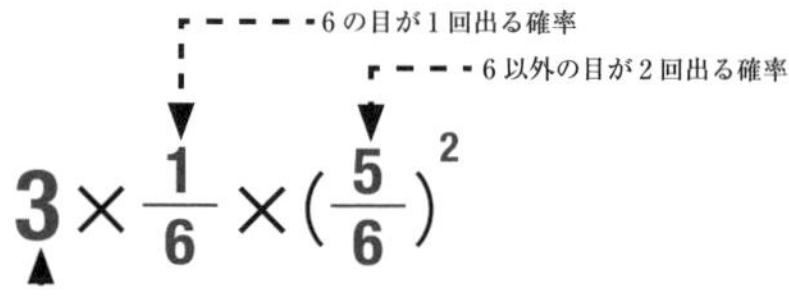

これが「サイコロを3回投げたとき、1回だけ6の目が出る確率」の出し方です。

手順を言うと

①まず、6の目が出る「場合の数」を出す

②6の目が出る確率を、出る回数かける

③それ以外の場合は、6以外の目が出るので、6以外の目が出る確率（$\frac{5}{6}$）を、

出る回数かける

公式化すると、次のようになります。ちょっと見た目が難しいですが、上の数式と同じことです。

ココだけ！

反復試行の公式
（反復試行の確率とは**「確率Ｐのことが、ｎ回中ｒ回起きる確率」**のこと）

$$\text{反復試行の確率} = {}_nC_r \times P^r \times (1-P)^{n-r}$$

※確率をＰで表すのは、probabilityの頭文字。順列のＰ（permutationの頭文字）とまぎらわしいですが、ここでは順列のＰは出てきません。

つまり、同じことを何回か繰り返す「反復試行」の問題では、
ｎ回中ｒ回起こる「場合の数」を出して、
確率Ｐをｒ回かけて、
それ以外の場合は、確率１－Ｐのことがｎ－ｒ回起こっているので、さらにその確率をかけるということです。

${}_nC_r$ をかけ忘れたり（ｒ回起こる「場合の数」を考えていないミス）、
$(1-P)^{n-r}$ をかけ忘れたり（残りのｎ－ｒ回のことを考えていないミス）をしがちなので、注意しましょう！

ニセの選択肢に、こういうミスをした場合の数値がちゃんと並んでいたりします。

では、おさらいとして、**「サイコロを５回投げて、３の目が２回だけ出る確率」**を求めてみましょう。

①３の目が２回出る「場合の数」を出す

５回中２回なので ${}_5C_2 = 10$

②３の目が出る確率を、出る回数（２回）かける

$(\frac{1}{6})^2$ **←二乗を忘れずに！**

③３以外の目が出る確率を、出る回数（３回）かける

$$(\frac{5}{6})^3$$

これらをかけあわせて、$\frac{625}{3888}$
となります。

4

期待値

例題7

1000本のくじで、1等の1万円が5本、2等の5千円が10本、3等の千円が30本で、その他は外れで賞金なしだとしたら、このくじの賞金の期待値は?

たとえば、このくじが1枚300円だとして、買うのはトクなのでしょうか、ソンなのでしょうか?
「期待値」はそういうことを見極めるのに役立ちます。

「今度のドラマは期待値が高い」などと日常的に使う「期待値」とは意味がちがいます。
確率で使う「期待値」とは、**「確率的な平均値」**のことです。

ココだけ!

「期待値」の出し方
期待値=(**起きたときの値**×**起きる確率**)の**合計**

1等の1万円が当たる確率は、$\frac{5}{1000}$
2等の5千円が当たる確率は、$\frac{10}{1000}$
3等の千円が当たる確率は、$\frac{30}{1000}$
外れる確率は、$\frac{955}{1000}$

$$賞金の期待値 = 10000 \times \frac{5}{1000} + 5000 \times \frac{10}{1000} + 1000 \times \frac{30}{1000} + 0 \times \frac{955}{1000}$$
$$= 50 + 50 + 30 + 0 = \mathbf{130}\ (\textbf{円})$$

くじが1枚300円なら、買うのはソンですね。

もっとも、宝くじにしても、必ずくじの値段より期待値のほうがずっと低くなっています。そうしないと、主催者が儲かりませんから。

万が一、期待値のほうが高くなるようなくじを売ってしまったら、主催者は赤字を出してしまうことになります。そういう意味でも、期待値の計算は重要ですね。

この本を使った人の
合格率は
何%になるだろうね？
100%になるように
頑張ってくださいね
せんべい

重要問題 1　確率の基本①

　ある町会の抽選会において、2本の当たりくじを含む9本のくじの中から3人が順番にそれぞれ1本ずつくじを引いたとき、3人のうち2人が当たる確率として、正しいのはどれか。ただし、引いたくじは戻さない。

1　$\frac{1}{10}$

2　$\frac{1}{11}$

3　$\frac{1}{12}$

4　$\frac{1}{13}$

5　$\frac{1}{14}$

（東京都Ⅰ類A　2017年度）

この設問は ☞ 場合の数を数える方法と、加法定理・乗法定理の両方で解ける問題です。

4

解くための下ごしらえ

文章問題をメモの形に変えましょう。

9本のうち2本が当たり
3人が順に引く
引いたくじは戻さない
3人のうち2人が当たる確率は？

目のつけ所！

「引いたくじは戻さない」というのはどういうことでしょうか？
戻した場合には、先に引いた人のくじを後の人が引く場合もありえます。
しかし、戻さない場合は、それはありえません。
3人は別々のくじを引くことになります。

つまり、**9本のくじの中から3人が1本ずつくじを選ぶ**ということです。
3人は順番に引いても、いっぺんに引いても同じことです。

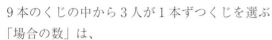

最短で解く方法

9本のくじの中から3人が1本ずつくじを選ぶ「場合の数」は、

$$ {}_9C_3=\frac{9\times8\times7}{3\times2\times1} $$
$=$ **84通り**

2人が当たり、1人が外れる「場合の数」は、

${}_2C_2\times{}_7C_1=7$通り

$\frac{7}{84}=\frac{\mathbf{1}}{\mathbf{12}}$

正解　3

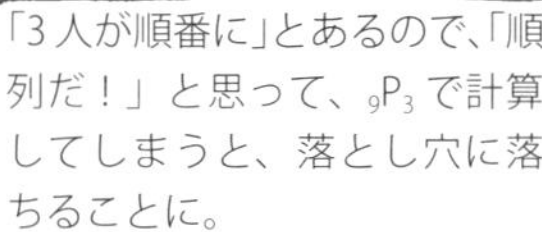

落とし穴！

「3人が順番に」とあるので、「順列だ！」と思って、${}_9P_3$で計算してしまうと、落とし穴に落ちることに。
「9本のくじの中から3人が1本ずつくじを選ぶ」ということなので、「組み合わせ」なのです。

なんでこうなるの？

先の「場合の数」の章で出てきた、
「and」なら「積の法則」
「or」なら「和の法則」
を思い出してください。
「2人が当たる」and「1人が外れる」なので、「積の法則」で、
2人が当たる「場合の数」と、1人が外れる「場合の数」をかけています。

確率を求める公式は

確率＝$\frac{\text{特定の場合の数}}{\text{すべての場合の数}}$

でしたね。

別解

乗法定理と加法定理で解くこともできます。

定理！

この章の最初の「これだけは必要な数学の知識」に乗法定理と加法定理の説明があります。

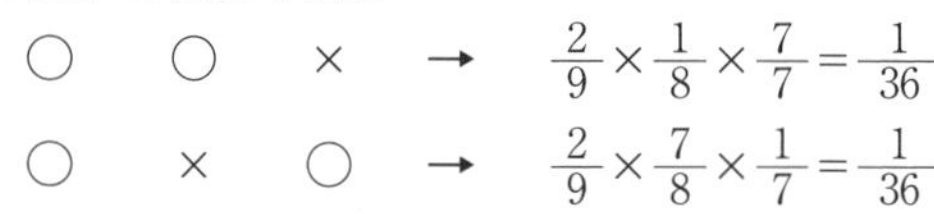

1人目	2人目	3人目		
○	○	×	→	$\frac{2}{9}\times\frac{1}{8}\times\frac{7}{7}=\frac{1}{36}$
○	×	○	→	$\frac{2}{9}\times\frac{7}{8}\times\frac{1}{7}=\frac{1}{36}$
×	○	○	→	$\frac{7}{9}\times\frac{2}{8}\times\frac{1}{7}=\frac{1}{36}$

$$\frac{1}{36}+\frac{1}{36}+\frac{1}{36}=\frac{3}{36}=\frac{1}{12}$$

おさらい

勝者の解き方！

- すべての「場合の数」を計算する。
- 2人が当たって1人が外れる「場合の数」を計算する。
- 確率を計算する。

敗者の落とし穴！

- 引いたくじを戻さないという条件を見落として、間違った計算をする。
- 2人が当たることだけにこだわって、1人が外れることを見落とす。
- すべての「場合の数」を、${}_9P_3$ で計算してしまう。

重要問題 2　確率の基本②

箱の中に同じ大きさの7個の玉があり、その内訳は青玉が2個、黄玉が2個、赤玉が3個である。この中から玉を1個ずつ取り出してから左から順に横一列に7個並べるとき、色の配置が左右対称となる確率はいくらか。

1　$\frac{1}{105}$

2　$\frac{2}{105}$

3　$\frac{1}{35}$

4　$\frac{4}{105}$

5　$\frac{1}{21}$

（国家一般職　2019年）

この設問は **☞重要問題1** **と同様に、2通りの方法で解けます。**

解くための下ごしらえ

文章題をメモの形に変えましょう。

青2　黄2　赤3
1列の並べる　左右対称

目のつけ所！

赤だけが3個あります。

左右対称に並べるということは、**真ん中は赤**です。

なんでこうなるの？

たとえば青が真ん中で、残りの1個が左にあれば、もう1個右にないと左右対称になりません。でも、青は2個なので、それは無理です。
つまり、2個しかない青や黄を真ん中に置くと、左右対称にはならないのです。
真ん中に置けるのは3個ある赤だけです。

左右の3個はそれぞれ各色1個ずつになります。で、左右のどちらか一方の並び方が決まれば、左右対称なのですから、右の3個も自動的に決まります。

なんでこうなるの？

真ん中を赤にすると、青も黄も赤も2個ずつです。左右対称にするのには、それぞれ1個ずつ左右に振り分けるしかありません。

最短で解く方法

まず、7個の玉の並べ方の総数を出しましょう。
7個の玉の並べ方は、全部で、

7!=7×6×5×4×3×2×1　通り

これがコツ！
ここですぐに計算しないようにしましょう。

で、これらはいずれも、同様に確からしいですね。

ちょっとヒトコト 「同様に確からしい」の説明は 142ページ。

次に、左右対称な並べ方が、何通りあるか考えましょう。
(1) 真ん中の赤の並べ方
「目のつけ所！」で述べたように、**真ん中は赤**です。赤は3個なので、真ん中の赤の並べ方は**3通り**です。

つまずきポイント！
「同じ赤なのだから1通り」と考えてはいけません。先に求めた「並べ方の総数」では、7個の玉をそれぞれ区別して数えています。その中で左右対称な並べ方が何通りあるかを求めるのですから、ここでも3個の赤玉をそれぞれ区別して考えます。青や黄についても同様です。

(2) 左の3個の並べ方
右でもいいですが、とにかく、左右の一方の並べ方が、何通りあるか考えましょう。
なお、赤は1個すでに真ん中に使っているので、ここで使える赤は、残りの2個のうちのどちらかということになります。つまり、青も黄も赤もすべて2個です。

左から3個の並べ方

（青、黄、赤）→2×2×2=**8**（通り）
（青、赤、黄）→2×2×2=**8**（通り）
（黄、青、赤）→2×2×2=**8**（通り）
（黄、赤、青）→2×2×2=**8**（通り）

(赤、黄、青) →2×2×2=**8** (通り)
(赤、青、黄) →2×2×2=**8** (通り)
6×8 (通り)

(3) 右の3個の並べ方
左右対称なのですから、左の並べ方が決まったら、右の並び方も自動的に決まります。
つまり、こちらは**1通り**です。

以上の (1) (2) (3) をかけ合わせれば、左右対称な並べ方が何通りかがわかります。
「場合の数」の章の「これだけは必要な数学の知識」で説明した「積の法則」ですね。

3×6×8×1 (通り)

求める確率は、
確率の公式 (確率 = 特定の場合の数 ÷ すべての場合の数) で、

左右対称な並べ方数÷7個の玉の並べ方の総数

です。

$$3\times6\times8\times\frac{1}{7!}=\frac{1}{35}$$

正解 3 

なんでこうなるの?

ここでは説明のためにすべて書き出しましたが、もちろんすべて書き出す必要はありません。
青、黄、赤の3種の「色の並べ方」は、3! = 3 × 2 × 1=6 通り
青、黄、赤は各2個あるので、それぞれ2 × 2 × 2=8 通りの並べ方があります。
つまり、全部で、6 × 8 (通り) となります。

ちょっとヒトコト
たとえば、左の並べ方が「赤青黄」と決まったら、真ん中は赤で、「赤青黄赤」となり、残り玉は3個で、色の配置を左右対称にするには、右は「黄青赤」と並べる1通りしかありえません。全体としては「赤青黄赤黄青赤」となります。

つまずきポイント!
ここで、右も左と同じように、6 × 8 (通り) と考えてしまうと、大きなミスをすることに。ご注意ください。

これを計算すると…

3 × 6 × 8 × 1=144
7 × 6 × 5 × 4 × 3 × 2 × 1=5040
144 ÷ 5040……なんて計算をしないように。

$$\frac{\cancel{3}\times\cancel{6}\times\cancel{8}\times1}{7\times\cancel{6}\times5\times\cancel{4}\times\cancel{3}\times\cancel{2}\times1}$$

というふうに計算すれば、

$\frac{1}{7\times5}$ となり、計算は7×5だけですみます。

4

4

本問も重要問題１と同じく、乗法定理と加法定理で解くことができます。

色の並べ方は６通り

たとえばこのような並べ方になる確率は、

青黄赤赤赤黄青　→　$\frac{2}{7}\times\frac{2}{6}\times\frac{3}{5}\times\frac{2}{4}\times\frac{1}{3}\times\frac{1}{2}\times 1=\frac{1}{210}$

残る５通りも同じなので、
求める確率は、

$\frac{1}{210}\times 6=\frac{1}{35}$

勝者の解き方！

- 真ん中は赤だと気づく。
- 左の３個が決まれば右の３個も決まることに気づく。
- 同じ色の玉も区別して、並べ方の数を数える。

敗者の落とし穴！

- 真ん中は赤と気づかない。
- 左右対称な並べ方がたくさんあると思い混乱する。
- 同じ色の玉を区別せずに、並べ方を数えようとする

重要問題 3　「乗法定理」と「加法定理」の問題①　☀☀☀☀

図のように、1～9の数字が書かれた縦3列、横3列のマス目がある。いま、1～9の互いに異なる数字が一つずつ書かれた9個の玉が入っている箱の中から、玉を1個取り出し、取り出した玉に書かれた数字と同じ数字が書かれたマスを塗りつぶし、取り出した玉を箱に戻す。この操作を3回繰り返したとき、マスが二つのみ塗りつぶされる確率はいくらか。

1	2	3
4	5	6
7	8	9

1　$\frac{8}{81}$

2　$\frac{5}{27}$

3　$\frac{16}{81}$

4　$\frac{8}{27}$

5　$\frac{32}{81}$

（国家専門職　2021年度）

この設問は ☞ 「乗法定理」と「加法定理」を使う基本的な問題です。

解くための下ごしらえ

文章題をメモの形に変えましょう。

1～9の玉→同じ数字のマスを塗る
玉は箱に戻す
3回繰り返す→マス2つのみ

目のつけ所！

3回繰り返し、マスが2つしか塗られないということは、**1回ダブっている**ということです！

4

最短で解く方法

1回目は、どの玉が出ても、1つのマスを塗りつぶすことになります。
ダブるのは、2回目か、3回目です。
なお、マスは2つ塗りつぶされているので、3回とも同じ数字の玉ということもありません。
つまり、**2回目と3回目の、どちらか一方のみダブる**ということです。

それぞれの場合について、考えてみましょう。

これがコツ！
まず、どういう場合があるかを考え、次に、そのそれぞれの場合について考えてみる、ということが大切です。

まず、2回目でダブる場合。
1回目で選ぶ玉を仮にAとして考えてみましょう。
1回目Aで、2回目Aのときは、3回目は別の玉になります。別の玉を仮にBとしましょう。
(A, A, B)
というパターンです。

そして、3回目でダブる場合。
1回目がAで、2回目がちがうBの場合、3回目でダブるのはAかもしれませんし、Bかもしれません。

（A，B，A あるいは B）
というパターンです。

では、それぞれの場合の確率を考えていきましょう。

（A，A，B）となる確率

1回目はどの玉もありうるので、$\frac{9}{9}=1$です。
2回目は1回目と同じ玉を取り出す確率なので、「9個の玉の中から、ある特定の1個を取り出す確率」ということで、$\frac{1}{9}$です。
3回目は1回目および2回目とちがう玉を取り出す確率なので、1回目と2回目で選んだ同じ1個の玉を除外した8個の玉ならいいということで、$\frac{8}{9}$です。
この3つのことが**連続して起きる確率**なので、**「and」**の関係で、**「乗法定理」**ですから、それらの確率をかけ合わせればいいのです。

定理！
「乗法定理」の説明は 143 ページにあります。

$$1\times\frac{1}{9}\times\frac{8}{9}=\mathbf{\frac{8}{81}}$$

（A，B，A あるいは B）となる確率

1回目は同じく1。
2回目は、1回目の別の玉を選ぶ確率なので、$\frac{8}{9}$。
3回目は、1回目あるいは2回目と同じ玉は、9個中2個なので、$\frac{2}{9}$。

これらが**連続して起こる確率**なので、**「and」**の関係で、**「乗法定理」**です。

$$1\times\frac{8}{9}\times\frac{2}{9}=\mathbf{\frac{16}{81}}$$

そして、2回目でダブる場合と3回目でダブる場合の**どちらか一方が起きる確率**なのですから、**「or」**の関係で、**「加法定理」**で、確率を足します。

どちらかが起きる確率なので、足します。
「加法定理」です。説明は143ページにあります。
間違って、かけないように。

$$\frac{8}{81}+\frac{16}{81}=\frac{24}{81}=\mathbf{\frac{8}{27}}$$

正解4

別解

145ページで説明した、**「反復試行」**でも解くことができます。
「マスが二つのみ塗りつぶされる」ということは、「9個の玉の中から、3回玉を取り出して、同じ玉を2回だけ取り出した」ということです。
ですから、「反復試行」のところのおさらいでやった、「サイコロを5回投げて、3の目が2回だけ出る確率」と、同じように解くことができます。

9個の玉の中から、3回玉を取り出して、**1**と書いてある玉が2回だけ出る確率は、次のように求められます。

①1の目が2回出る「場合の数」を出す
　3回中2回なので $\mathbf{{}_3C_2}$

②1の目が出る確率を、出る回数（2回）かける

$$\left(\frac{1}{9}\right)^2$$

③1以外の目が出る確率を、出る回数（1回）

かける

$$\frac{8}{9}$$

④これらをかけあわせます。

$$_3C_2 \times \left(\frac{1}{9}\right)^2 \times \frac{8}{9}$$

反復試行の確率
$= {}_nC_r \times P^r \times (1-P)^{n-r}$

145 ページの説明を参照してください。

2～9の玉についても同じことですから、

$$_3C_2 \times \left(\frac{1}{9}\right)^2 \times \frac{8}{9} \times 9$$

これを計算すると、

$$3 \times \frac{1 \times 1}{9 \times 9} \times \frac{8}{9} \times 9$$
$$= \frac{3 \times 1 \times 1 \times 8 \times 9}{9 \times 9 \times 9} = \frac{8}{27}$$

おさらい

勝者の解き方!

- マスを塗りつぶさないのが２回目の場合と３回目の場合で、場合分けをする。
- それぞれの場合について、乗法定理で確率を計算する。
- 加法定理で確率を足し合わせる。

敗者の落とし穴!

- ２つのマスしか塗りつぶされないという意味がわからない。
- 場合分けの基準がわからず行き詰まる。
- 乗法定理、加法定理を知らない、あるいは忘れている。
- （A, B, A）の場合を見落とす。

重要問題 4 「乗法定理」と「加法定理」の問題②

赤玉4個と白玉8個を入れたAの袋と、赤玉2個と白玉7個を入れたBの袋がある。いまAの袋から1球取り出し、それをBの袋に入れた後、Bの袋から3球同時に取り出すとき、3球とも白玉である確率はいくらか。

1 $\frac{1}{3}$

2 $\frac{3}{8}$

3 $\frac{7}{20}$

4 $\frac{47}{120}$

5 $\frac{49}{120}$

（東京消防庁　2005年度）

この設問は ☞ 場合分けをして、「乗法定理」と「加法定理」の両方を使う頻出パターンです。

解くための下ごしらえ

文章題を、図や記号やメモの形に変えましょう。

A　赤4　白8
　　↓1（赤？白？）
B　赤2　白7
　　↓
　　白3

目のつけ所！

設問文に「確率」とありますから、**確率の問題なのはすぐにわかります。**
ややこしいので、メモでちゃんと整理することがまず大切。
「Aの袋から1球取りだし、それをBの袋に入れた」「Bの袋から3球同時に取り出す」と**動作が2回ある**ことを見逃さないように。

最短で解く方法

4

まず**「Aの袋から1球取りだし」**という動作を行っているので、このとき、**赤球が出る確率**と**白玉が出る確率**を出しましょう。

Aの袋には**赤玉4個**と**白玉8個**が入っています。
全部で12個ですから、
① **Aの袋から赤玉の出る確率**$=\frac{4}{12}=\mathbf{\frac{1}{3}}$
② **Aの袋から白玉の出る確率**$=\frac{8}{12}=\mathbf{\frac{2}{3}}$

この1球はBの袋に入れられます。Bの球の数は10になります。
そして、今度は**「Bの袋から3球同時に取り出す」**という動作が行われます。
このとき、Bの袋の中身は**「白玉が1つ増えている場合」**と**「赤球が1つ増えている場合」**があります。
それぞれの場合について**「3球とも白玉」**である確率を考えましょう。

つまずきポイント！

Aから B に入れた球を「赤か白かわからない」というふうに考えると、行き詰まってしまいます。
「赤の場合と、白の場合がある」と考えて、それぞれの場合について考えるようにしましょう。
ここでも「困難を分割」です！

①赤玉が1球増えた場合（＝白玉は**7個**のまま）
10個の中に白玉が7個ということですから、
1回目に白玉を引く確率は$\frac{7}{10}$
2回目に白玉を引く確率は$\frac{6}{9}=\frac{2}{3}$ **（総数も白玉も減っていくことを忘れずに）**
3回目に白玉を引く確率は$\frac{5}{8}$

これらが**連続して起きる確率**なので、**「and」**

の関係で、**「乗法定理」**です（Aが起きてBが起きる確率＝Aの確率×Bの確率）。

$$\frac{7}{10} \times \frac{2}{3} \times \frac{5}{8}$$

$$\frac{7 \times \cancel{2}^{1} \times \cancel{5}^{1}}{\cancel{10}_{\cancel{5}_{1}} \times 3 \times 8} = \frac{7}{3 \times 8} = \mathbf{\frac{7}{24}}$$

②白玉が1球増えた場合（＝白玉は**8個**に）

10個の中に白玉が8個ということですから、①の場合と同様に、

1回目に白玉を引く確率は $\frac{8}{10} = \frac{4}{5}$

2回目に白玉を引く確率は $\frac{7}{9}$

3回目に白玉を引く確率は $\frac{6}{8} = \frac{3}{4}$

これらが**連続して起きる確率**なので、**「and」**の関係で、**「乗法定理」**。

$$\frac{4}{5} \times \frac{7}{9} \times \frac{3}{4} = \mathbf{\frac{7}{15}}$$

①の場合の確率と、②の場合の確率が出ました。

この①（A→Bが赤球）と②（A→Bが白玉）の**どちらか一方が起きる確率**なのですから、**「or」**の関係で、**「加法定理」**です。

$$\frac{7}{24} + \frac{7}{15} = \cdots\cdots$$

と、やってしまったら、間違いです！

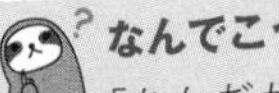

なんでこうなるの？

「なんだかヘンだな？」と思った人もいるのでは？

設問は「3球同時に取り出す」と言っているのに、これは「1球ずつ順番に取り出す」ときの確率なのでは？

じつは、どちらも確率は同じなのです！

ですから、「困難を分割」で、1球ずつ順番にと考えて解きましょう！

ちょっとヒトコト

「組合せ」の公式を使って解いてもかまいません。

10個の中から、3個選ぶのですから、その組合せの総数は、

${}_{10}C_3 = 120$(通り)

3球とも白玉になる組合せは、7個の白玉の中から、3個を選んだということなので、

${}_{7}C_3 = 35$(通り)

したがって、

3球とも白玉の確率$= \frac{35}{120}$

$= \frac{7}{24}$

落とし穴！

この間違いをやってしまう人も多いので、気をつけましょう！

これでは「赤玉4個と白玉8個を入れたAの袋」という条件の意味がありません。

最初に

① A の袋から赤玉の出る確率 $= \frac{1}{3}$

② A の袋から白玉の出る確率 $= \frac{2}{3}$

を出したのを忘れないでください。

$\frac{1}{3}$ の確率で①（A → B が赤球）が起きて、その場合に「3球とも白玉」の確率が $\frac{7}{24}$ なのですから、これは連続する**「and」**の関係で、**「乗法定理」**で、かけなければなりません。

$$\frac{1}{3} \times \frac{7}{24}$$

②の場合についても同じこと。

$$\frac{2}{3} \times \frac{7}{15}$$

「加法定理」で足すのは、この2つです。

$$\frac{1}{3} \times \frac{7}{24} + \frac{2}{3} \times \frac{7}{15} = \mathbf{\frac{49}{120}}$$

かけて足すというふうに、「乗法定理」と「加法定理」の両方を連続して行うところが、ややこしいですね。

正解 5 正解！

4

やってしまいがちな×解答

Bの袋から3個の球を取り出したとき、その球の組合せとしてありうるのは、次の**4通り**。

（赤、赤、赤）（赤、赤、白）（赤、白、白）
（白、白、白）

そのうち、（白、白、白）となる組合せは**1通り**だけ。

したがって、3個とも白玉になる確率は、$\frac{1}{4}$。

この解き方はどこが間違っているのでしょうか？

それは、

（赤、赤、赤）（赤、赤、白）（赤、白、白）
（白、白、白）

を平等にあつかってしまっているところです。

これらの組合せが出る確率は等しくありません。

「同様に確からしくない」のです。

「これだけは必要な数学の知識」のところで述べたように、**「確率の公式が使えるのは、すべてが『同様に確からしい』場合だけ」**なのです。

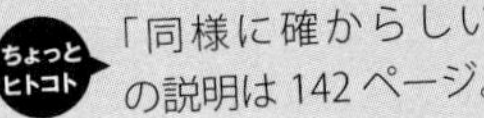
ちょっと
ヒトコト
「同様に確からしい」
の説明は 142 ページ。

おさらい

勝者の解き方！

- A の袋から出した球が赤の場合と白の場合の、それぞれの確率を出す。
- それぞれの場合について、B の袋から「3 個の白玉を取り出す」確率を出す。
- 「乗法定理」で確率をかけ合わせる。
- 「加法定理」で 2 つの確率を足す。

敗者の落とし穴！

- A から B に入れた球を「赤か白かわからない」と考えて行き詰まる。それぞれの場合について計算するという「困難の分割」を思いつかない。
- 「同様に確からしくない」のに、そのまま確率の公式にあてはめてしまう。
- B の袋から白玉を 3 個取り出す確率に気をうばわれて、A から 1 個取り出すときの確率を、「乗法定理」で、かけることを忘れてしまう。

4

重要問題 5 「余事象」の問題

20 本のくじの中に 3 本の当たりくじがある。この 20 本の中から同時に 2 本のくじを引くとき、当たりくじが 1 本以上ある確率はいくらか。

1 $\frac{33}{190}$

2 $\frac{39}{190}$

3 $\frac{49}{190}$

4 $\frac{26}{95}$

5 $\frac{27}{95}$

（国税専門官　2009 年度）

この設問は ☞「余事象」を使って解くと速いということを実感してください。

解くための下ごしらえ

文章題を、図や記号やメモの形に変えましょう。

20　当たり 3
2 引く　当たり 1 以上

目のつけ所！

設問文に「確率」とありますから、**確率の問題なのはすぐにわかります。**

さらに「1 本以上ある場合」とあります。これは「少なくとも 1 本」ということと同じです。**「少なくとも」**という言葉が出てきたら「余事象」です！

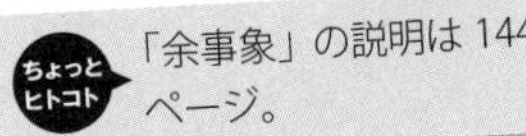

「余事象」の説明は 144 ページ。

最短で解く方法

「当たりが１本以上ある場合」とはどういう場合なのか？
「１本あるいは２本が当たりの場合」ということです。

これがコツ！

ちょっとでもわかりにくい表現は、具体的にどういうことなのか、考えるようにしましょう！

逆に言えば、**「当たりが０本ではない場合」**です。
つまり、**「当たりが０本＝２本とも外れ」**の確率を出して、**1**から引けば、「当たりが０本ではない場合」＝「１本あるいは２本が当たりの場合」＝**「当たりが１本以上ある場合」**の確率が出ます。
「余事象」の考え方です。

２本とも外れの確率を出しましょう。
くじは全部で **20** 本、当たりは３本＝外れは **17** 本なので、１本目を引くときに外れが出る確率は、$\frac{17}{20}$。
２本目を引くときは、くじの総数は **19** 本に減っています。１本目で外れを１本引いている場合の確率なので、外れの数も 16 本に減っています。

ここに注目！

くじの数が減るということを、うっかり忘れないように！

ですから、２本目が外れの確率は、$\frac{16}{19}$

これが**連続して起きる確率**なので、**「and」**の関係で、**「乗法定理」**。

$$\frac{17}{20} \times \frac{16}{19} = \frac{68}{95}$$

なんでこうなるの？

設問は「同時に２本のくじを引く」と言っているのに、これは「１本ずつ順番に引く」ときの確率なのでは？
「重要問題４」のところでも述べたように、じつはどちらも確率は同じなのです！
ですから、「困難を分割」で、１本ずつ順番にと考えて解きましょう！

「2本とも外れの確率」が $\frac{68}{95}$ ということです。
「当たりが1本以上ある確率」は、
「余事象」の公式を使って、

$$1-\frac{68}{95}=\frac{27}{95}$$

4

正解5 

別解

「余事象」を使わずに解くこともできます。
その場合、

「1本目が当たりで、2本目が外れ」

$$\frac{3}{20}\times\frac{17}{19}=\frac{51}{380}$$

「1本目が外れで、2本目が当たり」

$$\frac{17}{20}\times\frac{3}{19}=\frac{51}{380}$$

「1本目も2本目も当たり」

$$\frac{3}{20}\times\frac{2}{19}=\frac{3}{190}$$

の3つの場合の確率を出して、これらは**どれかが起きる**という**「or」**の関係なので、**「加法定理」**で、3つを足せば、答えが出ます。

$$\frac{51}{380}+\frac{51}{380}+\frac{3}{190}=\frac{27}{95}$$

ただ、「余事象」を使った場合には、1回の計算ですむところを、このやり方だと、同じような計算を３回もしなければなりません。
さらに分数の足し算もしなければなりません。それだけ手間もかかりますし、ミスも増えます。

実際には「1本目が当たりで、2本目が外れ」と「1本目が外れで、2本目が当たり」は同じ確率なので、これは1回の計算ですみますが。

「余事象」で解くほうが、ずっと楽で速いことがわかるでしょう。

おさらい

勝者の解き方！

- 設問文の「1本以上ある場合」から、「余事象」を使うと速いことに気づく。
- 「同時に2本のくじを引く」のを「1本ずつ順番に引く」と考えて、計算しやすくする（それらが同じ確率と知っている）。
- 2本目を引くときには、くじの総数や、外れくじの数が変化していることを、見落とさない。
- 出した数値を、1から引くことを忘れない（「余事象」の公式）。

敗者の落とし穴！

- 「余事象」を使えることに気づかない（計算に手間がかかり、ミスの可能性も増える）。
- 「同時に2本のくじを引く」確率の出し方に悩んでしまう。
- 2回目にはくじの総数や、外れくじの総数が変化していることを、うっかり忘れてしまう。

4

重要問題 6 「反復試行」の問題

あるサッカー選手が、ゴールから一定の位置にあるボールを1回蹴るとき、ボールがゴールに入る確率は $\frac{1}{3}$ である。この選手が同じ位置からボールを4回蹴るとき、ボールが2回以上ゴールに入る確率として、正しいのはどれか。

1 $\frac{1}{9}$
2 $\frac{7}{27}$
3 $\frac{11}{27}$
4 $\frac{7}{81}$
5 $\frac{13}{81}$

（東京都Ⅰ類A　2009年度）

この設問は ☞「反復試行」の公式を知っているかどうか、という問題です。

解くための下ごしらえ

文章題を、図や記号やメモの形に変えましょう。

ゴール確率 $\frac{1}{3}$
4回　2回以上ゴール

目のつけ所！

設問文に「確率」とありますから、**確率の問題なのはすぐにわかります。**

さらに「2回以上」とあります。**「余事象」**を使うと速いかもと気づきましょう。

そして、肝心なのは、**「確率 $\frac{1}{3}$ ……4回蹴るとき、2回以上ゴールに入る確率」**という文章に目をつけて、これは**「確率Pのことが、n回中r回起きる確率」**を出すのだから、**「反復試行の公式」**だ！と気づくことです。

公式！
反復試行の確率
$= {}_n C_r \times P^r \times (1-P)^{n-r}$

2回以上ゴールに入る　⇒　2回、3回、4回
余事象　⇒　0回、1回　**←このほうがラク！**
「余事象」のほうを求めることにしましょう。

①1回も入らない確率

ゴールする確率は $\frac{1}{3}$ なので、ゴールしない確率は $\mathbf{\frac{2}{3}}$
それが4回連続するので、「乗法定理」で、

$$\frac{2}{3} \times \frac{2}{3} \times \frac{2}{3} \times \frac{2}{3} = \mathbf{\frac{16}{81}}$$

②1回だけ入る確率

「確率 $\frac{1}{3}$ のことが、4回中1回起きる確率」なので、
これはまさに「反復試行」の公式の出番です。

4回中1回入る確率

$$= {}_4\mathrm{C}_1 \times \frac{1}{3} \times \left(\frac{2}{3}\right)^3$$
$$= 4 \times \frac{8}{81}$$
$$= \mathbf{\frac{32}{81}}$$

落とし穴！

1回だけ入って、3回入らないのだからと、

$$\frac{1}{3} \times \frac{2}{3} \times \frac{2}{3} \times \frac{2}{3} = \frac{8}{81}$$

と計算して終わりにしないように。
これは、1回目だけ入る確率で、他に2回目だけ入る、3回目だけ入る、4回目だけ入る場合もあります。
4回中1回だけ入る「場合の数」を出さなければなりません。

①と②は**どちらかが起きる「or」**の関係なので、
「加法定理」で足しましょう。

$$\frac{16}{81} + \frac{32}{81} = \mathbf{\frac{16}{27}}$$

つまずきポイント！

これで答えが出た気にならないように。
まだ続きがあります。

$\frac{16}{27}$ は**「余事象」**の確率なので、正解を出すには1から引く必要があります。

1 −（1回も入らない確率＋1回しか入らない確率）＝求める確率

$$1 - \frac{16}{27} = \mathbf{\frac{11}{27}}$$

4

正解3 **正解！**

勝者の解き方！

- 設問文の「2回以上」という表現で、「余事象」を使うと速そうと気づく。
- 設問文の「確率 $\frac{1}{3}$ ……4回蹴るとき、2回以上ゴールに入る確率」という表現から、「反復試行」の問題だと気づく。
- 「1回も入らない確率」を出す。
- 「1回だけ入る確率」を「反復試行」の公式で出す。
- 両方の確率を足す。
- それを1から引く。

敗者の落とし穴！

- 「余事象」を使ったほうが楽だと気づかない。
- 「反復試行」の問題だと気づかない。
- あるいは「反復試行」の公式を忘れてしまっている。
- 「1回目だけ入る確率」を出して、これを「1回だけ入る確率」と勘違いしてしまう。
- 「余事象」の確率を計算していたのに、やっているうちに、「余事象」ということを忘れて、それ自体を答えと思ってしまう。

重要問題 7　「加法定理」と「乗法定理」と「余事象」の問題

次の図のような道路がある。A地点からC地点へ車で行くには、橋を渡る直行ルートと、B地点を経由する山岳ルートがある。直行ルートの橋は100日に1日の割合で増水のため通行止めになり、A地点からB地点までは40日に1日、B地点からC地点までは13日に1日の割合でそれぞれ濃霧のため通行止めになるとすると、A地点からC地点へ行けなくなる確率はどれか。

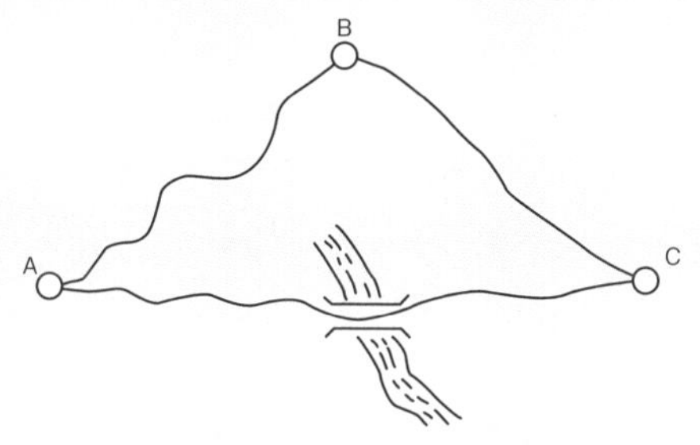

1　$\frac{1}{500}$

2　$\frac{1}{1000}$

3　$\frac{1}{1200}$

4　$\frac{1}{1500}$

5　$\frac{1}{2000}$

（特別区Ⅰ類　2004年度）

4

この設問は ☞ 簡単なはずの「加法定理」に落とし穴が！

解くための下ごしらえ

文章題を、図や記号やメモの形に変えましょう。

直ルート　$\frac{1}{100}$ ×

Bルート　A→B　$\frac{1}{40}$ ×

B→C　$\frac{1}{13}$ ×

A→C　×の確率？

目のつけ所！

「橋」とか「濃霧」とか、そういうどうでもいい設定は無視して、**「2つのルートがある」「それぞれの確率」**をちゃんと書き出しましょう。
通れない場合はどういう場合か、通れる場合はどういう場合か、そこをきちんと考えるのが大切。そこに落とし穴も。

最短で解く方法

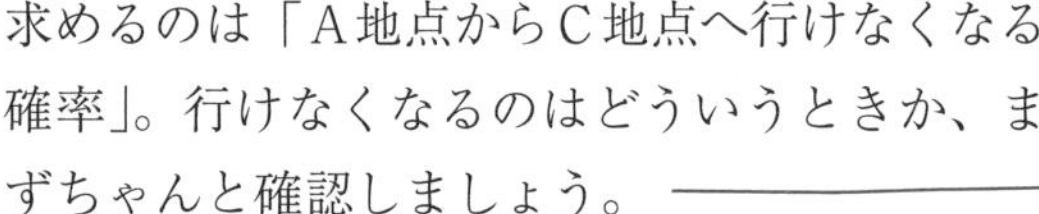

求めるのは「A地点からC地点へ行けなくなる確率」。行けなくなるのはどういうときか、まずちゃんと確認しましょう。

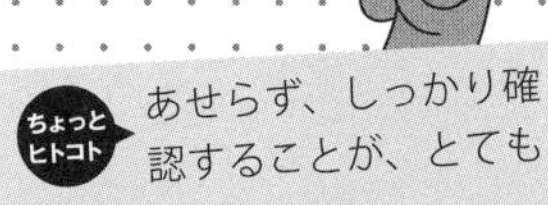

ちょっとヒトコト　あせらず、しっかり確認することが、とても大切です。

「直行ルート」と「A→B→Cルート」の**両方**が通行止めになる場合です。
では、それぞれの確率を考えてみましょう。

①「直行ルート」が通行止めになる確率
これは設問文に書いてあるそのままの $\frac{1}{100}$。

②「A→B→Cルート」が通行止めになる確率
「A→B」と「B→C」のどちらか一方だけでも通行止めになれば、「A→B→Cルート」は行けなくなります。
では、「A→B」が通行止めになる確率と、「B→C」が通行止めになる確率をそれぞれ出して、足しましょうか？

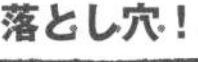

落とし穴！
じつはここに落とし穴が潜んでいます！
それについては後の「やってしまいがちな×解答」のところで。

いえ、「A→B→Cルート」が通行止めになる＝「A→B」と「B→C」の**少なくとも**一方が通行止めということです。**「少なくとも」ときたら、「余事象」を使いましょう。**
1－（A→B→Cルートが通れる確率）を考えたほうが速いです。

「A→B→Cルート」が通れる確率

A→Bが通れる確率は $\frac{39}{40}$

B→Cが通れる確率は $\frac{12}{13}$

この両方が**同時に起きる**ときですから**「and」**の関係で**「乗法定理」**。

$$\frac{39}{40} \times \frac{12}{13} = \frac{9}{10}$$

これを1から引きます。

$$1 - \frac{9}{10} = \mathbf{\frac{1}{10}}$$

これが**「A→B→Cルート」が通行止めになる確率**です。

「A地点からC地点へ行けなくなる」のは、①②**の両方が同時に起きる場合**ですから、**「and」**の関係で**「乗法定理」**。

$$\frac{1}{100} \times \frac{1}{10} = \mathbf{\frac{1}{1000}}$$

正解2 **正解！**

4

やってしまいがちな×解答

先の②で「余事象」を使わずに、そのまま計算していったら、どうなるでしょうか？

4

②「A→B→Cルート」が行けなくなる確率

AB 間が通行止め　⇒　$\frac{1}{40}$

BC 間が通行止め　⇒　$\frac{1}{13}$

このどちらかが起きればいいわけですから**「or」**の関係で**「加法定理」**。

$$\frac{1}{40} + \frac{1}{13} = \frac{13 + 40}{520} = \frac{53}{520}$$

落とし穴！

これをやってしまう人がとても多いのです。
「加法定理」の要注意点です！

あれ？ $\frac{1}{10}$ になりません。
どこが間違っていたのでしょうか？

「AB 間通行止め」と「BC 間通行止め」は**同時に起こる**可能性があるから、そのまま足してはいけないのです。
そのまま足すと、同時に通行止めになる場合を二重に数えてしまいます。
「AB のみダメ」＋「BC のみダメ」＋「両方ダメ」と計算しなければいけないのです。

$$\frac{1}{40} \times \frac{12}{13} + \frac{39}{40} \times \frac{1}{13} + \frac{1}{40} \times \frac{1}{13}$$
$$= \frac{12 + 39 + 1}{520} = \frac{1}{10}$$

これを計算すると…

「AB のみダメ」というのは、AB がダメで、BC は OK ということ。
それが連続するので「and」の関係で「乗法定理」。
AB がダメな確率は $\frac{1}{40}$
BC が OK な確率は $\frac{12}{13}$
なので、「AB のみダメ」の確率は、

$$\frac{1}{40} \times \frac{12}{13}$$

ということになります。
「BC のみダメ」や「両方ダメ」についても、計算の考え方は同じです。

あるいは、
「AB ダメ」＋「BC ダメ」－「両方ダメ」

と計算しましょう。

$$\frac{1}{40}+\frac{1}{13}-\left(\frac{1}{40}\times\frac{1}{13}\right)$$
$$=\frac{13+40-1}{520}=\frac{1}{10}$$

これがこのパターンの問題の要注意ポイントです！

勝者の解き方！

- A 地点から C 地点に行けなくなるのはどういう場合か、ちゃんと確認する。
- 「直行ルート」が通行止めになる確率と、「A → B → C ルート」が通行止めになる確率をそれぞれ計算する。
- 「A → B → C ルート」が通行止めになる確率を出すのに、「A → B → C ルート」が通れる場合という「余事象」を計算する。そのほうが速いから。
- 出した数値を「余事象」の公式で、1 から引く。
- 「直行ルート」が通行止めになる確率と、「A → B → C ルート」が通行止めになる確率を、「乗法定理」で、かける。

敗者の落とし穴！

- 「A → B → C ルート」が通行止めになる確率を出すのに、「余事象」を使わない。
- 「A → B → C ルート」が通行止めになる確率を、「AB がダメ」な確率＋「BC がダメ」な確率と考えてしまう（それだと、「両方がダメ」な場合がダブってしまうことに気づかない）。

頻出度 × 学習効果

5

立体図形

★★★★

立体図形は、平面図形より難しくなんかない！

§5　立体図形

頻出度★★★★

考え方は平面図形と同じ！

「§2平面図形」で説明したように、図形の問題はほとんどの試験で1問は出題されており、その多くは平面図形の問題ですが、立体図形の問題も近年やや増えつつあります。

立体図形というと、平面図形より空間的に感じられ、難しく思うかもしれませんが、**断面図や展開図など平面で考える**ことが多く、そこで使うのは、やはり、「相似」と「三平方の定理」で、基本的には平面図形と同じです。

おさえておくべき　重要問題の紹介

重要問題 1　体積の問題 ☀☀☀ ☞P188

⇒ 円柱の体積を考える基本的な問題！

重要問題 2　切断面を描くパターン ☀☀☀☀ ☞P192

⇒ 立体図形の王道的な問題。基本なのでミスのないように！

重要問題 3　展開図を描くパターン ☀☀☀ ☞P198

⇒ 展開図上で求める長さを考える、頻出タイプ！

ここがポイント！

「平面図形」と同じように、**相似**と**三平方の定理**を使いこなすこと！

これだけは必要な数学の知識

- 立方体・直方体の体積
- 円柱の体積
- 円錐（すい）の体積
- 角柱の体積
- 角錐の体積
- 球の体積

これから丁寧に説明していきます
「暗記するからゴチャゴチャした
説明はいらない」という人は
「ココだけ！」という囲みの
ところだけ見てくださいね！
長い説明を読むのも
暗記するのも
面倒くさいなぁ…
自分、ナマケモノですから

立方体・直方体の体積

例題 1

縦が 3cm、横が 5cm、高さが 6cm の直方体がありますす。体積は？

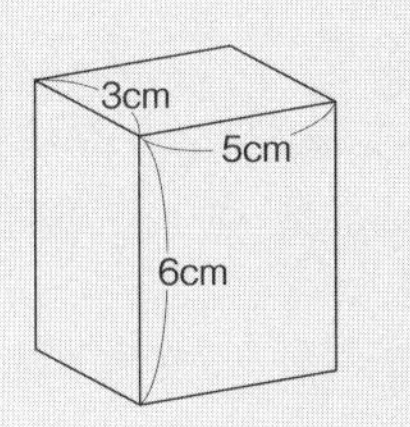
3cm
5cm
6cm

ココだけ!

直方体の体積＝縦×横×高さ

縦×横の2つをかけると面積。さらに高さもかけると体積ですね。

3cm×5cm×6cm＝**90cm³**（立法センチメートル）

なお、**立方体は、縦・横・高さの等しい直方体です。**

立方体の体積＝1辺^3

ということになります。

円柱の体積

例題2

半径3cm、高さ8cmの円柱があります。円周率をπとして、体積は？

円柱の体積は、**円の面積に高さをかければいい**のです。
円の面積は「半径×半径×円周率」です。

3cm×3cm×π×8cm＝**72π cm^3**

ココだけ！

円柱の体積＝半径×半径×円周率×高さ

円錐（すい）の体積

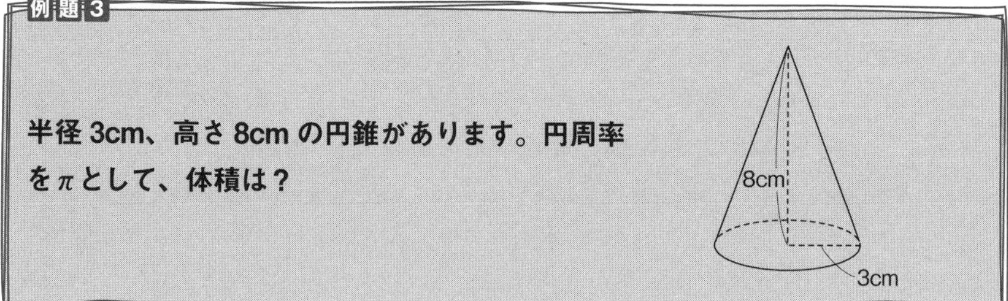

例題3

半径3cm、高さ8cmの円錐があります。円周率をπとして、体積は？

円錐の体積は、**円柱の体積÷ 3** です。

3cm × 3cm × π × 8cm ÷ 3 = **24 π cm³**

ココだけ!

円柱の体積

円錐の体積=半径×半径×円周率×高さ÷ 3

5

角柱の体積

例題 4

縦 3cm、横 4cm、高さ 5cm の四角柱があります。
体積は?

ココだけ!

角柱の体積=底面積×高さ

例題は四角柱なので、縦×横×高さですね。

3cm × 4cm × 5cm = **60cm³**

三角柱だったら、底面の三角形の面積を求めて、それに高さをかけると、三角柱の体積になります。

角錐の体積

例題5

縦 3cm、横 4cm、高さ 5cm の四角錐があります。体積は？

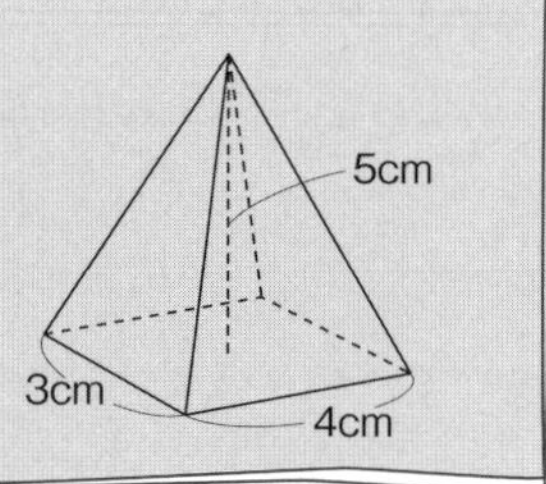

角錐の体積は、**角柱の体積÷3** です。

$$\textbf{角錐の体積} = \overbrace{\textbf{底面積×高さ}}^{\text{角柱の体積}} \div 3$$

例題は四角錐なので、縦×横×高さ÷3ですね。

3cm×4cm×5cm÷3＝**20cm^3**

三角錐だったら、底面の三角形の面積を求めて、それに高さをかけて3で割ると、三角錐の体積になります。

球の体積

半径が 4cm の球があります。円周率を π として、体積は？

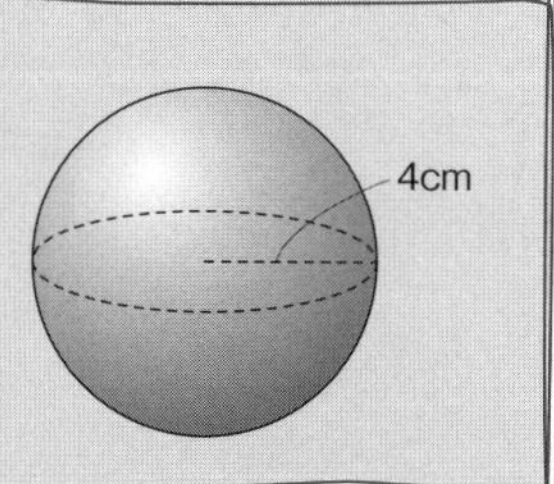

ココだけ!

$$\textbf{球の体積} = \textbf{半径×半径×半径×円周率×}\frac{4}{3}$$

$$4\text{cm}\times 4\text{cm}\times 4\text{cm}\times \pi \times \frac{4}{3} = \frac{256}{3}\pi\,\text{cm}^3$$

$\frac{4}{3}$ という数値は忘れやすいので、$\frac{3}{4}$ と勘違いしたりしないように、よく覚えておきましょう。

ちなみに、「$\frac{4}{3}\pi r^3$」で「**身の上に心配ある　参上する**」という覚え方もあります。

5

5

重要問題 1 体積の問題

図1のように、円柱形の容器に水が入っている。この容器の中に円柱を底面が容器のそこにぴったりとつくように入れたところ、図2のように水面との高さが同じになった。円柱の底面の半径が、容器の底面の半径の 2/3 のとき、図1の水面の高さと図2の水面の高さの比として正しいものはどれか。なお、容器の厚みは考えないでよいものとする。

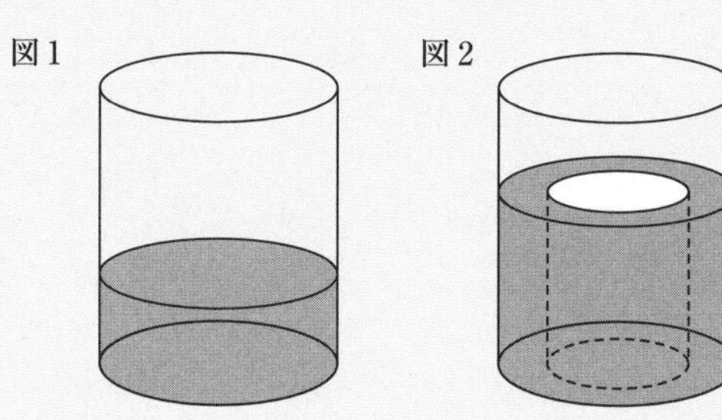

1　4：9
2　1：2
3　6：11
4　5：9
5　3：5

（裁判所職員　2019 年）

この設問は ☞ 底面積と高さの関係から考えると簡単に解けます。

解くための下ごしらえ

文章題をメモの形に変えましょう。

円柱形の容器に水が入っている
円柱を入れる→高さが水面と同じ
円柱の底面の半径＝容器の底面の半径× $\frac{2}{3}$
水面の高さの比は？

目のつけ所！

図1と図2の水の体積は同じです（円柱を入れ

ただけで、水は増やしたり減らしたりしていませんから)。
円柱の体積は、**底面の面積×高さ**です。
同じ体積でありながら、高さが高くなったのは、底面の面積が小さくなったためです。
円の面積はどれだけ小さくなったのでしょうか?

5

最短で解く方法

「目のつけ所!」で着目したように、まず図1と図2の**底面の面積**を調べましょう。
設問文に書いてあるように、

円柱の底面の半径=容器の底面の半径× $\frac{2}{3}$

ですから、
容器と円柱の底面の面積比は **9:4**

なんでこうなるの?
円の面積は、半径×半径×円周率
容器の底面の面積を1とすると、円柱のほうはその $\frac{2}{3}$ × $\frac{2}{3}$ = $\frac{4}{9}$。
つまり、容器と円柱の底面の面積比は1: $\frac{4}{9}$ =9:4

ということは、
図1と図2の水の入っている部分の底面積の比は
9:5

なんでこうなるの?
円柱と容器の底面の面積比は4:9なので、
9−4=5
で、図2の水の入っている部分の底面積の比は5ということに。

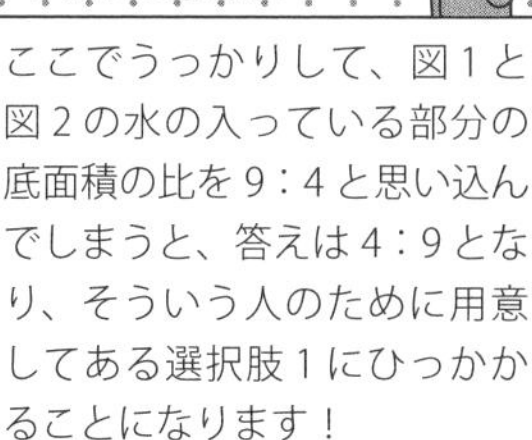

ひっかけ選択肢!
ここでうっかりして、図1と図2の水の入っている部分の底面積の比を9:4と思い込んでしまうと、答えは4:9となり、そういう人のために用意してある選択肢1にひっかかることになります!

円柱の体積は、**底面の面積×高さ**です。
図1と図2の水の入っている部分の底面積の比は**9：5**で、水の体積は同じなのですから、

水面の高さの比＝底面の面積の逆比

になります。
図1と図2の水面の高さの比は**5：9**

5

正解4 **正解！**

なんでこうなるの？
たとえば、同じ面積の長方形が2つあったとして、その縦の辺の比が2：3なら、横の辺の比は3:2になります。そうでないと、同じ面積にならないですよね。
円柱でも同じことです。積が一定であるということです。

ちょっとヒトコト 図2のほうの水が入っている部分の底面は、円ではなくドーナッツ型になるので、「円柱の面積の出し方と同じでいいのか？」と、そこが気になる人もいるかもしれません。
でも、円柱形の容器に円柱が入っているわけで、
図2の水の体積＝（水の高さ×容器の底面積）－（水の高さ×円柱の底面積）
です。つまり、
図2の水の体積＝水の高さ×（容器の底面積－円柱の底面積）
でいいのです。柱体の体積はつねに「底面積×高さ」です。そのように覚えておきましょう。

おさらい

勝者の解き方！

- 水の部分の体積は変わらないことに気づく。
- 図１と図２の水の部分の底面積の比を求めることができる。
- 水面の高さの比が水の部分の底面積の逆比になることに気づく。

5

敗者の落とし穴！

- 水の部分の体積が変わらないことに気づかない。
- 具体的な長さが与えられていないので、体積を求められず混乱する。
- 底面積と高さが逆比になることに気づかず、体積を計算しようとする。
- 円柱と容器の底面積の比を、半径の比のまま、2：3としてしまう。
- 図１と図２の水の部分の底面積の比を９：４と思い込み、水面の高さの比を４：９として、選択肢１にひっかかってしまう。

重要問題 2　切断面を描くパターン　☀☀☀☀

底面の円の半径が 10cm、高さが 20cm の直円錐がある。その底面の円板上に底面があって、直円錐に内接する立方体の一辺の長さに最も近いものは、次のうちどれか。

1　6cm　　**2**　7cm　　**3**　8cm　　**4**　9cm　　**5**　10cm

（裁判所事務官　2003 年度）

5

この設問は ☞ 立体図形の王道的な問題です。基本なのでミスのないように！

解くための下ごしらえ

文章のままではわからないので、図に描いてみましょう。

立体で描くのは大変なので、真横から見た断面図で。

直円錐を横から見れば**三角形**です。

立方体は**四角形**です。ちゃんと**三角形**に内接するように描きましょう。

そして高さの「**20cm**」を書き入れます。

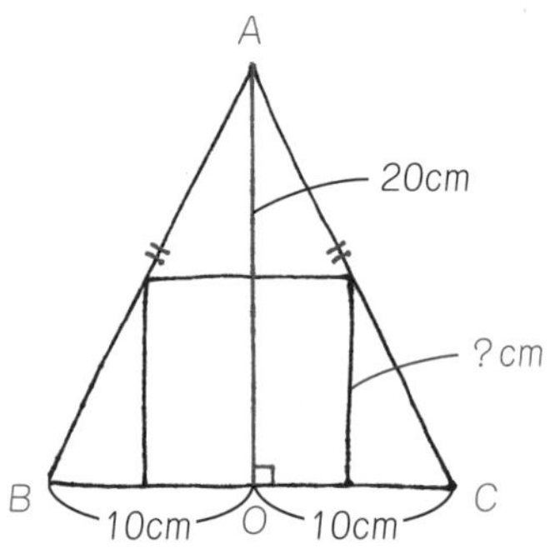

「直円錐」というのは**「底面の円の中心と頂点とを結ぶ線が、底面に垂直である円錐」**のことです。

つまり、**AO と BC は直角**ということです（説明のために仮に A､B などの記号を付けました)。なので、**直角の印**をつけます。

また、**O** は**「底面の円の中心」**なので、BO と CO は円の半径の**10cm** ということになります。

左右の２つの直角三角形（△ ABO と△ ACO）は、２辺の長さと、そのはさむ角が等しいので、合同です。斜辺の長さも等しいことになります。同じ長さを表す印を付けます。

直円錐では、中心を通る断面図を描くと、二等辺三角形になります。これは覚えておいたほうがいいでしょう。直感的にもわかることですが。

図は平面で描いても、
「直円錐に接している立方体は、どういう状態なのか？」
これをちゃんと想像してみる必要があります。そこが「立体図形」の問題の肝心なところなので。

最短で解く方法

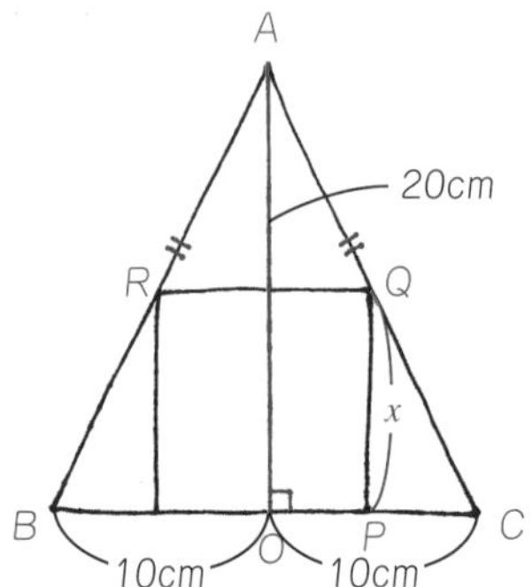

(説明のためにさらにPQRの記号を足しました)

PQは立方体の高さなので、これが立方体の1辺の長さです。これを x とします。

そうすると、QRの長さはいくつになるでしょうか？

落とし穴！

「立方体なのだから、辺の長さは同じだから、x でしょ」と思ったとしたら、この問題の落とし穴に完全にハマっています。後の「やってしまいがちな×解答」をご覧ください。

今回の立体図形を上から見たところを考えてみてください。

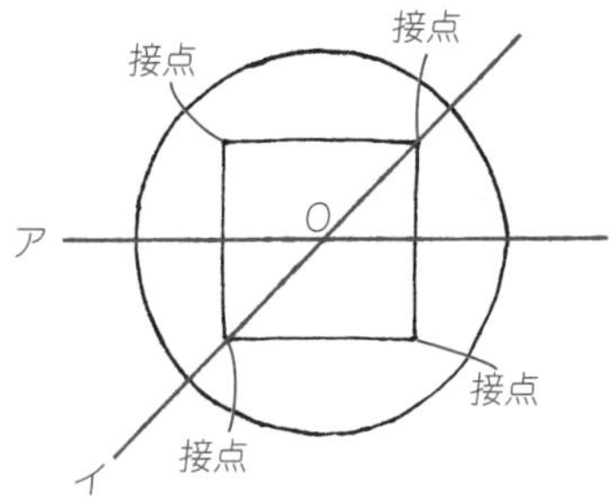

立方体は、上面の4つの角で直円錐と接しているはずです。

もし「ア」で切った断面を真横から見たら、次のようになってしまいます。

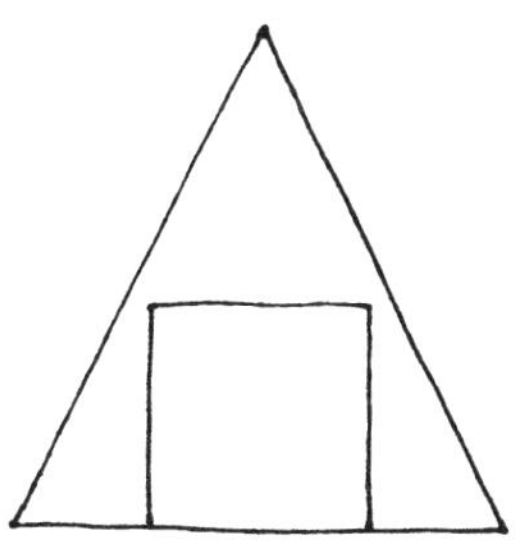

三角形と正方形は接していません。
これでは正方形の１辺の長さを出すことは不可能です。

今回の「解くための下ごしらえ」では、接している図を描いたわけで、それはつまり、「イ」で切った断面を真横から見たところ、ということです。
つまり、QR は、１辺 x の正方形の対角線ということになります。

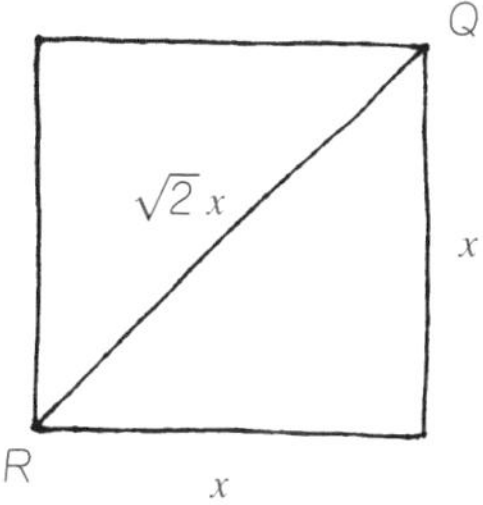

「三平方の定理」で、

$(QR)^2 = x^2 + x^2$
$QR = \sqrt{2}x$

さて、立方体についても長さを入れ終わりました。

ここから、どうやってxの長さを出せばいいのか？

「平面図形」の章で言ったように、**「相似をさがす」**のがコツです！

5

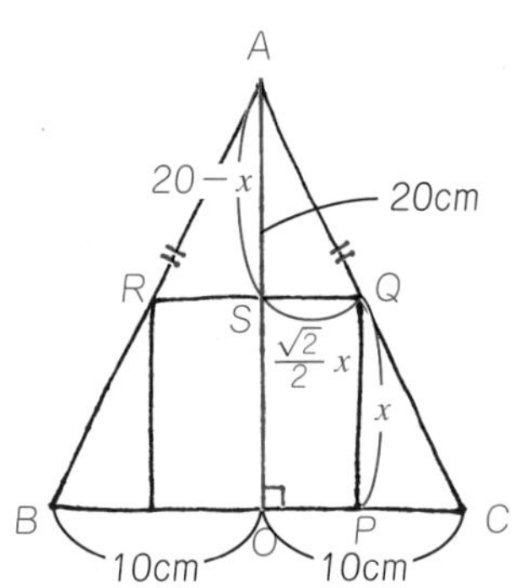

直角三角形 **ASQ** と直角三角形 **AOC** は**相似**です。

3つの角度が等しいですから。

AS の長さは、**20 − x** です。

SQ の長さは QR の半分なので、$\frac{\sqrt{2}}{2}x$ です。

$$AS : AO = SQ : OC$$
$$(20-x) : 20 = \frac{\sqrt{2}}{2}x : 10$$
$$200-10x = 10\sqrt{2}x$$
$$20-x = \sqrt{2}x$$
$$x+\sqrt{2}x = 20$$
$$x(\sqrt{2}+1) = 20$$
$$x = \frac{20}{\sqrt{2}+1}$$
$$= \frac{20(\sqrt{2}-1)}{(\sqrt{2}+1)(\sqrt{2}-1)}$$

なんでこうなるの？

分母を1にするために$(\sqrt{2}-1)$をかけています。

$(\sqrt{2}+1)(\sqrt{2}-1)$は、

因数分解の公式（8ページ）で、

$\sqrt{2}^2 - 1^2$

になります。

$2 - 1 = 1$

$=20(\sqrt{2}-1)$
$\fallingdotseq 20\times 0.4$
$=\mathbf{8}$

これがコツ！

よく出てくる平方根の値は覚えておくと便利です。
$\sqrt{2}=1.41421356\cdots$
（一夜一夜に人見ごろ）
$\sqrt{3}=1.7320508\cdots$
（人並みにおごれや）
$\sqrt{5}=2.2360679\cdots$
（富士山麓オウム鳴く）
$\sqrt{7}=2.64575\cdots$
（菜に虫イナゴ）

正解 3　**正解！**

5

やってしまいがちな × 解答

なんといっても多いのは、
「断面図の立方体を正方形と思ってしまう」
という間違いです。
それで計算すると、

$x:(10-\frac{x}{2})=2:1$
$x=\mathbf{10}$

ひっかけ選択肢！

選択肢の 5 が「10」になっています。
とてもよくある間違いなので、ちゃんと待ち構えているわけです。

おさらい

😄 勝者の解き方！

- 真横から見た断面図で、平面図形として考える。
- 「相似」を探して、それを使って解く。

敗者の落とし穴！

- 断面図における立方体を「正方形」と勘違いしてしまう。

重要問題 3　展開図を描くパターン

図のように、半径 $\frac{\sqrt{2}}{2}$、高さ $3\sqrt{2}\pi$ の円柱の上面の点Aから糸を、円柱の側面をちょうど3周して点Aの直下にある底の点Bに到達するように巻き付けるとき、糸の最短の長さはいくらか。

ただし、糸の太さ及び弾性は考慮しないものとする。

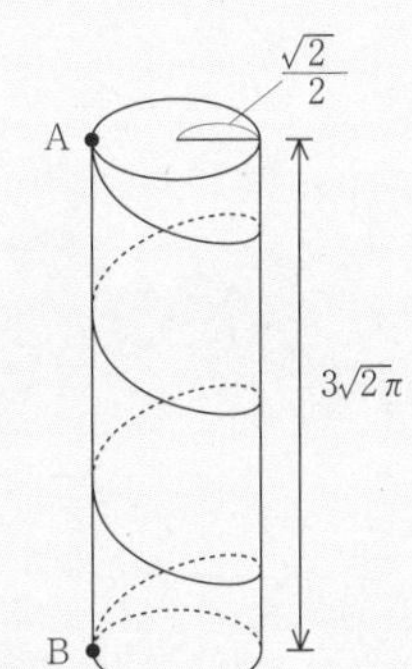

5

1　$2\sqrt{5}\pi$
2　$\frac{9}{2}\pi$
3　6π
4　$6\sqrt{2}\pi$
5　9π

（国家総合職　2015 年度）

この設問は ☞ 展開図上で求める長さを考える問題で、頻出タイプです。

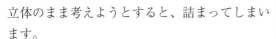

解くための下ごしらえ

図がちゃんと付いているので、設問文を読みながら図を見て、それをよく理解しましょう。
「3周」と、図に書き足しておくといいでしょう。

目のつけ所！

立体のまま考えようとすると、詰まってしまいます。
糸は円柱の表面に巻かれています。つまり、**立体の表面上での長さを求める**のです。表面は二次元です。**立体の展開図を描いて、平面化してしまえばいいです！**

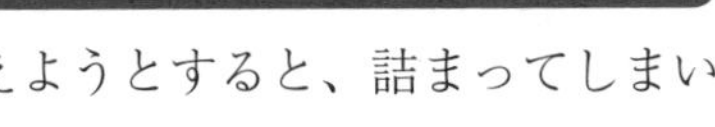

これがコツ！

とても難しそうに見える立体の問題も、このことに気づけば簡単です。
「こんなこと気づけない！」と思うかもしれませんが、それは「こういうパターンの問題がある」ということを知らないからです。
「展開図を描いて解くパターンがある」と知っていれば、それで大丈夫です。「きっとあのパターンだ！」と気づけるようになります。

そして、その平面上での糸の「**最短の長さ**」とは、つまり**直線**です！

なんでこうなるの？
と、いきなり言われると、難しく感じられるかもしれませんが、ぐにゃぐにゃ曲がって進むより、真っ直ぐ進むほうが最短というだけのことです。
これは実際に展開図に糸を描くときに、自然に気づけます。

円柱の側面の展開図は、**長方形**になります。

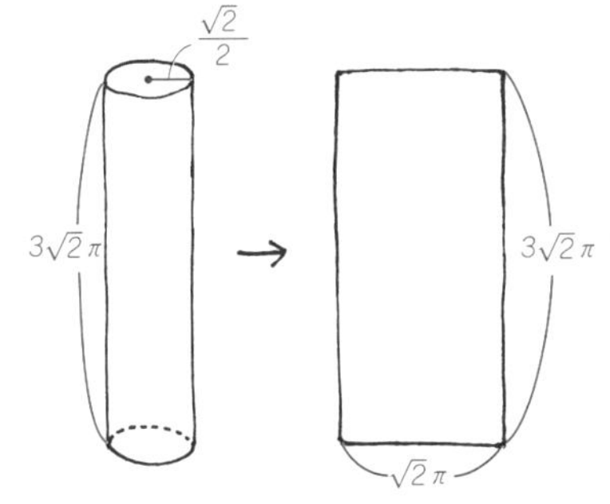

長方形の縦の長さは、円柱の高さの $\mathbf{3\sqrt{2}\pi}$ そのままですね。

長方形の横の長さは、半径 $\frac{\sqrt{2}}{2}$ の円の円周になります。
円周は直径×π なので、$\mathbf{\sqrt{2}\pi}$ になります。

ちょっとヒトコト 円柱の半径が$\frac{\sqrt{2}}{2}$なので。

さて、AとBはどこに位置するでしょう？
円柱の側面を展開図にするとき、どこから縦に切ってもいいわけですが、今回は糸がAから出発しているのですから、**Aを端っこ**にしましょう。

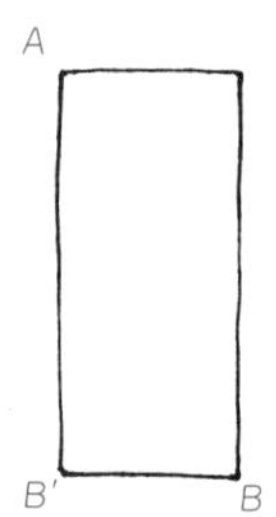

5

設問のＢの位置ですが、設問の図を見ると、**Ｂ′**の位置にしたくなります。
でも、糸はＡからＢに斜めに進んでいるのですから、B′では縦に真っ直ぐになってしまって、その様子を描くことができません。
Ｂ′とＢは同じ点です。糸の様子を描けるように、**設問のＢ**の位置は**上図のＢ**の位置におきましょう。

次に、いよいよ糸を描くわけですが、
ＡからＢに向かう間に、**糸は円柱を３周します。**
これをどう描けばいいでしょうか？
これがこの問題の２つ目のポイントです。

糸が円柱を一周するとは、展開図で言うと、**Ａから出発した糸が長方形の反対側の辺に到達する**ということです。

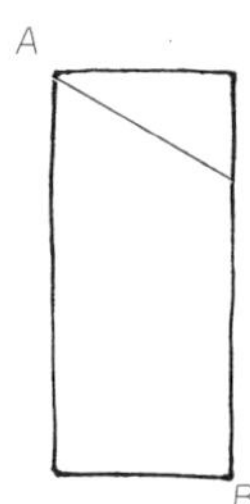

１回目の到達では、まだＢには到達しません。
３回目で到達するのです。

では、これをわかりやすく描くにはどうしたらいいでしょうか？

糸は長方形の左から右に3回通過するのですから、その通りに、長方形の展開図を3枚、横に並べてしまえばいいのです！

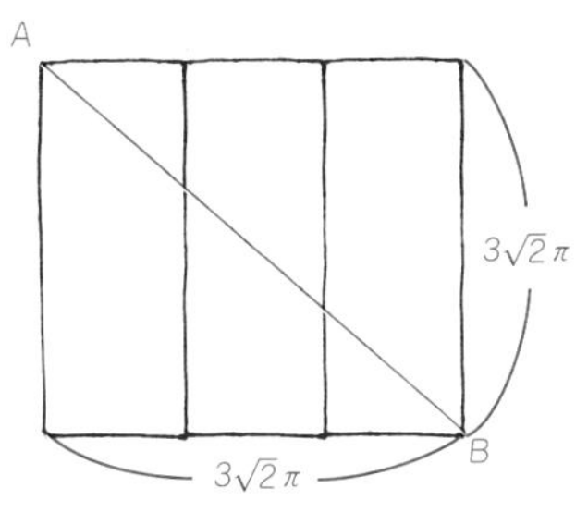

長方形を横に3つ並べると、横の長さは、

$\sqrt{2}\times 3 = \mathbf{3\sqrt{2}}$で、縦の長さと同じになります。

つまり、正方形になります。

AからBに円柱を3周して到達する最短の長さは、この**正方形の対角線の長さ**ということになります。

対角線は、他の2辺の長さが$3\sqrt{2}$の直角二等辺三角形の斜辺なので、

$3\sqrt{2}\pi\times\sqrt{2} = \mathbf{6\pi}$

正解3  

これがコツ！

これを覚えておくと、とても便利です！
糸が5周しているときは、5枚並べればいいのです。

設問の図からイメージする側面の長方形だと、横に3つ並べて正方形になるような気がしませんが、なるんです。
このように、設問の図からイメージされるものと、実際の図にはギャップがある場合があるので、注意しましょう。
数値で判断すればいいのです。

定理！

第2章でもご紹介したように、「直角二等辺三角形の3辺の比　1：1：$\sqrt{2}$」だからです。

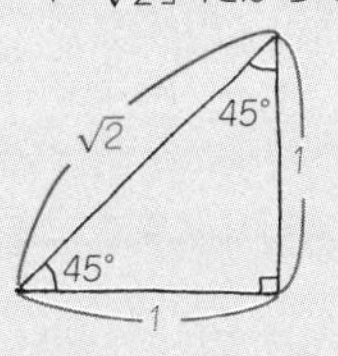

もちろん、三平方の定理（$a^2+b^2=c^2$　cが斜辺）で解いてもかまいません。
ただ、これを知っておいたほうが、速く解けます。

5

やってしまいがちな✕解答

展開図を描いた後に、
「AからBに糸が到達するのだから」と、
このような図を描いてしまいがちです。

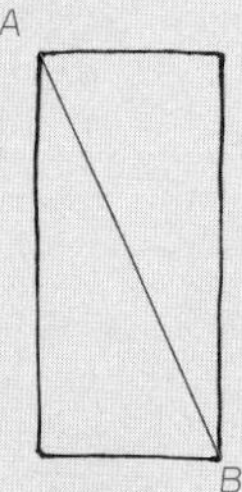

これだと、糸は円柱を1周しかしていないことになります。

ひっかけ選択肢！

この場合、答えは $2\sqrt{5}\pi$ になり、そういう答えを出した人をひっかけるために、ちゃんと選択肢1が用意されています。
ひっかからないように！

おさらい

勝者の解き方！

- 立体のまま考えずに、平面の展開図にして考える。
- 糸が3周しているので、展開図を横に3枚並べる。
- AからBに直線を引く（最短の長さ）。

敗者の落とし穴！

- 展開図を描くことに気づかない。
- 糸が円柱を3周するのに、1枚の展開図で対角線を描いてしまう。

頻出度 × 学習効果

6

速さ

速さの問題を究めれば、どんな問題も怖くない！

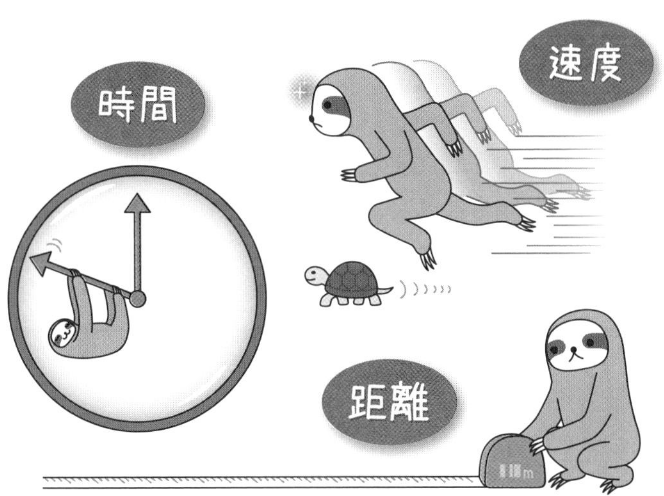

§6　速さ

頻出度★★★★

基本公式を基にした問題と特殊算がある！

「速さ・時間・距離」の問題です。

この分野は、基本公式をもとに方程式や比で解く問題と、「旅人算」や「流水算」などの特殊算があります。特殊算はそれぞれ公式がありますが、いずれも、仕組みを理解すれば簡単な公式です。

最近の出題数は割と普通！

以前は、数的推理の最頻出分野のひとつでしたが、2002年頃から出題が減り始め、ひと頃はほとんど出題されないこともありました。しかし、その後少しずつ復活し、近年ではそこそこの出題数になりました。

よく出題される試験としては、**特別区と地方上級で、以前からコンスタントに出題があり、最近でもほぼ毎年１問の出題があります**。また、東京消防庁でも、ここ数年よく出題されています。

内容としては、基本公式をもとに比を使って解く問題が多く、**特殊算の中では「流水算」の出題が目立ちます**。また、最近では、単純な計算だけの簡単な問題もあれば、非常に面倒な問題もあり、難易度にバラつきがありますので、注意が必要です。

おさえておくべき　重要問題の紹介

重要問題 1 基本公式から計算して解く問題 ☀☀☀ ☞P221

⋙ 基本公式に従って方程式を立てる、中学校の教科書パターン！

重要問題 2 比と方程式で解く問題 ☀☀☀☀ ☞P225

⋙ 時間の比で解く定型パターン！

重要問題 3 比で解く問題① ☀☀☀☀ ☞P229

⋙ 比を使って解く基本的な問題

重要問題 4 比で解く問題② ☀☀☀☀ ☞P233

⋙ ２人の速さの比から考える問題

重要問題 5 比で解く問題③ ☀☀☀☀ ☞P237

⋙ ３人の速さの比から考える問題

重要問題 6 旅人算の問題 ☀☀☀ ☞P241

⋙ 比でも解けますが、公式を使う練習をしましょう！

重要問題 7 通過算の問題 ☀☀☀☀ ☞P245

⋙ やや複雑ですが、公式通りに解ける問題です！

重要問題 8 流水算の問題 ☀☀☀☀☀ ☞P248

⋙ 公式にあてはめて解く典型的な問題！

ここがポイント！

公務員試験で出題される速さの問題は、方程式などで解くものもありますが、比を使うことで早く解けるものが割と多いです。速さと時間と距離の関係をしっかり把握して、比を使いこなせるようにしましょう。

これだけは必要な数学の知識

- 速さ・時間・距離の公式
- 速さ・時間・距離の比例関係
- 二次方程式の解き方
- 旅人算の公式
- 旅人算の比
- 通過算の公式
- 流水算の公式

6

小学校
行ってたんだ……
「速さ」か……
小学校のときから
苦手だったんだ……

これから丁寧に説明していきます
「暗記するからゴチャゴチャした
説明はいらない」という人は
「ココだけ！」という囲みの
ところだけ見てくださいね！

長い説明を読むのも
暗記するのも
面倒くさいなぁ…

自分、ナマケモノですから

速さ・時間・距離の公式

ココだけ!

速さ＝距離÷時間
時間＝距離÷速さ
距離＝速さ×時間

これはじつは1つだけ覚えておけば、あとはその変形したものです。

速さと時間と距離には、こういう関係があるということです。

もしも、わからなくなってしまったときには、単位で考えてみましょう。時間 **[h]**、距離 **[km]**、速さ **[km/h]** ですから、**「速さは距離を時間で割ったもの」** とわかります。そこから他の式も導き出せます。

例題1

家から4km先の市役所まで歩いて1時間かかります。歩く速さは？

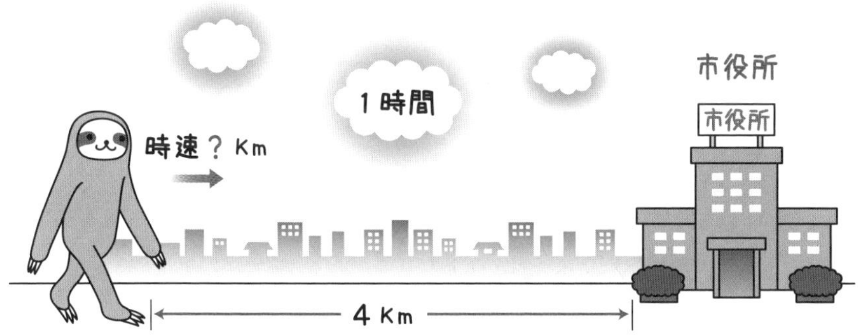

「速さ＝距離÷時間」の公式から、

速さ＝4÷1＝**4（km/h）**

6

例題 2

10km 先の隣駅まで、時速 4km で歩いてどれだけかかる？

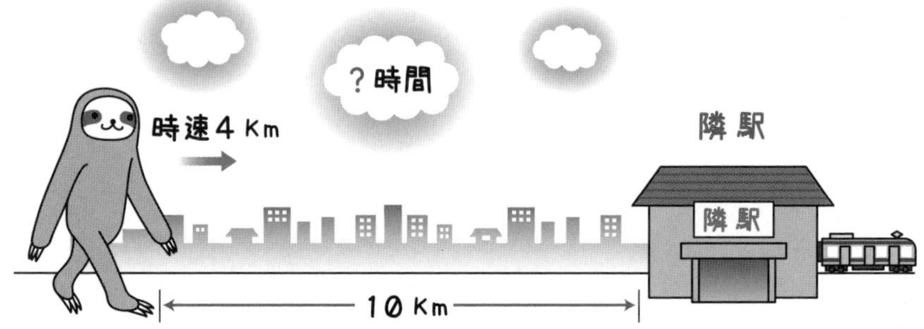

「時間＝距離÷速さ」の公式から、

時間＝10÷４＝2.5（h）＝**2時間30分**

例題 3

家から学校まで時速 4km で歩いて 30 分かかります。距離は？

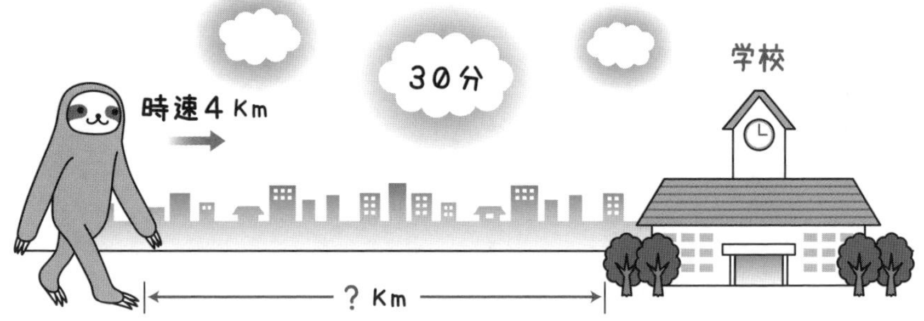

「距離＝速さ×時間」の公式から、

距離＝4×0.5＝**2（km）**

気をつけなければいけないのは単位で、時速 km/h、分速 km/m、秒速 m/s など、時間の単位によって変わってきます。**ちがう単位のものを計算するときには、同じ単位に合わせてからじゃないと間違いになります。**

ここでも、30分→0.5時間と単位を合わせています。

6

速さ・時間・距離の比例関係

ココだけ！

速さが同じ　→　時間の比＝距離の比
時間が同じ　→　速さの比＝距離の比
距離が同じ　→　速さの比と時間の比は逆
（例　速さが1：2なら、時間は2：1）

ひとつだけ同じ比ではなく、逆比なので、間違えないように。
前の「速さ・時間・距離の公式」と比べてみてください。

例題4

Aさんが2時間で歩いた距離は10kmでした。では3時間歩いたときの距離は？

「**速さ**が同じ　→　**時間**の比＝**距離**の比」なので、
3時間歩いたときの距離を x とすると、

$2:10=3:x$

という比例関係が成り立ちます。
比の計算は「外項の積＝内項の積」になるので（254ページ）、

$2\times x=10\times 3$
$x=$**15（km）**

例題5

だ円形のグラウンドで、A さんは時速 15km で走り、B さんは自転車に乗って時速 25km で走っています。A さんが 42km 走ったとき、B さんは何 km 走ってる？

「**時間**が同じ→**速さ**の比＝**距離**の比」なので、
B さんが走った距離を x とすると、

$15:25=42:x$

という比例関係が成り立ちます。

$15\times x=25\times 42$
$x=$ **70（km）**

例題6

学校からパン屋まで A さんと B さんが同時に向かいました。A さんは分速 100m で歩き、B さんは分速 300m で走ります。B さんが到着した 4 分後に A さんも到着しました。学校からパン屋までの距離は？

「**距離**が同じ → **速さ**の比と**時間**の比は**逆**」です。
これまでとはちがう**「逆比」**の関係であることに注意してください。

Aさんの速さ：Bさんの速さ＝100：300＝**1：3**

速さの比は時間の**逆比**になりますから、

Aさんが歩いた時間：Bさんが走った時間＝**3：1**

比の差である 3 － 1 ＝ **2** は、時間の差である 4 分に相当しますから、
A さんがかかった時間は、

$4分\times\frac{3}{2}=6分$

Bさんがかかった時間は、

$$4分 \times \frac{1}{2} = 2分$$

Aさんは分速100mなので、「距離＝速さ×時間」の公式で、

学校からパン屋までの距離＝100×6＝**600（m）**

例題6はちょっと難しかったけど、
時間の比の差の2が4分だから、
比の1につき2分ということ。
だから、比が3のAさんは2分×3=6分で、
比が1のBさんは2分×1=2分ということで……
比・比・比・比……
ヒヒヒヒヒヒ

二次方程式の解き方

例題7

$x^2-2x-15=0$ を解くと？

ココだけ！

二次方程式は、

$(x+a)(x+b)=0$

の形式に因数分解して解く

※ $(x+a)(x-b)=0$ 　$(x-a)(x-b)=0$ 　になることもあります。

6

因数分解についてはすでに説明しました（8ページ）。

因数分解の公式　**$x^2+(a+b)x+ab=(x+a)(x+b)$**

この場合、かけて15、足して－2ということなので、

わかりやすく、**積が15、差が2**になる2つの数をさがすと、

積が15になるのは、

1×15　3×5　……

3と5は差が2です。

和が－2になるのは、**3と－5**のとき。

というわけで、

$(x-5)(x+3)=0$

かけて0になるということは、

$x-5=0$　または　**$x+3=0$**　ですから、

$x=5$、$x=-3$

二次方程式の答えは2つあります。

（その2つがたまたま同じになったときは1つになります）

２次方程式の「解の公式」という、
ややこしい公式もあって……
解の公式
$x=\frac{-b\pm\sqrt{b^2-4ac}}{2a}$
また公式
覚えるのか…

これを覚えるように書いてある
参考書もあるけど、必要ないよ！
公務員試験は解が整数になるから、
因数分解できるようになっているの
マジでー！?
ブラボー!!

6

旅人算の公式

例題 8

A と B は 3km 離れた地点にいます。互いに近づく方向に歩き始めると、10 分後に出会いました。同じ地点から、A は B の方向に、B も同じ方向に歩き始めると、30 分後に A が B に追いつきました。2 人の歩く速さは？

旅人算には「出会い算」と「追いかけ算」があります。

その名の通り、お互いが近づいて出会う場合と、同じ方向に歩いて追いつく場合です。

6

それぞれの公式はこうなっています。

ココだけ！

出会うまでの時間＝ 2 人の間の距離÷ 2 人の速さの和

追いつくまでの時間＝ 2 人の間の距離÷ 2 人の速さの差

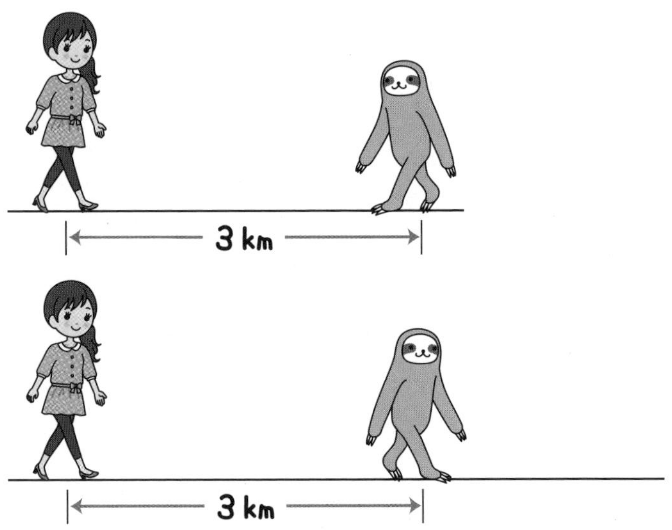

絵で見てみると、どんどん近づく場合と、一方が一方を追いかける場合で、2 人の速さの**和**と**差**を使うちがいが実感的に理解できるのではないでしょうか。

この公式を使って、例題の条件を式にしてみると、

10分＝3km÷(A＋B)
30分＝3km÷(A－B)

変形するとこうなります。

10分×(A＋B)＝3km　…①
30分×(A－B)＝3km　…②

①×３－②としてAを消すと、

$30B \times 2 = 6$　**$B = \frac{1}{10}$**

これを①に代入すると、

$10\left(A + \frac{1}{10}\right) = 3$
$10A + 1 = 3$　$10A = 2$　**$A = \frac{1}{5}$**

Aは分速 $\frac{1}{5}$ km、Bは分速 $\frac{1}{10}$ kmですから、単位をmに直すと、Aは分速200m、Bは分速100mとなります。

旅人算の比

例題 9

A、B２台の自動車が、１周5kmのコースを同一の地点から同じ向きに同時に走り出すとAは15分ごとにBを追い越し、逆向きに同時に走り出すとAとBは３分ごとにすれ違う。このとき、AとBの速さの比は？

先ほど出てきた公式はこうでした。

出会うまでの時間＝2人の間の距離÷2人の速さの和
追いつくまでの時間＝2人の間の距離÷2人の速さの差

これをこう変形します。

出会うまでの時間×速さの和＝2人の間の距離
追いつくまでの時間×速さの差＝2人の間の距離

「2人の間の距離」が同じなので、こんな関係が成り立ちます。

出会うまでの時間×速さの和＝追いつくまでの時間×速さの差

比例式の「内項の積＝外項の積」の関係から、次のような比の関係にすることができます。

6

ココだけ！

出会うまでの時間：追いつくまでの時間＝速さの差：速さの和

※「差」と「和」を逆に覚えてしまう人が本当に多いので、注意してください！
数字の大きさを考えればわかりますよね。

じつは、旅人算は、公式を使って解くよりも、比を使って解いたほうが速いことが多いのです。
ですから、**この比例式は重要です。**

この例題の場合も、比を使うと一発です。
出会うまでの時間は3分、追いつくまでの時間は15分ですから、

3：15＝（A－B）：（A＋B）

内項の積＝外項の積から、

3（A＋B）＝15（A－B）
3A＋3B＝15A－15B
12A＝18B

ということは、**AとBの比は18：12**ということですから、
A：B＝18：12＝3：2
AとBの速さの比は**3：2**とわかります。

通過算の公式

例題10

ある路線で、特急Aが各駅停車Bとすれ違うには20秒かかり、特急Aが各駅停車Bを追い越すときには100秒かかります。電車の長さは特急Aが300m、各駅停車Bが200mとすると、それぞれの速さは？

通過算は、旅人算の特殊ケースと思っていいかもしれません。

電車やトンネルなど**長さがあるもの**の走行についての問題です。

まず、電車AとBがすれ違う場合です。

逆方向から進んできた電車の先頭部が出会った瞬間から、最後尾が離れるまでに、それぞれが進んだ距離は、

それぞれの先頭部が進んだ距離（図の赤の矢印の長さ）で、

その和は、**電車Aと電車Bの長さの和**に等しくなります。

そして、それぞれの進んだ距離は、それぞれの速さ×時間ですから、

AとBの長さの和＝（Aの速さ×すれ違う時間）＋（Bの速さ×すれ違う時間）＝すれ違う時間×（Aの速さ＋Bの速さ）

つまり、次の公式が成り立ちます。

両者の長さの和＝すれ違う時間×両者の速さの和

これが通過算の「すれ違いの公式」です。

次に電車Aが電車Bを追い越す場合です。

電車Aの先頭部が電車Bの最後尾に追いついた瞬間から、Aの最後尾がBの先頭部と離れるまでにAとBの進んだ距離の差は、

Aの先頭部が進んだ長さから、Bの最後尾が進んだ長さを引いたもので、

その差は、**AとBの長さの和**に等しくなります。

6

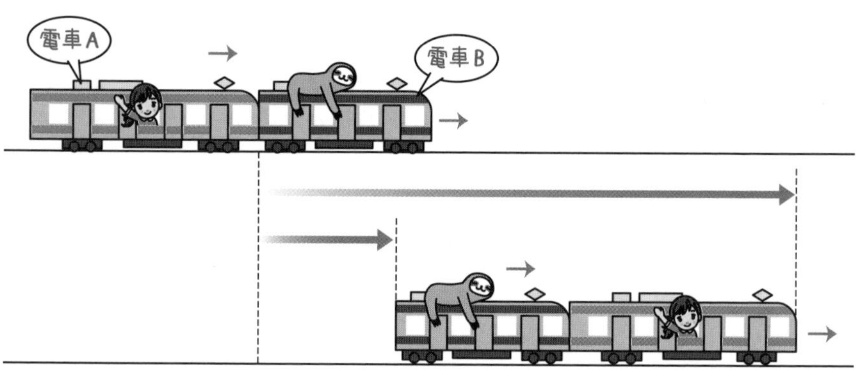

つまり、こういう式が成り立ちます。

AとBの長さの和＝（Aの速さ×追い越す時間）－（Bの速さ×追い越す時間）
＝追い越す時間×（Aの速さ－Bの速さ）

公式としてはこうなります。

両者の長さの和＝追い越す時間×両者の速さの差

旅人算とほぼ同じですよね。距離を表すものが「長さの和」に変わったくらいです。

ココだけ！

両者の長さの和＝すれ違う時間×両者の速さの**和**

両者の長さの和＝追い越す時間×両者の速さの**差**

この公式を使って、例題の答えを出してみましょう。

300＋200=20×(A＋B)　　…①
300＋200=100×(A－B)　　…②

①×５－②として、Ａを消すと、

2000＝100×2B　**B=10**

これを①に代入すると、

300＋200=20×(A＋10)　　25＝A＋10　**A=15**

特急Ａは**秒速 15m**、各駅停車Ｂは**秒速 10m**となります。

なお、旅人算と同様に、次のような比の関係も成り立ちます。

ココだけ！

すれ違う時間：追い越す時間＝両者の速さの差：両者の速さの和

※「差」と「和」を逆に覚えてしまう人が本当に多いので、注意してください！

流水算の公式

例題11

流れの速さが毎分 20m の川があります。この川の上流の A 地点と下流の B 地点を船が往復するとき、上りは下りの 2 倍の時間がかかりました。この船の流れがないときの速さは？

ココだけ！

下りの速さ＝静水時の速さ＋流速
上りの速さ＝静水時の速さ－流速

※「静水時」とは、川の流れがない場合のこと。
　「流速」とは川の流れの速さのこと。

これはわりと理解しやすいと思います。
川の流れに沿って下るときは、船の速さに流れの速さが加わって、
川の流れに逆らって上るときは、船の速さから流れの速さが引かれるということです。

この公式を使って、問題文の内容を式にしてみましょう。
この船の速さをxとすると、

下りの速さ＝$x+20$
上りの速さ＝$x-20$

6

「上りは下りの２倍の時間がかかった」ということは、
上りのときは下りのときの半分の速さになったということです。
（距離が同じとき、速さと時間は「逆比」です。210ページ）

（$x+20$）：（$x-20$）＝**2：1**

内項の積＝外項の積で、

（$x+20$）＝2（$x-20$）

これを解いて、

x＝60〔m/分〕

先の２つの公式から、こんな式を作ることもできます。

（下りの速さ＋上りの速さ）÷2＝静水時の速さ
（下りの速さ－上りの速さ）÷2＝流速

つまり、下りと上りの平均が静水時の速さで、
下りと上りの差を２で割ると流速になるわけです。
公式として覚える必要はありませんが、頭に入っていると役立ちます。

重要問題 1　基本公式から計算して解く問題 ☀☀☀

A さんが、駅に行くためにバス停でバス B を待っていたが、定刻を過ぎてもバス B が来ないので、定刻の 5 分後に分速 80 m で駅に向かって歩き出した。歩き始めてから 5 分後に、駅の手前 500 m のところで遅れてきたバス B に抜かれ、その後も歩き続けたところ、バス B より 5 分遅れて駅に着いた。このとき、A さんがバス B の定刻の駅到着時刻より遅れた時間として、最も妥当なのはどれか。ただし、A さんとバス B はそれぞれ一定の速さで進み、バス停における待ち時間は考えないものとする。

1　11 分
2　12 分
3　13 分
4　14 分
5　15 分

（警視庁警察官　2019 年度）

この設問は ☞ まずは基本公式通りに計算してみましょう！

解くための下ごしらえ

文章で読むと、とてもややこしいですが、A さんがバス B に抜かれた地点を P として図に整理すれば、すっきりします。

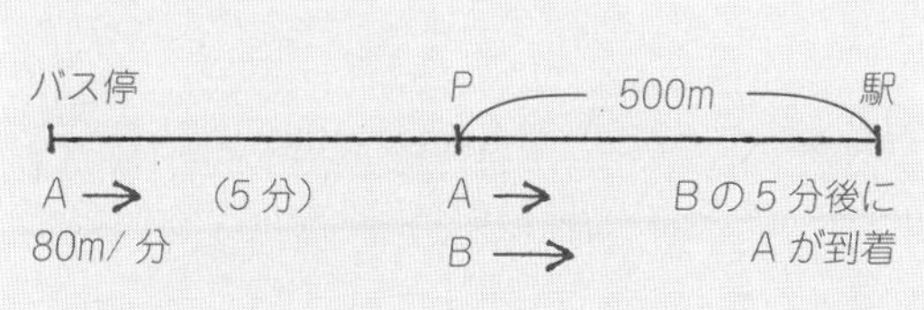

目のつけ所！

求める「遅れた時間」は、**定刻通りのバス B**

に乗ってかかる時間と、Aさんのこの日の行動にかかった時間の差です。
ポイントは、Aさんが「バスBより5分遅れて駅に着いた」という条件です。
P地点からAさんとバスBは駅に向けて同時にスタートしたことになるわけで、Pから駅にかかる時間が、**Aさんのほうが5分多い**ということです。

バスという日常的なものが登場すると、「バスの定刻は何時だったのだろう？」とか「バスは定刻から何分遅れたのだろう？」とか「定刻のバスの到着時間は何時なんだろう？」とか、いろいろ考えてしまいがちですが、そういう混乱こそ、文章題のつまずきどころなので、注意しましょう。
何が問われているのかを見極め、わかっている情報だけを用いて、答えを導き出しましょう。

6

最短で解く方法

Aさんが最初の5分で歩いた距離（バス停→P）は、分速80 mなので、

$80 \times 5 = 400$ (m)

です。

また、AさんがP→駅の500 mにかかった時間は、

$\frac{500}{80} = \frac{25}{4} = 6\frac{1}{4}$ （分）＝6分15秒

です。

これを計算すると…

500 ÷ 80 ＝ 6.25 で、6 分 25 秒とうっかり勘違いしないように。1 分は 60 秒です。

そして、バスBのほうが5分早く駅に着いているので、

6分15秒－5分＝**1分15秒**

で、**バスBは500 mを1分15秒＝75秒で走ることになります。**

そうすると、バスBが、バス停→Pの400 m にかかる時間は、

$$75\times\frac{4}{5}=60\,(秒)=1分$$

となります。

一定の速さで走っているので、かかる時間は距離に比例します。この章の最初の「これだけは必要な数学の知識」の中の「速さ・時間・距離の比例関係」のところで説明してあります。

400m は 500m の $\frac{4}{5}$ の距離なので、$\frac{4}{5}$ をかけています。

これより、バスBがバス停から駅までにかかる時間は、

1分+1分15秒=**2分15秒**

で、**Aさんが定刻通りのバスに乗った場合は、この時間で駅に着いたわけです。**

しかし、この日、Aさんが駅までに実際にかかった時間は、

5分	+	5分	+	6分15秒=**16分15秒**
（定刻からバスを待っていた5分間）		（バス停→P）		（P→駅）

です。

つまずきポイント

「定刻からバスを待っていた5分間」をうっかり忘れないようにしましょう！

これも、定刻通りにバスに乗った場合とのちがいです。

16分15秒−2分15秒=14分

その差は14分で、これが求める時間になります。

正解　4

6

やってしまいがちな✕解答

この日、A さんとバス B の駅に着いた時刻の差は5分です。
それでつい、待っていた5分+バスの5分後に到着= 10分と勘違いしてしまうと、答えにたどり着けません。
文章題は、そういう数学とは関係のない、文章読解のミスにも注意が必要です。

6

勝者の解き方！

- 速さの基本公式に従って計算すればいいことに気づく。
- 「バス B より 5 分遅れて駅に着いた」の意味に気づく。
- A さんとバス B がそれぞれかかった時間を正確に算出できる。
- 求める時間は両者のかかる時間の差であることを理解している。

敗者の落とし穴！

- この日にバス B が遅れたのは 5 分であると勘違いする。
- 「バス B より 5 分遅れて駅に着いた」の意味に気づかず行き詰まる。
- 基本公式を使いこなせず、計算方法がわからない。
- バス B の定刻の駅到着時刻を考えて行き詰まる。

重要問題 2　比と方程式で解く問題

P町とQ町は、1本の直線道路で結ばれている。A君はP町から自転車でQ町へ向かい、B君はQ町から徒歩でP町へ向かった。A君は、B君がQ町を出発してから1時間後にP町を出発した。2人が出会ってからA君は4時間後にQ町へ到着し、B君は5時間後にP町へ到着した。2人が一定の速度で進んだとき、B君が出発してからA君と出会うまでの時間として、最も妥当なのはどれか。

1　4時間
2　4時間15分
3　4時間30分
4　4時間45分
5　5時間

（東京消防庁　2010年度）

この設問は ☞ 定番なので、解法を覚えましょう！

解くための下ごしらえ

文章題を、図や記号やメモの形に変えましょう。

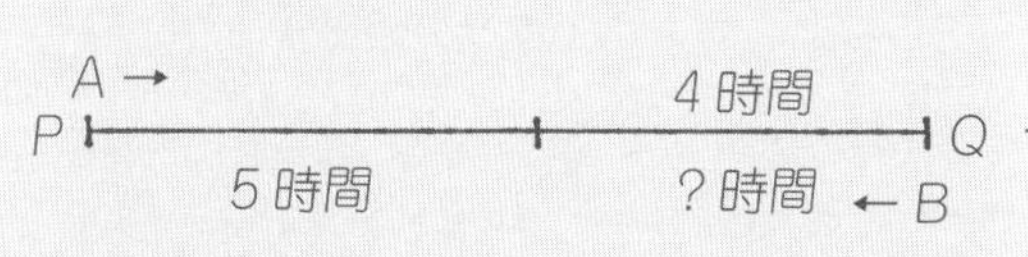

これがコツ！

「2人がどのあたりで出会ったかわからないから、図に描けない」などという杓子定規な人もいますが、ここはとりあえず適当に描いておけばOK。文章のままでは条件がわかりにくいので、わかりやすく視覚化するのが目的。

目のつけ所！

速さと**時間**と**距離**に注目してみましょう。何が不明で、何がわかっているのか？

速さは「2人が一定の速度で進んだとき」とあります。

速度は一定ということがわかります。

ちょっとヒトコト　いかにも数学の問題らしい、わかりにくい言い方ですが、ようするに「早く歩いたり遅く歩いたりしていない」というだけのことです。

時間は、問われている**「B君が出発してからA君と出会うまでの時間」**がわかっていません。あと、下ごしらえの図を見ると、「Aが出発してからBに出会うまでの時間」もまだ抜けています。

距離は、PとQの間です。**A君もB君も移動距離は同じです。**

最短で解く方法

AとBが出会った地点を**R**として、
求める**「Bが出発してAと出会うまでの時間」**を**x時間**としましょう。

AはBより**1時間後**に出発したのですから、**「Aが出発してBと出会うまでの時間」**は、$x-1$**(時間)**ということになります。

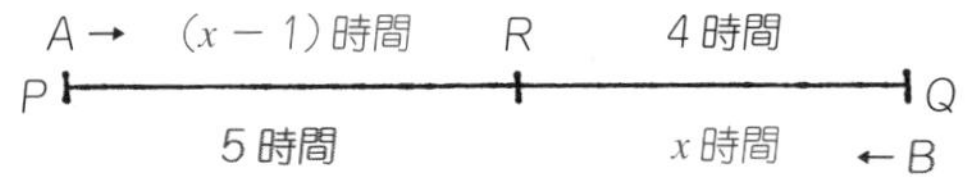

同じ距離にかかった**時間の比**(＝AとBの**速さの逆比**)で方程式を立てます。

$$(x-1):5=4:x$$

つまずきポイント

これに気づくことが大切です。「AがB出発してBと出会うまでの時間」をyとかにしてしまうと、未知数が増えてしまいます。

なんでこうなるの?

PRという同じ距離にかかったAとBの時間の比と、QRという同じ距離にかかったAとBの時間の比なので、等しくなります。
詳しく説明するなら、
Aの速さをa、Bの速さをbとしたとき、
「距離が同じであれば、速さと時間は反比例の関係」なので、
PとRの間の距離について、
b：a＝$(x-1)$：5
RとQの間の距離について、
b：a＝4：x
ということになるからです。

$x(x-1)=5\times4$　←**外項の積＝内項の積**

$x^2-x-20=0$

$(x+4)(x-5)=0$

$x=$**−4**、$x=$**5**

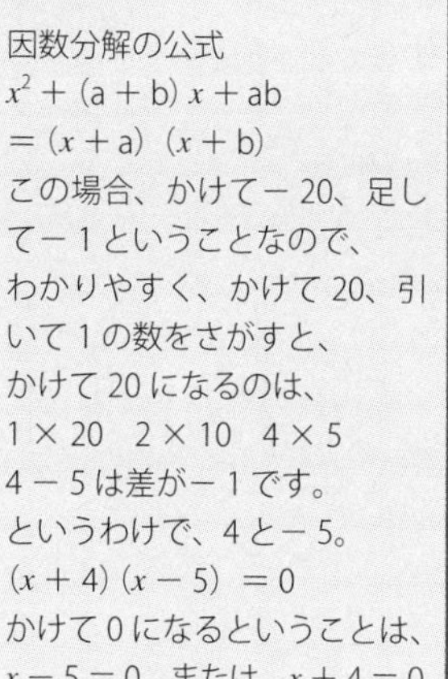

因数分解の公式
$x^2+(a+b)x+ab$
$=(x+a)(x+b)$
この場合、かけて−20、足して−1ということなので、
わかりやすく、かけて20、引いて1の数をさがすと、
かけて20になるのは、
1×20　2×10　4×5
4−5は差が−1です。
というわけで、4と−5。
$(x+4)(x-5)=0$
かけて0になるということは、
$x-5=0$　または　$x+4=0$
なので、答えは、$x=-4$、$x=5$

出会うまでの時間がマイナスということはないので、答えは**5時間**。

正解5　**正解！**

別解

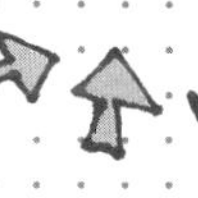

解法は同じですが、線分図ではなく、**ダイヤグラム**に表すこともできます。

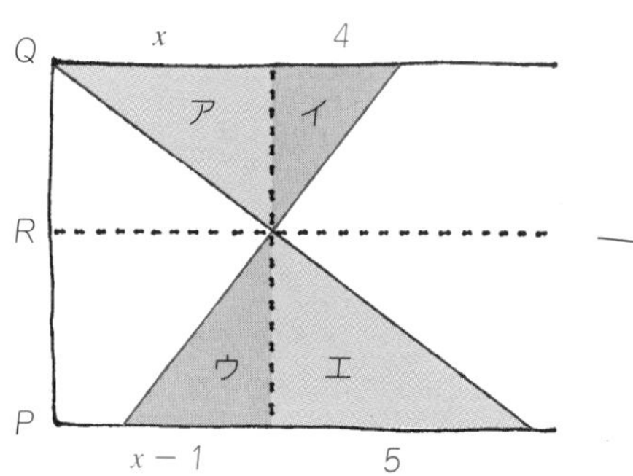

これがコツ！

ダイヤグラムとは、左のような図のことです。
図と見比べながら、以下の説明を読んでみてください。
縦が距離、横が時間です。
茶色の斜めの線は、Bの動きを表しています。
赤色の斜めの線は、Aの動きを表しています。
BはQ地点から出発して、x時間でAと出会い、さらに5時間かけてP地点に到達しています。
Aは1時間後に出発して、$x-1$時間後にBと出会い、さらに4時間かけて、Q地点に到達しています。
そのことを、この図がよく表していることがわかるでしょう。

ダイヤグラムで解くときは**「相似」**を使います。
ア∽エ　イ∽ウ　です（角度が等しいので）。
そして、アとエのx：**5**という相似比は、
イとウの相似比**4**：x**−1**と同じになります。

なにしろ、それぞれ一辺（アとイ、ウとエの間の一辺）を共有していますから。

$$x:5=4:x-1$$
$$x(x-1)=20$$

あとは「最短で解く方法」と同じです。

$$x^2-x-20=0$$
$$(x+4)(x-5)=0$$
$$x=-4、x=5$$

6

おさらい

勝者の解き方！

- 線分図かダイヤグラムで表して、比をもとに、方程式を立てて解く。
- このパターンは以前から何度も出題されているので、しっかり解法を覚えておけば、同様の問題が出たときにはすらすら解ける。

敗者の落とし穴！

- 解き方のパターンを知らない！

重要問題 3　比で解く問題①

Aは、いつも決まった時刻に家を出発し、家から駅まで12分かけて歩いて向かっている。ところがある日、家から駅までの道のりの3分の1の地点で忘れ物に気づいたので、すぐに走って家に戻り、忘れ物を取ってから再び走って駅へ向かったところ、駅に到着した時刻はいつもと同じだった。家に到着してから再び出発するまでにかかった時間はどれか。ただし、Aが走る速さは歩く速さの3倍で、それぞれの速さは一定とする。

1　2分20秒
2　2分30秒
3　2分40秒
4　2分50秒
5　3分

（特別区Ⅰ類　2021年度）

この設問は ☞ 比を使って解く基本的な問題です。

解くための下ごしらえ

文章題をメモの形に変えましょう。

家から駅　12分
$\frac{1}{3}$ 地点から走って引き返す
走る速さは歩く速さの3倍
到着時間は同じ→ 12分
家にいた時間もある→それを求める

目のつけ所！

到着時間は同じなので、所要時間は12分。
距離は、途中で引き返しているので増えています。
速度は、走ることで、歩くより3倍速くなっています。
距離が増えて、さらに家に入って忘れ物をとる時間がかかっても、走ることで時間が短縮され、所要時間は同じになったということです。
同じ距離を３倍の速さで走れば３分の１の時間ですみます。「速さ・時間・距離の比例関係」の問題だと気づきましょう。

「速さ・時間・距離の比例関係」の説明は 209 ページにあります。

6

最短で解く方法

求めるのは「時間」ですから、それぞれの行程でかかる時間を考えていきましょう。
まず、家を出て、歩いて３分の１の地点まで来ます。
ここまでの所要時間は、全体が12分で、その３分の１ですから、

$12\times\frac{1}{3}=$ **4分**

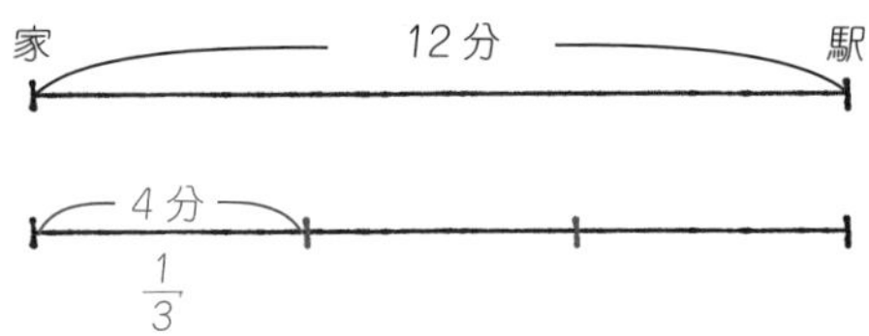

ここから家に引き返して、また駅まで行きます。その間は、ずっと走っています（家にいる間は別として）。
では、走った距離は、どれだけでしょうか？
３分の１の地点から家に戻った距離と、家から

駅までの距離ですから、家から駅までを１とすると、

$$1+\frac{1}{3}=\mathbf{\frac{4}{3}}$$

いつも家から駅に行くまでの距離の $\frac{4}{3}$ 倍ということです。

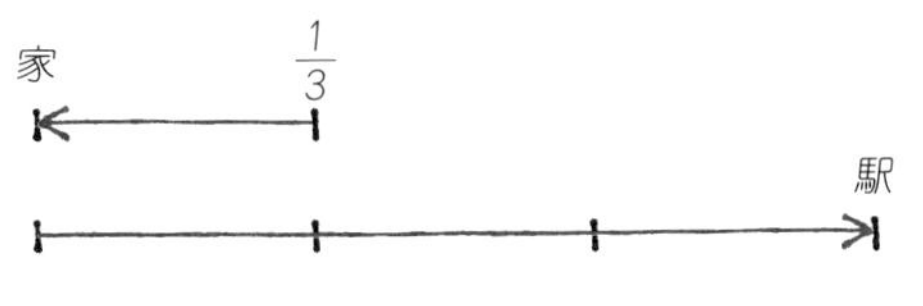

歩いたとしたら、その距離を歩くのに、

$$12\times\frac{4}{3}=\mathbf{16分}$$

かかります。
走るのは３倍の速さですから、所要時間は $\frac{1}{3}$ になります。
つまり、走った時間は、

$$16\times\frac{1}{3}=\frac{16}{3}分=\mathbf{5分20秒}$$

$\frac{16}{3}$ 分は５分と $\frac{1}{3}$ 分。$\frac{1}{3}$ 分は60秒×$\frac{1}{3}$ なので20秒ということになります。

4分歩いて、**5分20秒**走ったことがわかります。
全体で12分ですから、家にいた時間は、

$$12分-4分-5分20秒=\mathbf{2分40秒}$$

正解３ **正解！**

やってしまいがちな✕解答

6

まず家に戻るまでにかかった時間を出して、再び家を出て駅までの時間を出して……などと細かく計算するのは時間のムダになります。
また、距離を x として 12 分で割って速さを表し、それを 3 倍してみる……というのも遠回りになります。

おさらい

勝者の解き方！

- 歩いた時間を確認する。
- 走った道のり（引き返してから駅まで）を確認する。
- 3 倍の速さなら $\frac{1}{3}$ の時間と気づく。
- 歩いた時間と走った時間を全体から引いて、家にいた時間を求める。

敗者の落とし穴！

- まず家に戻るまでの時間を計算しようとして時間をロスする。
- 走った距離といつも歩く距離が比較できず行き詰まる。
- 3 倍の速さだと $\frac{1}{3}$ の時間と気づかない。
- 速さを求めようとして行き詰まる。
- 家にいた時間をどうやって求めたらいいか混乱する。

重要問題 4　比で解く問題②

ある長距離走にA,Bの２人が参加した。Aがスタート地点から3km走った時点で、その300m後方にBはいた。Aがゴールした時にその差は720mに広がっており、その４分後にBはゴールしたという。スタートからゴールまでAは何分で走ったか。

ただし、AとBは同時にスタートし、スタートからゴールまで同じ速さで走ったとする。

1　20分
2　24分
3　28分
4　32分
5　36分

（地方上級　2009年度）

この設問は ☞ 2人の速さの比から考える問題です。

解くための下ごしらえ

文章題を、図や記号やメモの形に変えましょう。

3km地点　A − B ＝ 300m
ゴール　A − B ＝ 720m
Bは4分後にゴール
Aは全体を何分で？

目のつけ所！

「4分」という時間がわかっています。
ここからAが走った全部の時間を出すにはどうしたらいいでしょうか？

6

最短で解く方法

「4分」から、Aが走った全体の時間を出すには、

4分：Aが走った全体の時間

という比がわかればいいのです。

6

時間の比を知るためには、速さか距離の比がわかればいいのです。
この問題で、すぐに比を出せるのは、AとBの走った距離です。

これがコツ！
ここまでの考え方の流れが大切です！

Aが**3000m**走る間に、Bは**3000m − 300m**走ったので、
AとBの走った**距離の比**は、

3000：2700
10：9

これがコツ！
設問文にはキロとメートルが出てきています。
3kmを3000mにして、まずちゃんと単位をそろえましょう。

AとBの**速さの比**も同じになるので、

10：9

定理！

「時間が同じ→速さの比＝距離の比」
Aが3000m走る間にBは何m走るかなので、時間が同じ。なので、距離と速さは比例関係なのです。

AとBの時間の比は、逆比なので、

9：10

定理！

「距離が同じ→速さの比と時間の比は逆」

その差は1です。Aがゴールした後、Bがこの1の時間分だけさらに走らなければなりません。それが**「4分」**です。
1が「4分」で、**9**が「Aが走った全部の時間」

です。

Aが走った全部の時間＝4×9＝**36（分）**

正解 5

Bは720mを4分で走ったわけで、

Bの速さ＝**180m/分**

2人の速さの比は、距離の比と同じなので

3000：2700

10：9

Aの速さ＝180× $\frac{10}{9}$ ＝**200m/分**

Aの走った距離（コース全長）：Bの走った距離（Aより720m少ない）：AとBの差（720m）＝10：9：1より、

コース全長：720＝10：1

コース全長＝7200m

コース全長÷Aの速度＝7200÷200＝**36（分）**

6

やってしまいがちな✕解答

求める「A が走った時間」を x **分**とおいて方程式を立てようとする。

↓

B が走った時間は、$x + 4$（分）

↓

A、B の速さも、全体の距離もわからないので、これらをすべて文字において方程式を立てても解けません。

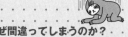

なぜ間違ってしまうのか？

時間を x とおくなら、速さか距離についてある程度条件がなければ無理です。

6

おさらい

勝者の解き方！

- 同じ時間内（A が 3000m 走る間）に B は何 m 走るかという「距離の比」で、2 人の「速さの比」を求める。
- 「速さの比」から、さらに「時間の比」を求める。
- A と B の時間の比の差を出して、そこにわかっている「4 分」をあてはめて、A の時間を求める。

敗者の落とし穴！

- 比で解こうとしない。無理に方程式で解こうとすると、行き詰まったり、そうでなくても、けっこう時間がかかる。

重要問題 5　比で解く問題③ ☀☀☀☀

A、B、Cの3人が、X町からY町へ同じ道を通って行くことになった。Aが徒歩で7時20分に出発し,Bが自転車で7時50分に出発した。その後、Cがバイクで出発したところ、CはA、Bを同時に追い越した。Aの速さは時速6km、Bの速さは時速24km、Cの速さは時速60kmであったとき、Cが出発した時刻はどれか。ただし、3人の進む速さは、それぞれ一定とする。

1　7時48分
2　7時52分
3　7時56分
4　8時00分
5　8時04分

（特別区Ⅰ類　2015年度）

この設問は ☞ 3人の速さの比から考える問題です。

解くための下ごしらえ

文章題を、図や記号やメモの形に変えましょう。

A（徒歩）時速6km　7：20出発
B（自転車）時速24km　7：50出発
C（バイク）時速60km　出発時間？
CがA、Bを同時に追い越す

目のつけ所！

A、B、C全員の時速がわかっています。**速さの比が出せます。**
そして、CがA、Bを同時に追い越すということは、**そのとき3人は同じ地点にいる**ことになります！

最短で解く方法

A、B、C の順に、出発していますが、
C が A、B を同時に追い越す時点では、
3 人は同じ地点にいます。

つまり、**同じ距離**を移動したということです。

6

「距離が同じとき、速さの比と時間の比は逆」
でしたね。

> 「これだけは必要な数学の知識」のところの
> 「速さ・時間・距離の比例関係」を思い出してください（209ページ）。
> 距離が同じ→速さの比と時間の比は逆（例　速さが 1：2 なら、時間は 2：1）
> でしたね。

A は時速 **6**km、B は時速 **24**km、C は時速 **60**km ですから、
その**「速さの比」**は、

A：B：C＝6：24：60＝**1：4：10**

ということは、「時間の比」は、その逆なので、

A：B＝**4：1**
B：C＝10：4＝**5：2**
A：C＝**10：1**

つまずきポイント

> 2 つの比の逆なら簡単ですが、3 つの比の逆となると、どうしたらいいか、詰まってしまう人も多いでしょう。
> いちばん簡単なのは、このように 2 つずつのペアで考えるということです。
> もし 3 つの比が必要なら、ここから組み合わせればいいのです。
> A：B ＝ 4：1
> B：C ＝ 5：2
> ですから、A：B ＝ 4：1 の B を 5 にしてそろえると、A にも 5 をかけて、
> A：B：C ＝ 20：5：2
> ということになります。

A が出発したのは 7：20。
B が出発したのは 7：50。
これはわかっています。
その差は 30 分。
同じ地点に到達したときの時間の比は、
A：B ＝ 4：1 なので、その差は **3**。
30 分を 3 で割ると、10 分。
A は 40 分、B は 10 分かかったということです。

Bが出発したのは7：50ですから、10分後なら**8時**ちょうどです。
このとき、CがA、Bを追い越したということです。

同じ距離をCが移動するのにかかる時間は、
A：C＝10：1なので、Aの10分の1ということで、**4分**です。

8時の4分前は、**7時56分**。
これがCが出発した時間です。

ひっかけ選択肢！

ケアレスミスで、うっかり4分を足してしまわないように。そういう、おっちょこちょいな人をひっかけるための選択肢もちゃんと用意されています。
5　8時04分

正解3　**正解！**

やってしまいがちな✕解答

速さの比がA：B：C＝**1：4：10**で、この逆だというので、
時間の比をA：B：C＝**10：4：1**としてしまいがちです。

これがいちばんやってしまいがちな間違いなので気をつけましょう。
これがこの問題の落とし穴です。

おさらい

勝者の解き方！

- 「C は A、B を同時に追い越した」ということは、このとき 3 人は同じ地点にいる、つまり同じ距離のところにいる、ということに気づく。
- 「距離が同じなら、速さの比と時間の比は逆」ということを思い出す。
- 速さの比はわかっているので、そこから時間の比を出す。
- A と B の出発時刻はわかっているので、その差と、時間の比から、同じ地点にいるときの時刻を計算する。
- 同じ距離を C が移動するのにかかる時間を、時間の比から計算する。
- 同じ地点にいた時刻から、C がそこまで移動するのにかかる時間を引く。
- C の出発時刻がわかる。

敗者の落とし穴！

- 「C は A、B を同時に追い越した」という設問文のわかりにくい言い方が、じつは「このとき 3 人は同じ地点にいる」ということを言っているのだと気づけない。
- 「距離が同じなら、速さの比と時間の比は逆」ということを忘れている。
- 速さの比が A：B：C ＝ 1：4：10 で、この逆だというので、時間の比を A：B：C ＝ 10：4：1 としてしまう。
- 最後の最後に 8 時に 4 分を足してしまって、選択肢 5 にひっかかる。

重要問題 6　旅人算の問題

A、B 2台の自動車が、1周5kmのコースを同一の地点から同じ向きに同時に走り出すとAは15分ごとにBを追い越し、逆向きに同時に走り出すとAとBは3分ごとにすれ違う。このときのAの速さはどれか。

1　0.8 km/分
2　0.9 km/分
3　1.0 km/分
4　1.1 km/分
5　1.2 km/分

（特別区Ⅰ類　2005年度）

この設問は ☞比でも解けますし、公式でも解けます。

解くための下ごしらえ

文章題を、図や記号やメモの形に変えましょう。

A、B　5km
追いつくまでの時間　15分(Aのほうが速い)
出会う時間　3分
Aの速さは？

目のつけ所！

追い越したり、出会ったりしているところで、「旅人算の問題だ！」と気づきましょう。

最短で解く方法

比を使うほうが速いので、まずはそちらのやり方で。

A が B を追い越すのに 15 分
A と B が出会うのに 3 分
↓

出会うまでの時間：追いつくまでの時間＝速さの差：速さの和

旅人算の比例式を思い出してください。
215 ページ。

ですから、

速さの差：速さの和＝3：15＝**1：5**

「和差算（わさざん）」では、大きい数と小さい数の「和」と「差」から、その 2 つの数を求めることができます。
大＝（和＋差）÷ 2
小＝（和－差）÷ 2
ここでは A のほうが速いので、大が A、小が B ということになります。

↓
速さの和と差の比がわかったので、ここで**「和差算」**を使って、速さの比を出します。

A＝（5＋1）÷2＝**3**
B＝（5－1）÷2＝**2**

A と B の速さの比＝ 3：2

速さの比がわかったので、
5km という距離と、
3 分という時間とを使って、
速度を出しましょう。

5km と 15 分から計算してもかまいません。
速さの比が 3：2 なので、同じ時間で A は 3 周、B は 2 周します。
追いつくということは差が 1 周になるということなので、差が 1 周になるのに 15 分。
→ A は 3 周 15km に 15 分
A の速さは分速 1.0km

2 人で 5km 走って出会うのに 3 分で、
A と B の速さの比＝ 3：2
なのですから、
A は 3km、B は 2km を 3 分で走るということになります。

Aの速さは**1.0km/分**とわかります。

正解3

旅人算の公式を使って解いてみましょう。

公式！

出会うまでの時間＝2人の間の距離÷2人の速さの和
追いつくまでの時間＝2人の間の距離÷2人の速さの差

AとBの速さをそれぞれ**a** km/分、**b** km/分として、公式に代入すると、

$$\frac{5}{a+b}=3 \quad \cdots①$$

$$\frac{5}{a-b}=15 \quad \cdots②$$

①より、3a+3b=5
②より、15a−15b=5

②を5で割って、①に足すと、

6a=6　**a=1**

6

やってしまいがちな✕解答

3分：15分＝1：5

↑これをBとAの速さの比と勘違いした場合

2人合わせて5km

→Aは$\frac{25}{6}$km、Bは$\frac{5}{6}$kmを3分で走ることに。

↓

Aの速さ＝$\frac{25}{6}$ ÷ 3=1.388…　→選択肢5が近いかな…

おさらい

勝者の解き方！

- 比を用いる。「速さの差：速さの和」の比から、2人の速さの比を求め、距離と時間からAの速さを求める。
- または、旅人算の公式を用いる。

敗者の落とし穴！

- 何の比かを勘違いする。

重要問題 7　通過算の問題

ある車両数で編成され、一定の速さで走っている電車Aの前面が、それと同一方向に時速42kmで走っている13両編成の電車Bの最後尾に追い付いてから、電車Aの最後尾が電車Bの前面を完全に追い越すまでに60秒を要した。また、この電車Aが、それとは逆の方向から時速54kmで走って来た9両編成の電車Cとすれ違うとき、それぞれの電車の前面が出会ってから最後尾が完全にすれ違うまでに12秒を要した。この電車Aの車両数として、妥当なものはどれか。ただし、いずれの電車も1両の長さは20mとし、車両の連結部分の長さは考えないものとする。

1　11両
2　12両
3　13両
4　14両
5　15両

（警視庁警察官　2006年度）

この設問は ☞ やや複雑ですが、公式通りに解ける問題です。

解くための下ごしらえ

文章題を、図や記号やメモの形に変えましょう。

A　?両（1両20m）
B　時速42km　13両
C　時速54km　9両
AがBを追い越す　60秒
AがCとすれ違う　12秒

目のつけ所！

長さのあるものが追い越したり、すれ違ったりしているので、「通過算」と気づきましょう。
設問の文章が長くややこしいですが、整理すれ

6

ば、じつは単純です。

「時速」と「秒」、「km」と「m」という、異なる単位であることも見逃さないように！

最短で解く方法

公式にあてはめる前に、やることがあります。長さはm、時間は秒に、単位を統一しましょう。

ちょっとヒトコト　追い越しやすれ違いは短い時間で行われていますし、列車の長さもkmで表すようなものではないので、秒とmを選択します。

時速42km＝時速42000m＝**秒速** $\frac{35}{3}$ **m**
時速54km＝時速54000m＝**秒速15m**

Aの速さを秒速**v**km、長さを**ℓ** mとして、
AとBについて追い越しの公式より、

公式！　両者の長さの和＝追い越す時間×両者の速さの差

$\ell+(20\times13)=60\times(v-\frac{35}{3})$
$\ell+260=60v-700$
$\ell-60v=-960$　…①

同様にAとCについてすれ違いの公式より、

公式！　両者の長さの和＝すれ違う時間×両者の速さの和

$\ell+(20\times9)=12\times(v+15)$
$\ell+180=12v+180$
$\ell=12v$　…②

②を①に代入し、

$12v-60v=-960$
$v=20$

v ＝ 20 を②に代入し、

$$\ell = 20 \times \mathbf{12}$$

12 両編成とわかります。

正解 2

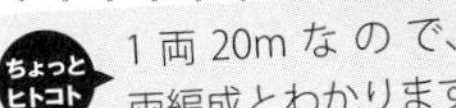

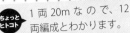

1 両 20m なので、12 両編成とわかります。このかけ算をしてしまうと、その後でまた 20 で割ることになります。

6

まず単位をそろえてから、通過算の公式にあてはめて解く。

敗者の落とし穴！

単位をそろえることを忘れる。

重要問題 8　流水算の問題

☀☀☀☀☀

静水面での速さが一定の模型の船を、円形の流れるプールで水の流れと反対の方向に一周させると、水の流れる方向に一周させた場合の2倍の時間を要した。今、模型の船の速さを $\frac{1}{2}$ にして水の流れる方向にプールを一周させるのに5分を要したとき、この速さで水の流れと反対の方向に一周させるのに要する時間はどれか。ただし、プールを流れる水の速さは、一定とする。

1　10分
2　15分
3　20分
4　25分
5　30分

（特別区Ⅰ類　2007年度）

この設問は ☞ 公式にあてはめて解く典型的な問題です。

解くための下ごしらえ

文章題を、図や記号やメモの形に変えましょう。

上りは下りの時間の2倍
速さ $\frac{1}{2}$　下り　5分
上り？分

ちょっとヒトコト　円形のプールというのは、じつは何にも関係なし。
川を同じ距離、下ったり上ったりするのと同じことです。
まどわされないように。

水の流れがあって、上り下りしているので、「流水算」ということはすぐに気がつくでしょう。
上りは下りの**「2倍の時間を要した」**というところに目をつけましょう。

船の速さをx、水の流れの速さをyとします。

下りの速さ$=x+y$
上りの速さ$=x-y$

上りは下りの2倍の時間がかかったので、速度はその逆比になります。

$(x+y):(x-y)=\mathbf{2:1}$
$x+y=2x-2y$
$x=3y$

これより、

船の速さ:流れの速さ=3:1

なので、船の速さを半分にすると、

1.5:1=**3:2**

となります。
このときの、下りと上りの速さは次のようになります。

下り:上り=(3+2):(3−2)=**5:1**

よって、上りには下りの5倍の時間がかかるので、

5分×5=**25(分)**

正解 4 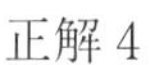

やってしまいがちな  解答

$(x+y):(x-y)=2:1$

$x+y=2x-2y$

$x=3y$

ここまでは同じで、
速さが半分ということで、
x と y をそれぞれ半分にして、
次のような比例式を立てます。

$$\left(\frac{1}{2}x+\frac{1}{2}y\right):\left(\frac{1}{2}x-\frac{1}{2}y\right)$$

$x=3y$ を代入して、

$$\left(\frac{3}{2}y+\frac{1}{2}y\right):\left(\frac{3}{2}y-\frac{1}{2}y\right)$$
$$=2y:y=2:1$$

よって、上りにかかる時間は、下りの 2 倍なので、5 分 × 2 = **10 分**

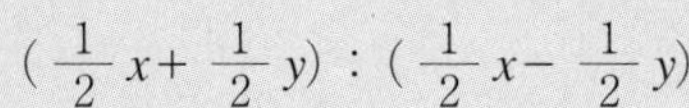

なぜ間違ってしまうのか？

y は水の流れの速さです。それまで半分にしてはいけませんね。

ひっかけ選択肢！

出題者もこの間違いを予想していて、選択肢 1 が用意してあります。

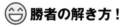

おさらい

勝者の解き方！

- 上りと下りの速さの比を求める。
- 速さを半分にしたときの、上りと下りの速さの比を求める。
- 速さを半分にしたときの、上りの時間を求める。

敗者の落とし穴！

- 水の流れの速さまで半分にしてしまう。

頻出度 × 学習効果

7

比と割合

★★★☆

比と割合はエレガントに使いこなす！

65%
2/5
ムリだぁ〜
小麦粉の重さの
65%の牛乳を加えて
その2/5だけ
別のボールに分けて
1.3倍になるまで
水と卵を加えて……
Cooking
小麦粉
牛乳
MILK

§7 比と割合

頻出度 ★★★☆

数的推理のどの問題を解くにも大切！

比や割合の問題というと、以前は算数っぽい問題もけっこうありましたが、最近では、比で方程式を立てる問題も多く、問題文からきちんと比の式を導くことがポイントです。

また、ここ数年、出題率が上がってきており、特に国家専門職、東京都Ⅰ類A、裁判所などで、良質な文章問題が出題されています。

7

おさえておくべき　重要問題の紹介

重要問題 1 比の問題① ☀☀☀ ☞ P255

⟹ 2本の方程式から、3文字の比を導く問題！

重要問題 2 比の問題② ☀☀☀☀ ☞ P260

⟹ 比をもとに数量を導き出す問題！！

重要問題 3 割合の問題① ☀☀☀ ☞ P263

⟹ 割合をもとに数量を導き出す問題！

重要問題 4 割合の問題② ☀☀☀☀ ☞ P267

⟹ 割合で方程式を立てる基本的な問題！

重要問題 5 割合の問題③ ☀☀☀☀ ☞ P272

⟹ 方程式でも解けるが、算数的な解法のほうが早く解ける！

ここがポイント！

この分野の問題に限らず、方程式などで解くよりも、比を使うことで早くすっきり解ける問題がたくさんあります。

これだけは必要な数学の知識

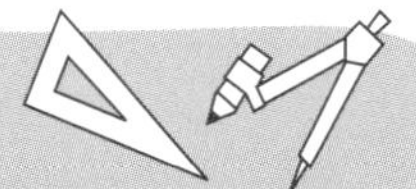

- 割合の表し方
- 比例式と方程式

これから丁寧に説明していきます
「暗記するからゴチャゴチャした
説明はいらない」という人は
「ココだけ！」という囲みの
ところだけ見てくださいね！
長い説明を読むのも
暗記するのも
面倒くさいなぁ…
自分、ナマケモノですから

7

割合の表し方

例題 1

3 割を%、少数、分数で表すと？

ココだけ！

1 割 = 10% = 0.1 = $\frac{1}{10}$

3 割なら　30%　0.3　$\frac{3}{10}$　です。

「3 割引」なら、

%　$100 - 30 =$ **70%**

小数　$1 - 0.3 =$ **0.7**

分数　$1 - \frac{3}{10} = \mathbf{\frac{7}{10}}$

%を小数や分数で表すときは→ 100 で割る

例　60%→　60 ÷ 100 = 0.6

小数や分数を%で表すときは→ 100 をかける

例　0.4→　0.4 × 100 = 40%

比例式と方程式

例題2

ad = bc という方程式を、比例式で表すと？

比例式　**a：b = c：d**
外項の積と**内項の積**が等しいので、
方程式　**ad = bc**　が成り立ちます。

：の外側にある項を外項と言います

ⓐ：[b] = [c]：ⓓ

：の内側にある項を内項と言います

逆に、**ad = bc**　という方程式は、

a：b = c：d

という比例式で表せます。

比例式　**a：b = c：d**　⇄　方程式　**ad = bc**

最後に ヒトコト

「比」を扱う上で大切なのは、「実際の数」との区別をきちんとつけること（実際の数が 10 個と 5 個で、比が 2：1 とか）。

重要問題 **1** **比の問題①** ☀☀☀

上皿天秤と3種類の重りa、b、cがある。片方の皿にaを1個bを4個載せると、他方の皿にcを3個載せたときに釣り合い、片方の皿にaを4個cを2個載せると、他方の皿にbを5個載せたときに釣り合う。いま、片方の皿にbを1個cを2個載せたとき、この天秤を釣り合わせるために他方の皿に載せるaの個数はどれか。

1　5個
2　6個
3　7個
4　8個
5　9個

（警視庁警察官　2010年度）

この設問は ☞ 2本の方程式から、3文字の比を導く問題です。

解くための下ごしらえ

文章題を、図や記号やメモの形に変えましょう。

重りa、b、c
$a + 4b = 3c$
$4a + 2c = 5b$
$b + 2c = a \times ?$

これがコツ！

設問の文章を読んでいると、頭が混乱してきて、とても解ける気がしなくなってきます。でも、文章で書いてあることを、そのまま式に表していくだけで、こんなにもシンプルになります。
これまでも何度も言ってきましたが、文章のややこしさに負けないようにしましょう。

目のつけ所！

設問文に「○グラム」というような重さがいっさい出てきません。これではa、b、cの重さを出すことは不可能です。
では、いったいどうやって解くのか？
この設問の場合、**重さの比さえわかれば、実際の重さはわからなくても答えが出るのです。**
設問文に「○グラム」といった表記がいっさい

ないことから、**「これは比の問題だ」**と気づけるかがポイント。

最短で解く方法

すでに「解くための下ごしらえ」でやっていますが、
a、b、cのそれぞれ1個の重さを、a、b、cとして、条件を方程式に表しましょう。

7

$a+4b=3c$ …①
$4a+2c=5b$ …②

ここから、a、b、cがそれぞれ何グラムか出すことは不可能です。
でも、これらの**重さの比**がわかれば、答えは出ます。
そして、方程式を比例式にすることが可能です。
未知数を2つに減らせば、比例式に変えることができます。

法則！
方程式　ad = bc
↑↓
比例式　a：b = c：d
（説明は254ページ）

①より、

$a=3c-4b$

これを、②に代入すれば、aを消せます。

$4(3c-4b)+2c=5b$
$12c-16b+2c=5b$
$14c=21b$
$2c=3b$
→　**c：b=3：2**

これがコツ！
方程式の左辺を外項に、右辺を内項にすればいいのです。

これより、b = 2、c = 3とおき、①に代入すると、

ちょっとヒトコト　これは実際の重さ（グラム）の数値ではなく、比です。
ですから、計算結果のa = 1の1も比です。

$a=3\times3-4\times2=\mathbf{1}$

つまり、

a：b：c=1：2：3

b＋2c=2+6=**8**

a = 1なので、aは**8個**ということ。

正解4

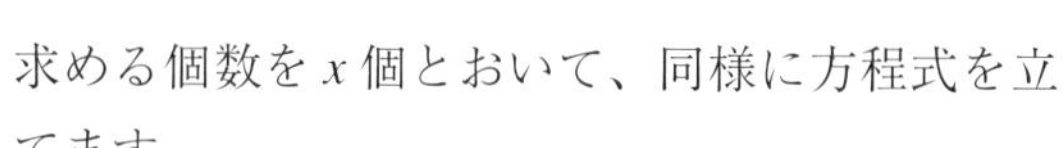

求める個数をx個とおいて、同様に方程式を立てます。

$a+4b=3c$　…①
$4a+2c=5b$　…②
$b+2c=ax$　…③

①②より、

$2c=3b$

ここまでは「最短で解く方法」と同じ。

$b=\frac{2c}{3}$

①に代入して、

$$a=\frac{c}{3}$$

これを、③に代入して、

$$\frac{2c}{3}+2c=\frac{c}{3}\times x$$

7

両辺× 3

$$2c+6c=cx$$
$$8c=cx$$

両辺を c で割って、

$$x=8$$

やってしまいがちな×解答

$a + 4b = 3c$ …①

$4a + 2c = 5b$ …②

$b + 2c = ax?$ …③

？のところに選択肢をあてはめれば、未知数が3つ、方程式も3つなので、解けるはず。

たとえば、選択肢1の場合　$b + 2c = 5a$ …③

このやり方だと、正解以外の選択肢を代入した式は、方程式として成立しませんから、たしかに、解けなくはないのですが、1つ解くにも混乱をきたします。選択肢4にたどりつくまで、けっこう時間がかかると思います。

7

おさらい

勝者の解き方！

- 文章題をそのまま式で表す。
- 比を出せばいいことに気づいて、まず未知数2つの方程式にして、方程式→比例式の変換を行って、2つの比を出す。
- それをもとに、3つの比を出す。

敗者の落とし穴！

- 選択肢をあてはめると、かえって大変で、時間がかかる。

7

重要問題 2　比の問題②

A、B、C の 3 つのタンクがあり、A の水量は 100 L である。また、B と C の水量の比は 2：3 である。いま、30 L の水を A ～ C に分けて追加したところ、追加後の水量の比は最初と同じであった。また、A に追加した水量は、B より 2 L 多かった。追加後の C の水量はいくらか。

1　99 L
2　100 L
3　121 L
4　132 L
5　143 L

（地方上級　2013 年度）

この設問は ☞比をもとに数量を導き出す問題です。

解くための下ごしらえ

文章中の大切な情報を、メモや式のかたちにして、ひとめでわかるようにしましょう。

A～Cのタンク
A 100L
B：C＝2：3
30L を追加→追加後も水量比は同じ
Aの追加量＝Bの追加量＋ 2L
追加後のCの水量は？

目のつけ所！

追加後も水量の比は同じなので、追加後も B と C の水量の比は 2：3 のまま。
ということは、**B と C に追加した水量の比も 2：3 です！**

なんでこうなるの？
比が 2:3 ということで、実際の水の量を B は 2m、C は 3m とおきます。
ここに B に 2n、C に 3n の水を足すと、
$(2m + 2n)：(3m + 3n)$
$= 2(m + n)：3(m + n)$
$= 2：3$
ということで、けっきょく比は 2：3 のままです。
水を追加しても比が変わらなかったということは、同じ比の水を追加したということなのです。

最短で解く方法

「目のつけ所！」で確認したように、BとCに追加した水量の比も2：3なので、それぞれ**2x**、**3x**とします。

Aへの追加量はBより2L多いので、**2x＋2**となります。

追加した水量は全部で30Lなので、

$(2x+2)$	$+2x$	$+3x$	$=$	30
Aの追加分	Bの追加分	Cの追加分		総追加分

これを計算すると、

$7x=28$

$x=\mathbf{4}$

追加量は、

A　$2\times\mathbf{4}+2=10$L

B　$2\times\mathbf{4}=8$L

C　$3\times\mathbf{4}=12$L

追加した水量の比は、**10：8：12**とわかります。
「追加後の水量の比は最初と同じであった」ということは、
最初の水量の比も同じ、**10：8：12**だったということです。

なんでこうなるの？
「目のつけ所！」で説明したように、比が変わらないということは、もともとの量の比と、追加した量の比が同じということです

もとの水量は、Aが100Lでした。10：8：12の比なので、Bは80L、**Cは120L**だったということです。

Cは120Lのところに12L追加したわけで、合計は**132L**です。

正解 4

7

おさらい

勝者の解き方！

- 比が変わらないということは、元の水量の比と、追加した水量の比が同じだと気づける。
- 追加量で方程式を立てる。
- 追加量の比から、元の水量を出す。

敗者の落とし穴！

- 元の水量の比と、追加した水量の比が同じだと気づけない。
- 追加量で方程式を立てることを思いつかない。
- 追加量は出せても、そこから追加前の水量をどう出していいかわからない。

重要問題 3　割合の問題①

ある画用紙の $\frac{1}{3}$ を青色で塗り、残った部分の $\frac{2}{3}$ を黄色で塗り、次に残った部分の4割を赤色で塗り、さらに残った部分の半分を緑色で塗った。黄色で塗った部分と緑色で塗った部分の面積の差が 340cm^2 だったとき、赤色で塗った部分の面積として、正しいのはどれか。ただし、画用紙の表の面のみ着色し、色は重ね塗りしない。

1　80cm^2
2　100cm^2
3　120cm^2
4　140cm^2
5　160cm^2

（東京都Ⅰ類A　2021年度）

この設問は ☞ 割合をもとに数量を導き出す問題です。

解くための下ごしらえ

文章題をメモの形に変えましょう。

青色→ $\frac{1}{3}$
黄色→残りの $\frac{2}{3}$
赤色→残りの4割
緑色→残りの半分
黄色と緑色の差→ 340cm^2
赤色の面積？

目のつけ所！

黄色以降は**「残った部分」**が基準になっています。「残った部分の $\frac{2}{3}$ 」というように。ここがややこしいところです。

それらをすべて、**全体に対する割合**に変えていきましょう。

7

そうすれば、4色のそれぞれの色の面積の、全体に対する割合がわかります。

青色→$\frac{1}{3}$

青色は全体の$\frac{1}{3}$なので、そのままです。

青色→$\mathbf{\frac{1}{3}}$

ということです。

黄色→残りの$\frac{2}{3}$

青色が全体の$\frac{1}{3}$なので、残りは全体の$\frac{2}{3}$。そのさらに$\frac{2}{3}$なので、全体に対する割合は、

黄色→$\frac{2}{3} \times \frac{2}{3} = \mathbf{\frac{4}{9}}$

赤色→残りの4割

この「残り」は、全体の$\frac{2}{3}$（青色の$\frac{1}{3}$を引いた残り）から、さらに黄色の$\frac{4}{9}$を引いたものなので、

$\frac{2}{3} - \frac{4}{9} = \frac{2}{9}$

その4割なので、全体に対する割合は、

赤色→$\frac{2}{9} \times 0.4 = \frac{2}{9} \times \frac{2}{5} = \mathbf{\frac{4}{45}}$

緑色→残りの半分

この「残り」は、全体の $\frac{2}{9}$（青色の $\frac{1}{3}$ と黄色の $\frac{4}{9}$ とを引いた残り）から、さらに赤色の $\frac{4}{45}$ を引いたものなので、

$$\frac{2}{9} - \frac{4}{45} = \frac{6}{45}$$

その半分なので、全体に対する割合は、

緑色→ $\frac{6}{45} \times \frac{1}{2} = \mathbf{\frac{3}{45}}$

これで4色のそれぞれの面積の、全体に対する割合がわかりました。

それでは、**4色の面積を比で表してみましょう。**

そうすれば、わかっている部分（340cm²）と求める部分の面積の比がわかるからです。

青：黄：赤：緑＝ $\mathbf{\frac{1}{3}}$ ： $\mathbf{\frac{4}{9}}$ ： $\mathbf{\frac{4}{45}}$ ： $\mathbf{\frac{3}{45}}$

45をかけて、整数比にすると、

青：黄：赤：緑＝**15：20：4：3**

ちょっとヒトコト　整数比にせず、分数のまま計算するのでもかまいません。

黄色と緑色の差→ $340\mathrm{cm}^2$

青：黄：赤：緑＝15：**20**：4：**3**

この比で $20 - 3 =$ **17**が、$340\mathrm{cm}^2$ になります。

求める赤の面積の比は**4**なので、

（黄－緑）：赤＝17：4

340の $\frac{4}{17}$ が、赤の面積ということになります。

赤＝340× $\frac{4}{17}$ ＝**80**

正解1　**正解！**

やってしまいがちな✕解答

「残った部分の $\frac{2}{3}$ 」というような表現を、「全体の $\frac{2}{3}$ 」というふうに誤解してしまうと、全体で1を超えてしまいます。
そこで間違いに気づけるといいのですが、そのまま計算してしまうと、

青：黄：赤：緑＝ $\frac{1}{3}$ ： $\frac{2}{3}$ ： $\frac{2}{5}$ ： $\frac{1}{2}$

30をかけて整数の比にすると、

青：黄：赤：緑＝10：20：12：15
（黄－緑）：赤＝5：12
赤＝340× $\frac{12}{5}$ ＝**816**

というものすごい面積になってしまいます。

7

おさらい

 **勝者の解き方！**

- それぞれの色の全体に対する割合を計算できる。
- （黄－緑）と赤の比を求められる。

敗者の落とし穴！

- 「残り」を計算せず、1を超えてしまう。
- 「340cm^2」という条件を見落とし、面積が求められない。
- （黄－緑）と赤の比を求めることに気づかず、行き詰まる。

重要問題 4　割合の問題②

A と B がテストを受けたとき、B は A の 2 倍より 10 問少なく解答し、正答数は、B のほうが A より 10 問多かった。また、このときの正答率は A は 8 割、B は 6 割であった。A の正答数として、最も妥当なのはどれか。

1　24 問
2　32 問
3　40 問
4　48 問
5　56 問

（東京消防庁Ⅰ類　2019 年）

この設問は わからない数を文字でおいて方程式を立ててみましょう。

解くための下ごしらえ

文章題をメモの形に変えましょう。

解答数→ B は A の 2 倍より 10 問少ない
正答数→ B は A より 10 問多い
正答率→ A8 割　B6 割
A の正答数は？

目のつけ所！

「解答数→ B は A の 2 倍より 10 問少ない」は、

$$B = 2A - 10$$

「正答数→ B は A より 10 問多い」は、

$$B = A + 10$$

などと式のかたちにできそうです。
こういうときは、わからない数値を x として式を立ててみましょう。

最短で解く方法

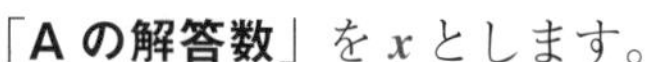

「Aの解答数」をxとします。
それを、わかっている条件にあてはめてみましょう。

> ちょっとヒトコト「Aの正答数」が問われているので、それをxとしてもかまいません。それでも解けます。
> ただ、その場合、「Aの解答数」を$\frac{10}{8}x$というふうに表すことになります。
> それよりも、「Aの解答数」をxとして、「Aの正答数」を$0.8x$と表すほうが、わかりやすいでしょう。

「解答数→BはAの2倍より10問少ない」

Bの解答数＝$\mathbf{2x-10}$

7

「正答率→A8割　B6割」

Aの正答数は$\mathbf{0.8x}$ということになります。

Bの正答数＝0.6$(2x-10)$

> ちょっとヒトコト！
> 「$2x-10$」は、すぐ上で出した「Bの解答数」です。

「正答数→BはAより10問多い」

Bの正答数＝$0.8x+10$

Bの正答数で2つの式ができたので、これを合わせて、xだけの式にしましょう。

$$
\begin{aligned}
0.6(2x-10) &= 0.8x+10\\
6(2x-10) &= 8x+100\\
12x-60 &= 8x+100\\
4x &= 160\\
x &= \mathbf{40}
\end{aligned}
$$

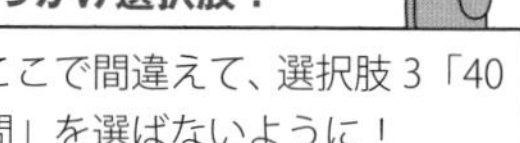

ひっかけ選択肢！

ここで間違えて、選択肢3「40問」を選ばないように！

問われているのは「Aの正答数」なので、
$0.8x = 0.8 \times 40 = \mathbf{32}$

正解2

連立方程式を立てて解くこともできます。
AとBの解答数を a、b とします。

正答数は、A → $0.8a$　B → $0.6b$

「解答数→BはAの2倍より10問少ない」

$b = 2a - 10$　…①

「正答数→BはAより10問多い」

$0.6b = 0.8a + 10$　…②

②の b のところに①の式を代入して、

$$
\begin{aligned}
0.6(2a-10) &= 0.8a+10 \\
12a-6 &= 8a+100 \\
4a &= 160 \\
a &= 40
\end{aligned}
$$

Aの正答数 = $0.8a$ = 0.8×40 = **32**

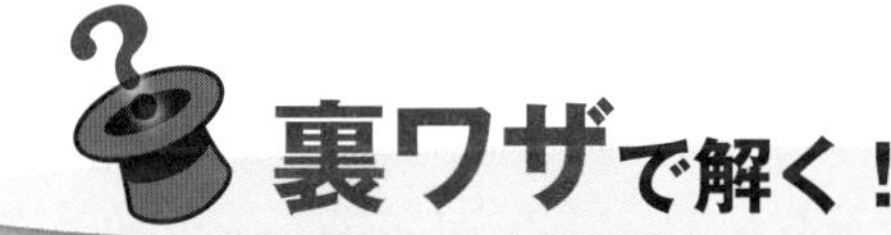

選択肢を利用して解くこともできます。
選択肢の数値を正解と仮定して、設問の条件に合うかどうか計算してみるのです。
それで成り立てば正解ということです。

選択肢 1「24 問」の場合

A の正答数が 24 問ということですから、
A の解答数は、その $\frac{10}{8}$ の 30 問。
「解答数→ B は A の 2 倍より 10 問少ない」
B の解答数 = 2 × 30 − 10 = 50
B の正答率は 6 割なので、B の正答数は 30 問。
とすると、「正答数→ B は A より 10 問多い」という条件に不一致です。
このように不一致なのときは、その選択肢は正解ではないということです。

7

選択肢 2「32 問」の場合

A の正答数が 32 問ということですから、
A の解答数は、その $\frac{10}{8}$ の 40 問。
「解答数→ B は A の 2 倍より 10 問少ない」
B の解答数 = 2 × 40 − 10 = 70
B の正答率は 6 割なので、B の正答数は 42 問。
A の正答数より 10 問多いので、「正答数→ B は A より 10 問多い」という条件を満たします。
つまり、**すべての条件を満たす**ということです。
そういうときは、これが正解です。

もう他の選択肢を確認する必要はありません。
ここでは、いちおう列挙しておきます。
選択肢 3「40 問」→ A の解答数 50 問→ B の解答数は 90 →正答数は 54 →**条件を満たさない**
選択肢 4「48 問」→ A の解答数 60 問→ B の解答数は 110 →正答数は 66 →**条件を満たさない**
選択肢 5「56 問」→ A の解答数 70 問→ B の解答数は 130 →正答数は 78 →**条件を満たさない**

おさらい

勝者の解き方！

- 方程式で解けることに気づく。
- 解答数を文字において正答数を表すことができる。
- ＡとＢの数量関係を整理して方程式を立てられる。
- 選択肢から条件を満たす数値を探すことができる。

敗者の落とし穴！

- 方程式や選択肢より早い方法があるか迷って時間をロスする。
- Ａの正答数を x において、解答数を表そうとして混乱する。
- 条件の通りに方程式を立てられない。

7

重要問題 5　割合の問題③

ある市では、ごみを可燃ごみと不燃ごみの2種類に分別して収集した後、可燃ごみについてはすべて焼却処分し、不燃ごみについては1割をリサイクルに回した上で、残り9割について埋立処分を行ってきた。ある年から新たなリサイクル手法を導入し、収集した不燃ごみのうちリサイクルに回す割合を4割に上げたところ、焼却又は埋立処分を行うごみの総量は、前年の $\frac{7}{8}$ になった。この市における収集時のごみの総量に占める不燃ごみの割合はいくらか。

ただし、収集時のごみの総量、及び可燃ごみと不燃ごみの割合は、毎年、一定であるとする。

1　3割
2　4割
3　5割
4　6割
5　7割

(国税専門官　2009年度)

この設問は ☞ 複雑そうに見えるけど、けっこう簡単ですよ。

解くための下ごしらえ

文章題を、図や記号やメモの形に変えましょう。

可燃ごみ　焼却
不燃ごみ　1割リサイクル　9割埋立
→不燃ごみリサイクル4割に
焼却＋埋立＝前年の $\frac{7}{8}$
ごみの総量に占める不燃ごみの割合は？

目のつけ所！

これも**割合しか設問文に書いてない**ので、「割合の問題」と気づくことが大切。

リサイクルの割合が増えた→埋立の割合が減った→焼却＋埋立の割合が減ったという関係に着目！

最短で解く方法

不燃ごみの埋立は、これまでは9割。
それが6割に（リサイクルが4割に増えたので）。
つまり、**3割の減少。**
焼却（可燃）＋埋立は前年の $\frac{7}{8}$。つまり、$\frac{1}{8}$ **の減少。**

「前年の焼却（可燃）＋埋立」の $\frac{1}{8}$ ＝不燃ごみの3割

ということです。

ここで、不燃ごみの量を **10** と仮定します。

すると、不燃ごみの3割は「3」ということになり、

「前年の焼却（可燃）＋埋立」の $\frac{1}{8}$ ＝**3**

両辺に8をかけて、

前年の焼却（可燃）＋埋立＝24

前年の埋立は9。つまり、**焼却（可燃）は、**

24－9＝**15**

ここに注目！
焼却処分のごみ（可燃ごみ）は変化していません。
量が変化したのは、埋立処分のごみ（不燃ごみ）だけです。

これがコツ！
どうせ比しかわからないのですから、計算しやすい数に仮定してしまうのがコツです！

ここに注目！
ここが急所！
不燃ごみと可燃ごみをつなぐポイントです。

つまずきポイント！
ここで、この24を、
①ごみの総量と勘違いする。
②ある年からの処分総量（焼却＋埋立）を24と勘違いする
ということが起きがちです。
設問文ではわざと「総量」という言葉をちがうところで2回使って、勘違いを誘っています。
ひっかからないようにしましょう！

可燃ごみ：不燃ごみ＝15：10＝**3：2**

不燃ごみの割合＝ $\frac{2}{5}$ ＝0.4＝**4割**

正解 2 

7

選択肢のあてはめで解くのも速いです。

選択肢 1「3 割」

ごみの総量のうち、不燃ごみが **3 割**だとすると、前年の「焼却又は埋立処分を行うごみの総量」は、

リサイクルで1割消えて**2.7割**が埋め立て
+**7割**（可燃ごみの焼却）＝**9.7割**

ある年の「焼却又は埋立処分を行うごみの総量」は、

リサイクルに4割消えて**1.8**割が埋め立て
+7割（可燃ごみの焼却）＝**8.8割**

ある年の「焼却又は埋立処分を行うごみの総量」は、前年の $\frac{7}{8}$ になったはずです。

しかし、 $\frac{8.8}{9.7}$ は $\frac{7}{8}$ ではありません。

不一致で**×**。

選択肢 2「4 割」

ごみの総量のうち、不燃ごみが**4割**だとすると、前年の「焼却又は埋立処分を行うごみの総量」は、

リサイクルで1割消えて**3.6**割が埋め立て
+**6**割（可燃ごみの焼却）＝**9.6割**

ある年の「焼却又は埋立処分を行うごみの総量」は、

リサイクルに4割消えて**2.4**割が埋め立て+**6**割（可燃ごみの焼却）＝**8.4割**

$\frac{8.4}{9.6} = \frac{\mathbf{7}}{\mathbf{8}}$

一致しているので正解とわかります。

別解②

可燃ごみの量を x、不燃ごみの量を y とおいて、処分するごみの量で方程式を立てます。

$x + 0.6y = \frac{7}{8}(x + 0.9y)$
$80x + 48y = 70x + 63y$　←両辺×80
$10x = 15y$
→　$x : y = 15 : 10 = 3 : 2$

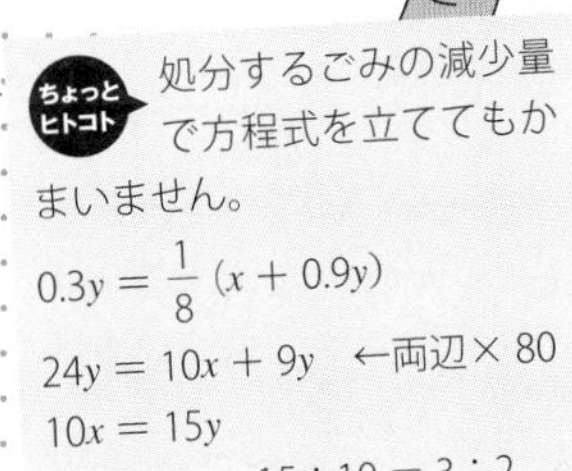

ちょっとヒトコト　処分するごみの減少量で方程式を立ててもかまいません。

$0.3y = \frac{1}{8}(x + 0.9y)$
$24y = 10x + 9y$　←両辺×80
$10x = 15y$
→　$x : y = 15 : 10 = 3 : 2$

または、ごみの総量を $\boldsymbol{x}$、不燃ごみの量を $\boldsymbol{y}$ とおいて、
減少量で方程式を立てます。

$0.3y = \frac{1}{8}\ (x - 0.1y)$
$24y = 10x - y$　←両辺×80
$10x = 25y$
$y = \frac{10}{25}x = \frac{\mathbf{2}}{\mathbf{5}}\boldsymbol{x}$

おさらい

勝者の解き方！

- 不燃ごみの量に仮の数字をあてる。
- 処分（焼却＋埋立）ごみの量を出す（処分ごみの減少量は 3、これが処分ごみの $\frac{1}{8}$ にあたるので、処分ごみは 24)。
- 可燃ごみの量を出す（処分ごみのうち不燃ごみは 9 だから、可燃ごみは 15)。
- ごみの総量を出す（可燃ごみ 15 ＋不燃ごみ 10 ＝ 25)。
- ごみの総量に対する、不燃ごみの割合を出す。

7

敗者の落とし穴！

- 「可燃ごみ＝焼却処分」「不燃ごみ＝埋立処分＋リサイクル」という関係に混乱する。
- 「この市における収集時のごみの総量」と「焼却又は埋立処分を行うごみの総量」を同じ総量と思ったり、混乱する。
- 前年度の「焼却又は埋立処分を行うごみの総量」と、ある年からの「焼却又は埋立処分を行うごみの総量」を混乱する。

頻出度 × 学習効果

8

数列

Σの公式は出番なし！

イェ〜イ
いっぺんコレを
やってみたかったんだー♪
公式なんて燃えちまえ－！
ちょっと！危ないわよ
メラメラメラ
公式集
※危険ですのでマネしないでください

§8　数列

頻出度 ★★☆

出題傾向が変わってきている

数列の問題は、基本的に**「等差数列」「階差数列」「等比数列」**の３種類で、かつては「階差数列」の問題がよく出ていました。

しかし、最近では、重要問題２のような、**円や平面を分割する問題**はよく出ていますが、それ以外で「階差数列」を考える問題は減っています。

また、中学受験でみられるような問題や、フィボナッチ数列のような特殊なタイプの問題も時々出題されており、中には難問もあります。

いずれにしても、まずは規則性を読み取ることが大事で、それさえできれば、面倒な計算が必要になることはあまりありません。

また、公式については、「等差数列の一般項の公式」と「等差数列の和の公式」は必要ですが、仕組みを理解すれば暗記するほどのことではなく、高校で習ったΣのような難しい公式が必要になることは、まずありません。

よく出題されているのは東京都で、それ以外の試験では、たまに出題される程度です。

おさえておくべき　重要問題の紹介

重要問題 1　等差数列の問題 ☀☀☀☀ ☞P283

⟹ 等差数列の公式を使って解く、基本パターン！

重要問題 2　階差数列の問題① ☀☀☀☀ ☞P286

⟹ 円を分割する問題で、似たような問題がよく出ている。

重要問題 3　階差数列の問題② ☀☀☀ ☞P293

⟹ 階差数列の規則性を考える問題

重要問題 4　等比数列の問題 ☀☀ ☞P297

⟹ あまりメジャーではないけれど、時々出題されている。

ここがポイント！

数列の問題を解くときのポイントは、**「規則性を発見すること」**。柔軟に色々な方向からみて、規則性を考えましょう。

数列というと、Σの公式を思い浮かべる人も多いでしょうが、数的推理の範囲では、**そのような数学の知識は必要ありません。**

むしろ、出題者が求めているのは、**「柔軟な思考で規則性を発見できるか」**というところにありますので、見た目で難問奇問に思えても、敬遠せずにTRYしてください！

これだけは必要な数学の知識

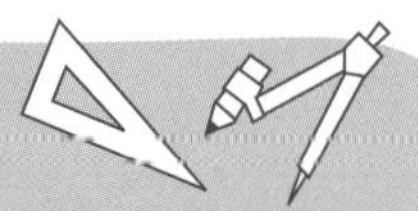

- 等差数列の一般項の求め方
- 等差数列の和の公式
- 等比数列

これから丁寧に説明していきます
「暗記するからゴチャゴチャした説明はいらない」という人は
「ココだけ！」という囲みのところだけ見てくださいね！
長い説明を読むのも
暗記するのも
面倒くさいなぁ…
自分、ナマケモノですから

8

等差数列の一般項の求め方

例題 1

2、5、8、11、14…という数列があります。52 番目の数は？

「等差数列」というのは**「等しい差の数の列」**のことです。

2、5、8、11、14…というのは、**差が 3** の等差数列です。

2、2 + 3、2 + 3 × 2、2 + 3 × 3……となっています。

ということは、**n 番目の数**は、次の式で表せます。

$$2+3(n-1)$$

試しに 4 番目を計算してみると、

$$2+3(4-1)=11$$

となって、合ってますね。

なお、この差の「3」のことを**「公差」**と言います。
最初の数の「2」のことを**「初項」**と言います。
この数列は**「初項 2、公差 3 の等差数列」**ということになります。

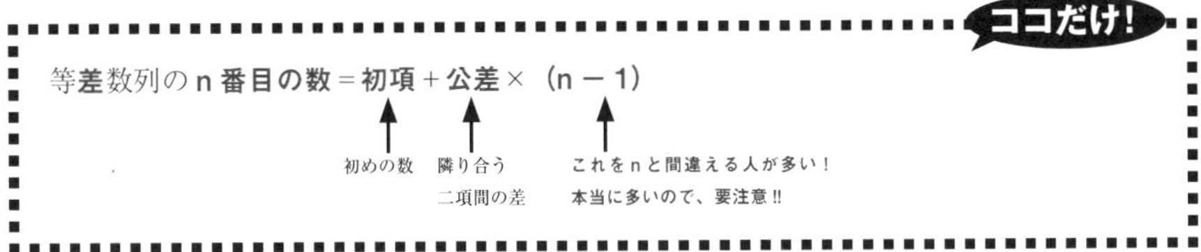

この場合だと、52 番目ということで、

2＋3×（n－1）＝2＋3×51＝2＋153＝**155**

等差数列の和の公式

例題 2

2、5、8、11、14…という数列があります。最初の数から 10 番目の数までの和は？

等差数列の和を求めるときは、次のような公式を使います。

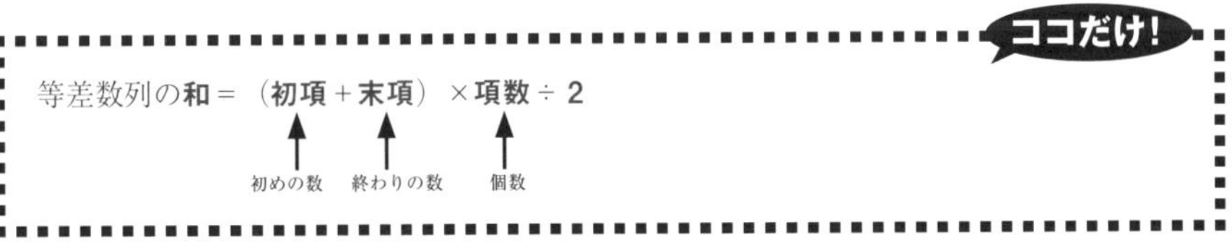

この公式は、初項を●、公差を○として、こういう図にしてみるとわかりやすいと思います。

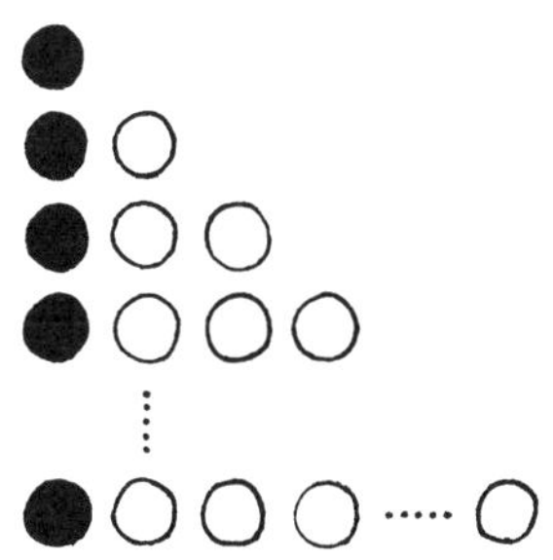

「等差数列の和」とは、**この●と○で作られた「台形」の面積を求める**ということです（初項は1とは限らないので、台形ということになります）。

台形の面積の出し方を思い出してください。(56ページ)

台形の面積＝**（上底＋下底）×高さ÷2**

初項＝上底、**末項**＝下底、**項数**＝高さとなります。

なので、「等差数列の和」の公式は、前出のようになるわけです。

この例題の場合、10個目は、

2＋3×9＝**29**

末項が29ということで、「等差数列の和」の公式より、

(2＋29)×10÷2＝31×5＝**155**

8

等差数列の和の公式は、数列の問題以外でも使いますので、ちゃんと覚えておきましょう。

等比数列

例題3

3、6、12、24、48、96、192、384…という数列があります。公比は？

「等**比**数列」というのは、**同じ数を次々とかけていって作られる数の列**のことです。

この例題の数列では、初項（この呼び方は等差数列と同じです）の3に、**2**をかけたのが次の6で、その6にまた**2**をかけたのが次の12で、その12にまた**2**をかけたのが次の24で……というふうに続いています。

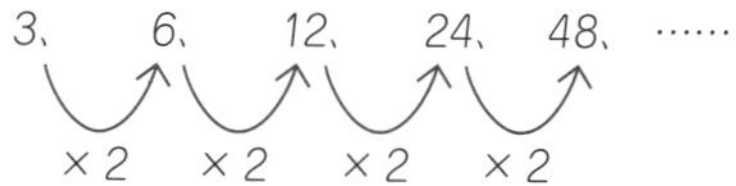

この**2**のことを**「公比」**と呼びます（等差数列の場合は「公差」でしたね）。

重要問題 1　等差数列の問題 ☀☀☀☀

3桁(けた)の自然数のうち、「5で割ると3余り、かつ7で割ると5余る」という条件を満足するすべての自然数の和として、正しいのはどれか。

1　14,053
2　14,063
3　14,073
4　14,083
5　14,093

（東京都Ⅰ類B　2010年度）

この設問は ☞「等差数列の公式」を使って解く、基本パターンです。

解くための下ごしらえ

文章題を、図や記号やメモの形に変えましょう。

3桁の自然数
5で割ると3余り
7で割ると5余る
すべての自然数の和

目のつけ所！

「○で割ったら×余り、□で割ったら△余り……」というのは見覚えがありませんか？
そう、「§1 整数」のところでやった、「余り」の問題の定型パターンですね。
ですから、そういう3桁の数字は出せます。
あとは、**それらを足したら、いくつになるのか**ということで、そこが「数列」の問題なのです。

最短で解く方法

5で割ると3余り　→　割る数－余り＝**2**
7で割ると5余る　→　割る数－余り＝**2**
「割る数－余り」が共通しているので、求める数は、

5と7の公倍数－2

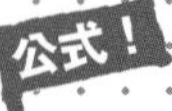
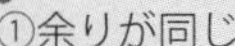

公式！

①余りが同じ
→ＡとＢの公倍数＋余り
②（割る数－余り）が同じ
→ＡとＢの公倍数－（割る数－余り）
③余りがバラバラ
→ＡとＢの公倍数＋条件を満たす最小の数

5と7の最小公倍数は**35**です。ですから、求める数は、

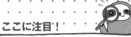

35の倍数－2

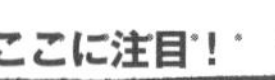
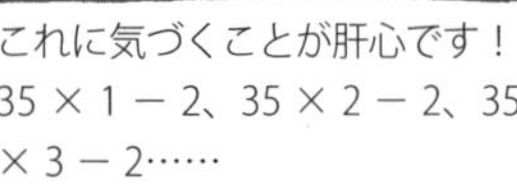

ここに注目！

これに気づくことが肝心です！
35×1－2、35×2－2、35×3－2……
と続いていくのですから、その差はつねに35です。

これらの数の並びは、公差が35の**「等差数列」**になります。

ということは、和を出すのに、「等差数列の和の公式」が使えるということです。

公式！

等差数列の和＝（初項＋末項）×項数÷2

初項（**最初の数**）、末項（**最後の数**）×項数（**数の個数**）がわかれば、答えが出るということです。

3 桁の自然数なので　→　100 以上 999 以下

最小は、35×3－2＝**103**
最大は、35×28－2＝**978**

項数は、3 ～ 28 の **26 個**

等差数列の和の公式より、

(103＋978)×26 ÷2 ＝ **14,053**

正解 1

これを計算すると…

100 を超える最小の数字は、すぐにわかりますね。
35 なのだから、× 2 では少ないし、× 3 くらいだろうと。
最大の数については、1000（厳密には 999 ＋ 2 ＝ 1001）を 35 で割ってみればいいのです。
1000 ÷ 35 ＝ 28.5……
28 × 35 － 2 ＝ 978 が最大の数とわかります。
また、項数は、28 個から、100 以下になる「× 1」と「× 2」の 2 個を引いて、26 個とわかります。

つまずきポイント！

この個数を、28 － 3 ＝ 25 としてしまう人がものすごく多いので、要注意！

8

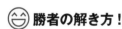

おさらい

勝者の解き方！

- 条件を満たす数が「35 の倍数－ 2」であることに気づく。
- これを満たす 3 桁の最小の数と最大の数と項数を出す。
- 等差数列の和の公式を使って答えを出す。

敗者の落とし穴！

- 「3 桁の数」という条件を見逃して、最小の数を、35 － 2 ＝ 33 としてしまうなど、「項数」を間違えるミスが多いので要注意！

重要問題 2　階差数列の問題①

下図は円内の平面に３本の直線を引き、円内の平面を分割したところを表している。この円内に５本の直線を書き加えることによって分割される平面の最大の数として、最も妥当なのはどれか。

1　34
2　35
3　36
4　37
5　38

（警視庁警察官　2017 年度）

この設問は ☞円を分割する問題で、似たような問題がよく出ています。

8

解くための下ごしらえ

文章題をメモの形に変えましょう。

円内の平面
３本の直線で→７つに分割
あと５本加える
分割される最大数は？

目のつけ所！

見た目は、「平面図形」の問題のようです。
これが数列の問題と、すぐに気づけないのは、
仕方ありません。

ただ、直線を増やして、分割される面の数を増やしていくとなると、増え方の**「規則性」**を見つけなければなりません。
そこで数列の問題なわけです。
こういう問題が出ると知っていれば、気づくことは難しくありません。

なぜ間違ってしまうのか？

規則性を見つけるのは、まどろこしいと思う人もいるかもしれませんが、規則性を見つけずに解こうとしたら、それこそ大混乱になります。
そのことについては、あとで「やってしまいがちな×解答」のところでふれます。

最短で解く方法

すでに3本の直線が引いてあるわけですが、それによって、分割される平面の最大の数がどのように増えているのか、確認してみましょう。

ここに注目！

なぜ、そんな確認をするかというと、増え方の「規則性」を見つけるためです。そのつもりで確認していきましょう。

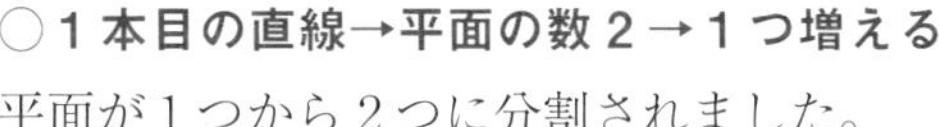

○1本目の直線→平面の数2→1つ増える

平面が1つから2つに分割されました。

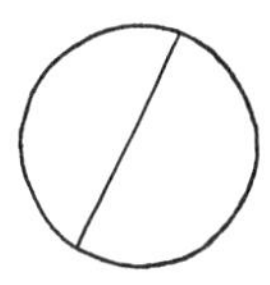

○2本目の直線→平面の数4→2つ増える

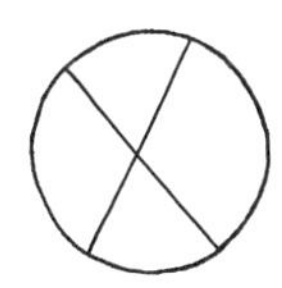

◯3本目の直線→平面の数7→3つ増える

これが、設問の図の状態ですね。

あらためてまとめてみましょう。
◯**1**本目の直線→平面の数**2**→**1**つ増える
◯**2**本目の直線→平面の数**4**→**2**つ増える
◯**3**本目の直線→平面の数**7**→**3**つ増える

8

ここには何か**「規則性」**がないでしょうか？
平面の数は1→2→4→7と増えていき、一見、不規則なようですが、じつは「増える数」にしっかり規則性があります。

	最初	1本目	2本目	3本目	
分割される平面の数→	1	2	4	7	…
増える数　→		**1**	**2**	**3**	…

「増える数」は、「分割される平面の数」の各項の差です。
こういう数列を**「階差数列」**と呼びます。

この規則性からすると、4本目の直線を引くと、4つ増えます。そうすると、平面の数は11になります。

	最初	1本目	2本目	3本目	4本目	
分割される平面の数→	1	2	4	7	**11**	…
増える数　→		1	2	3	**4**	…

便利なやり方！

数列の「各項の差」からなる数列を、もとの数列の「階差数列」と呼びます。
この設問では、「分割される平面の数」に対して、「増える数」が階差数列ということです。
もとの数列よりも、その差から作った階差数列のほうが、わかりやすい規則性を持っていることが多いのです。そのため、階差数列で規則性を見つけて、もとの数列の項目の値を求めたりします。
この設問でも、もとの「分割される平面の数」は、1→2→4→7→…と規則性がわかりにくいですが、その各項の差である「増える数」は規則性がわかりやすいです。1ずつ増えていく「等差数列」です。
つまり、「もとの数列の階差数列が、等差数列になっている」ということです。こういう言い方をするとややこしいですが。

求めるのは８本目（３本のところに５本書き加えるのですから全部で８本）ですから、それくらいの本数なら、このまま書いていったほうが早いです。

	最初	1本目	2本目	3本目	4本目	5本目	6本目	7本目	8本目
分割される平面の数→	1	2	4	7	11	16	22	29	**37**
増える数　→		1	2	3	4	5	6	7	8

８本の直線によって分割される、円内の平面の最大の数は、37とわかります。

正解４

８本なので、書いていくやり方でも解けましたが、この本数がもっと多くなった場合には、この方法では大変になってしまいます。

ですから、**計算で解くやり方も覚えておきましょう**。

平面の「増える数」は、
1　2　3　4　…
という、公差が１の**等差数列**です。
初項は１です。
末項と項数はどちらも８です（直線は全部で８本なので）。

「等差数列の和の公式」を思い出してください。

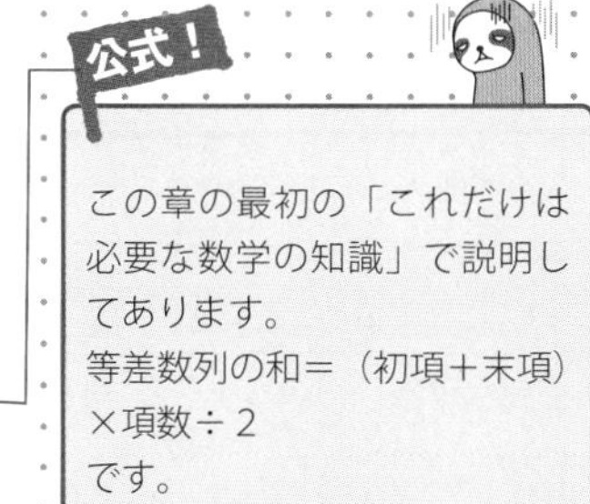

公式！
この章の最初の「これだけは必要な数学の知識」で説明してあります。
等差数列の和＝（初項＋末項）×項数÷２
です。

$$(1+8)\times 8\div 2=\mathbf{36}$$

初項　末項　項数

この36がそのまま答えだと思ったら落とし穴です。

もともと何も直線がないときにも平面は1つあったのです。

これを足すのを忘れてはいけません。

ひっかけ選択肢！

この間違いはやってしまいがちです。
そのため、ちゃんと「3　36」というひっかけ選択肢が用意してあります。

つまり、

$$36+1=\mathbf{37}$$

8

で、37が正解です。

	最初	1本目	2本目	3本目	4本目	5本目	6本目	7本目	8本目
分割される平面の数→	①	2	4	7	11	16	22	29	**37**
増える数 →	+	1 +	2 +	3 +	4 +	5 +	6 +	7 +	8

こういうふうに、もとの数列の「初項」と、「階差数列の和」を足せば、もとの数列の項の値が出せるわけです。

8本の直線を引いたときに分割される平面の数

＝1＋8本目までに増える数の和

初項　階差数列の和

やってしまいがちな✕解答

あと5本くらい書き込めると思って、図に記入していく人も少なくないかもしれません。
やってみるとわかりますが、これはとても難しく、途中で挫折してしまうでしょう。

もちろん、ただ5本の直線を引くだけなら、簡単にできます。
でも、**「分割される平面の最大の数」が問われているので、最大の数に分割されるように直線を引かなければならないのです。**
そのためにはどう引けばいいか、まず考えないといけません。
その答えは、「円周上や直線上にすでにある交点とは交わらないように引く」かつ「これまでの直線となるべくたくさん交わるように引く」ということで、ひと言でまとめるなら、「交点をなるべく増やすように引く」ということです。

ここまではわかったとしても、**さあ、それを実際に引くとなると大変です。**2本も引いたら、行き詰まってしまうことでしょう。
37に分割されるように線を引くなんて、たいていの人には無理です。

おさらい

勝者の解き方！

- 平面の数が規則的に増えることに気づく。
- 平面の数を数列にしてみる。
- 直線が1本増えると、平面の「増える数」も1つずつ多くなることに気づく。
- 「増える数」を階差数列として、その和を計算する。
- 和に1を足すのを忘れない。

8

敗者の落とし穴！

- 図に直線を書き込んでいこうとして、行き詰まる。
- 平面の数が規則的に増えることに気づかない。
- 平面の「増える数」に着目することができず、規則性を発見できない。
- 階差数列の和を取ることに気づかず、計算で行き詰まる。

重要問題 3　階差数列の問題②

次のア～エは、それぞれ一定の規則により並んだ数列である。空欄 A ～ D に当てはまる四つの数の和として、正しいのはどれか。

ア　1, 4, 10, [A], 46, ……
イ　1, 4, 13, 40, [B], 364, ……
ウ　1, 9, 41, [C], 681, ……
エ　1, 11, 41, 91, [D], 251, ……

1　453
2　463
3　473
4　483
5　493

（東京都Ⅰ類B　2021 年度）

この設問は ☞ 階差数列の規則性を考える問題です。

解くための下ごしらえ

文章題をメモの形に変えましょう。

ア～エの数列
A ～ D の和

目のつけ所！

「数列」と書いてありますから、数列の問題なのはわかります。
ア～エの数列のそれぞれの**規則性**を見抜けるかがポイントとなります。

最短で解く方法

まず、アの数列を見てみましょう。

ア　1、4、10、A、46、……

一見すると、規則性がわかりません。

こうういうときは、**「各項の差」**を出してみます。

これがコツ！

「各項の差」に規則性がある場合があるからです。

1と4では**3**、4と10では**6**増えています。

3 × 2 = 6です。

これは公比**2**の**等比数列**では？

ちょっとヒトコト　「等比数列」の説明は282ページにあります。

8

もしそうだとすると、次は6 × 2 = 12で、その次は12 × 2 = 24になります。

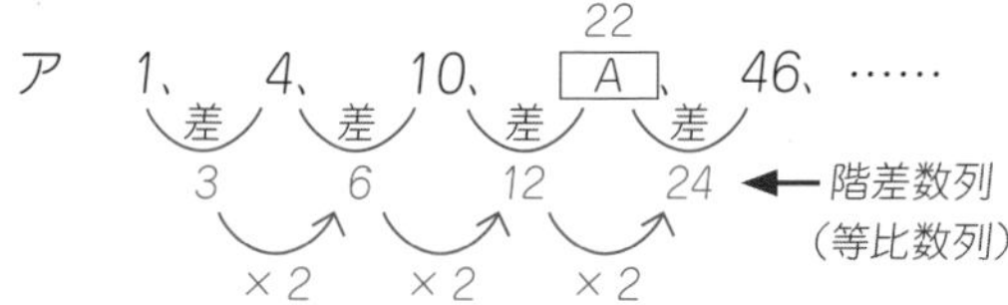

10に12を足すと22で、それに24を足すと**46**になり、ちょうど計算が合います。

Aは**22**ということがわかります。

このように、**数列の「各項の差」からなる数列**を、もとの数列の**「階差数列」**と呼びます。

ちょっとヒトコト　つまり、この場合、「アの数列の階差数列が、等比数列になっている」ということです。
こういう言い方をするとややこしいですが。

次に、イの数列を見てみましょう。

イ　1、4、13、40、B、364、……

同じように、**「各項の差」**を出してみましょう。

どうやら、今度は公比**3**の**等比数列**のようです。
そうすると、こうなります。

$$\text{イ}\quad 1,\ 4,\ 13,\ 40,\ \boxed{B}\,(121),\ 364,\ \cdots\cdots$$

階差：3　9　27　81　243（×3　×3　×3　×3）

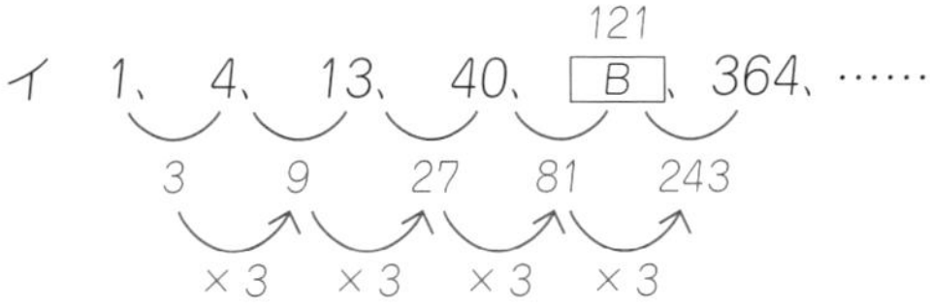

40 + 81 = 121 で、**B**は**121**とわかります。

次に、ウの数列を見てみましょう。

ウ　1、9、41、[C]、681、……

同じように、**「各項の差」**を出してみましょう。

$$\text{ウ}\quad 1,\ 9,\ 41,\ \boxed{C},\ 681,\ \cdots\cdots$$

階差：8　32

どうやら、今度は公比**4**の**等比数列**のようです。
そうすると、こうなります。

$$\text{ウ}\quad 1,\ 9,\ 41,\ \boxed{C}\,(169),\ 681,\ \cdots\cdots$$

階差：8　32　128　512（×4　×4　×4）

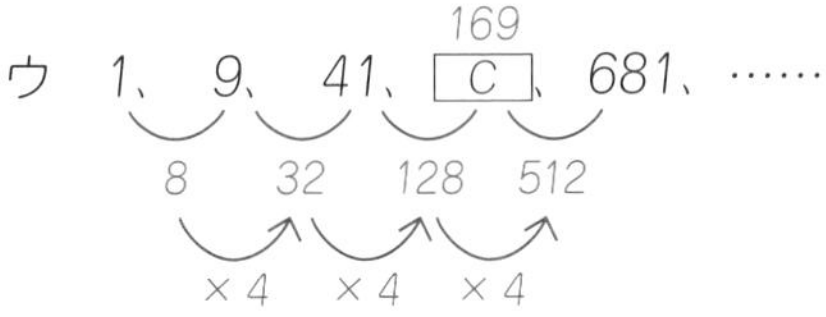

41 + 128 = 169 で、**C**は**169**とわかります。

最後に、エの数列を見てみましょう。

エ　1、11、41、91、[D]、251、……

同じように、**「各項の差」**を出してみましょう。

$$\text{エ}\quad 1,\ 11,\ 41,\ 91,\ \boxed{D},\ 251,\ \cdots\cdots$$

階差：10　30　50

今度は、20 ずつ増えています。
公差 **20** の**等差数列**のようです。
だとすると、こうなります。

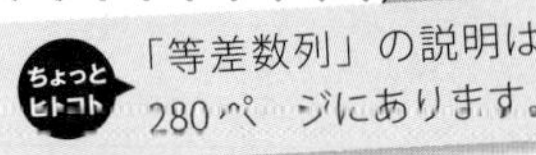

ちょっとヒトコト
「等差数列」の説明は280ページにあります。

エ　1、11、41、91、D（161）、251、……

階差：10　30　50　70　90

階差の階差：+20　+20　+20　+20

91 + 70 = 161 で、**D** は **161** とわかります。

A ～ D の値がわかったので、すべてを足しましょう。

A＋B＋C＋D＝22＋121＋169＋161＝**473**

正解 3

おさらい

勝者の解き方！

- それぞれの階差を書き上げて規則性を考える。
- 階差数列が等差数列や等比数列になっていることに気づく。
- A ～ D に入る数字を計算し合計する。

敗者の落とし穴！

- 階差を書き上げず、数列の規則性がわからず混乱する。
- 階差数列の規則性がわからず、A ～ D を求められない。

重要問題 4　等比数列の問題

情報伝達における行動のタイプについて、A、B、Cの３つのタイプの人がいる。いずれのタイプの人も、ある情報を知ったとき、その当日は何も行動を起こさないが、翌日には、Aタイプの人は10人に、Bタイプの人は5人に、Cタイプの人は２人にそれぞれその情報を伝達し、それ以降は何もしない。また、A、B、C各タイプの人数の比は、1：4：5である。ある年の1月１日に、ある情報を100人が知ったとき、この情報をその日に初めて知る人の数が10万人を超えるのは何月何日か。

1　1月4日
2　1月5日
3　1月6日
4　1月7日
5　1月8日

（地方上級　2012年度）

この設問は ☞ あまりメジャーではないけれど、時々出題されている。

解くための下ごしらえ

文章中の重要なポイントをメモしましょう。

A～Cの３タイプ
翌日に伝える人数　A10人　B5人　C2人
人数比　A：B：C＝1：4：5
1月1日に100人→10万人を超える日は？

目のつけ所！

情報の広まり方に規則性があるということです。
でなければ、10万人という膨大な人数について予測することはできません。
その規則性を見つけることが、ポイントとなります！

最短で解く方法

1月1日には情報を知っているのは100人です。この日はこのままです。

翌日の1月2日にはどうなるか考えてみましょう。

人数比　A：B：C=1：4：5

なので、100人をこの比率で分けると、
Aタイプは**10**人、Bタイプは**40**人、Cタイプは**50**人ということになります。
翌日に情報を知る人数は、

Aは10人に知らせるので	10×10＝100
Bは5人に知らせるので	40×5＝200
Cは2人に知らせるので	50×2＝100
計**400人**	

100人が翌日には400人に増えています。
つまり、**4倍**になっています。

では、その翌日の1月3日はどうなるでしょうか？
スタートが400人になるだけで、起きることは同じですね。
また4倍になるはずです。
つまり、**毎日4倍に増えていく「等比数列」**ということです。
これが規則性です！

これを計算すると…

試しに1月3日を計算してみると、
400人を、1：4：5の比率で分けると、
A40人、B160人、C200人です。
A　40×10＝400
B　160×5＝800
C　200×2＝400
計1600人
少なくとも、この2回目の計算をしたら、「毎日4倍に増えている」と気づきましょう。

では、100人からスタートして、毎日4倍に増えていく場合、いつ10万人を超えるでしょうか？

ここで、100を初項、4を公比として、等比数列を計算していってもいいわけですが、初項が100で、10万を超えるまでとなると、桁が多くて面倒です。

そこで、全体を100で割り、**初項を1にして、1000に到達するまでと考えましょう。**100が10万になるのも、1が1000になるものも同じことです。

1、4、16、64、256、**1024**

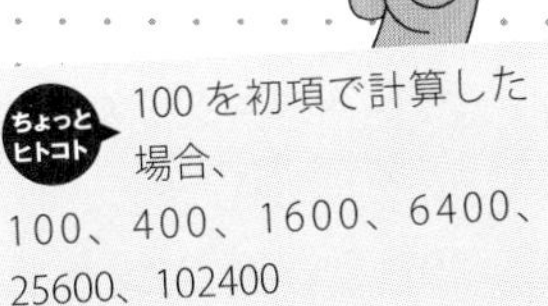

ちょっとヒトコト
100を初項で計算した場合、
100、400、1600、6400、25600、102400
となります。
最後に00がつくかどうかだけのことです。

1024は第6項ですね。

1が1月1日ですから、1000を超えるのは1月6日です。

正解3

正解！

勝者の解き方！

- きっと規則性があるはずと見抜く。
- 等比数列になることに気づく。
- 10 万人を超える日を、なるべく楽に計算する。

敗者の落とし穴！

- 一定の規則性を持って増えることに気づかず、10 万人という膨大な数に戸惑ってしまう。
- 2 日から 6 日まですべていちいち計算して、時間をロスする。
- 等差数列と誤解し、毎日 300 人ずつ増えると誤解する。
- 10 万人から逆算して混乱する。

頻出度 × 学習効果

9

仕事算

★★

仕事算は「1とおく」ばかりじゃない！

§9　仕事算

頻出度 ★★

得点しやすい分野！

パターン通りの問題が多く、比較的得点しやすい分野です。文系の方にもあまり苦手とされないようです。ただ、ときどき変な問題も出ます。

穏やかな出題率で、あらゆる試験でときどき出ている程度です。

おさえておくべき　重要問題の紹介

重要問題 1　仕事算の基本的なパターン ☀☀☀☀☀ ☞ P304

⇒ 全体の仕事量を基準にして、単位当たりの仕事量を表す問題

重要問題 2　仕事算のやや応用パターン ☀☀☀ ☞ P307

⇒ 単位当たりの仕事量を基準にして、全体の仕事量を表す問題

ここがポイント！　全体の仕事量を１とするなど、適当な値を設定すること。

公務員試験のための
勉強の全体量を１とおくと、
今日、いったい
何分の１進んだんだろう……
１万分の１とか…
出るところに厳選して、
勉強量をできるだけ
減らしてあるんだから、頑張って！

これだけは必要な数学の知識

全体の仕事量を１とおく

これから丁寧に説明していきます
「暗記するからゴチャゴチャした説明はいらない」という人は
「ココだけ！」という囲みのところだけ見てくださいね！
長い説明を読むのも
暗記するのも
面倒くさいなぁ…
自分、ナマケモノですから

9

全体の仕事量を１とおく

例題

あるラ・フランス農園でラ・フランスを収穫するのに、A～Cの３人で行うと４日間かかり、Aだけで行うと12日間かかり、Bだけだと10日間かかります。Cだけで行うと何日間かかる？

こういう仕事算は、**全体の仕事量を１とおくのがコツ**です。
A～Cの３人で行うと４日間かかるので、３人の１日の仕事量は$\frac{1}{4}$です。
同様に、Aだけだと$\frac{1}{12}$、Bだけだと$\frac{1}{10}$となりますね。

全員の仕事量からAの分とBの分を引くと、Cの分が出ます。

$$\frac{1}{4}-\frac{1}{12}-\frac{1}{10}=\frac{15-5-6}{60}=\frac{4}{60}=\frac{1}{15}$$

Cだけだと**15日間**かかります。

ココだけ！

全体の仕事量を１として、そこから計算する。

重要問題 1　仕事算の基本的なパターン　☀☀☀☀☀

ある仕事をA、B、Cの3人で行うと5日かかり、AとBの2人で行うと8日かかり、BとCの2人で行うと10日かかる。この仕事をBのみで行うと何日かかるか。

1　20日　**2**　25日　**3**　30日　**4**　35日　**5**　40日

（裁判所職員　2018年度）

この設問は ☞ 全体を1とおいて解く、典型的な問題です。

解くための下ごしらえ

9

文章題をメモの形に変えましょう。

A、B、Cの3人→5日
A、Bの2人→8日
B、Cの2人→10日

目のつけ所！

典型的な「仕事算」の問題です。
「仕事算」の問題では多くの場合、具体的な仕事量が示されません。
なので、基準となる仕事量を適当に決める必要があります。
仕事算で最も多い本問のようなパターンは、**全体の仕事量を1とおいて考えるのが定石です。**

全体の仕事量を1とおきます。それがまず最初にやるべきことです。
そうすると、それぞれが1日当たりでできる仕事量を出すことができます。それが次にやるべきことです。
それぞれが1日当たりでできる仕事量は次のように表せます。

A、B、Cの3人→$\frac{1}{5}$ …①

A、Bの2人→$\frac{1}{8}$ …②

B、Cの2人→$\frac{1}{10}$ …③

なんでこうなるの？
全体の仕事量1の仕事をやるのに、A、B、Cの3人で5日かかるということは、A、B、Cの3人の1日当たりの仕事量は、$1 \div 5 = \frac{1}{5}$ということになります。
他も同様です。

この3つの式を見比べてみましょう。
①「A、B、Cの3人」から、②「A、Bの2人」を引けば、Cのみの1日当たりの仕事量がわかります。

$\frac{1}{5} - \frac{1}{8} = \frac{3}{40}$

(Cのみの1日当たりの仕事量) …④

③「B、Cの2人」から、④「Cのみ」を引けば、Bのみの1日当たりの仕事量がわかります。

$\frac{1}{10} - \frac{3}{40} = \frac{1}{40}$

(Bのみの1日当たりの仕事量)

問われているのは「この仕事をBのみで行うと何日かかるか」ですが、全体の仕事量1を、

9

Bのみの1日当たりの仕事量 $\frac{1}{40}$ で割れば、答えが出ます。

$1 \div \frac{1}{40} = 40$（日）

これを計算すると…

分数の割り算を忘れていませんか？
分数の割り算では、割る数の分子と分母をひっくり返してかけます。
$1 \div \frac{1}{40} = 1 \times \frac{40}{1} = 1 \times 40 = 40$

正解　5

別解

以下のような計算方法もあります。

②＋③より、$\frac{1}{8} + \frac{1}{10} = \frac{9}{40}$
　→A、B×2、C　…⑤
⑤－①より、$\frac{9}{40} - \frac{1}{5} = \frac{1}{40}$　→B1人

9

勝者の解き方！

- 全体の仕事量を1とおいて、1日当たりの仕事量を表す。
- そこから計算して、B1人でかかる日数を計算する。

敗者の落とし穴！

- 具体的な仕事量が示されていないので戸惑う。
- 全体の仕事量を1とおくことに気づかない。
- 分数の計算を誤って、答えが出ない。

重要問題 2　仕事算のやや応用パターン

A、B、Cの3人の1日にする仕事の割合は3：3：2で、ある仕事を3人で休まず10日間かかって全体の $\frac{1}{2}$ だけ仕上げることができた。その後、すべての仕事を終えるまでに、Aは5日間、Bは3日間休み、Cは休まなかった。この仕事にかかった日数として、最も妥当なのはどれか。

1　23日
2　26日
3　29日
4　32日
5　35日

（東京消防庁　2015年度）

9

この設設問は ☞ 単位当たりの仕事量を基準にして、全体の仕事量を表す問題です。

解くための下ごしらえ

文章題を、図や記号やメモの形に変えましょう。

A、B、Cの1日当たりの仕事量の比→3：3：2
10日で全体の $\frac{1}{2}$
残り $\frac{1}{2}$ →A5日休み　B3日休み　C休みなし
かかった日数は？

目のつけ所！

全体を1とおいてしまうと、
$\frac{1}{2}$ を10日で割って、3：3：2に分けて……とやや面倒です。
せっかく、A：B：C＝3：3：2と最初にあるので、これをそのまま基準におきましょう！

最短で解く方法

「これだけは必要な数学の知識」で述べたように、
「全体の仕事量を１として、そこから計算する」というのが、仕事算の基本です。

ただし、**仕事量の比がわかっているときには、それを使うほうが便利です。**

今回も、A、B、Cの１日当たりの仕事量の比は**3：3：2**とわかっています。
なので、
A、B、Cの１日当たりの仕事量を、それぞれ3、3、2とおきましょう。

9

３人で１日当たり、

3+3+2=**8**

の仕事量ということになります。

10日で、

8×10=**80**

この80が全体の**半分**の仕事量ということになります。

残っている仕事量も**80**ということです。

残りの仕事についてわかっていることは、Aが５日休み　Bが３日休み　Cが休みなしということです。すべて日数に関する情報です。
そして、問われているのも仕事にかかった日数です。

残りの80の仕事量にかかる日数を、仮にx日としましょう。
そうすると、
Aは5日休んだので、働いた日数は **(x − 5)**
Bは3日休んだので、働いた日数は **(x − 3)**
Cは休みなしなので、**x**
となります。

A、B、Cの1日当たりの仕事量の比は
3、3、2なので、
3人の仕事量の合計は、

$3(x-5)+3(x-3)+2x$

ということになります。
これで**80**の仕事量をこなしたわけですから、

$3(x-5)+3(x-3)+2x=$**80**

これを計算すると、

これを計算すると…

$3x - 15 + 3x - 9 + 2x = 80$
$8x - 24 = 80$
$8x = 104$
$x = 13$

$x=13$

残り半分の仕事にかかった日数は**13日**とわかりました。

仕事にかかった日数は全部で、

$10+13=$**23日**

正解1 **正解!**

やってしまいがちな✕解答

全体を1とおいても、もちろん解くことはできます。

全体を1とおくと、
その$\frac{1}{2}$を10日でやったのですから、
1日の仕事量は、

$$\frac{1}{2}\div 10=\frac{1}{20}$$

これが3人の1日の仕事量です。
A、B、Cそれぞれの1日当たりの仕事量は、

A　$\frac{1}{20}\times\frac{3}{8}=\frac{3}{160}$
B　$\frac{3}{160}$
C　$\frac{1}{80}$

残りをx日として、

$$\frac{3}{160}(x-5)+\frac{3}{160}(x-3)+\frac{1}{80}x=\frac{1}{2}$$

$$x=13$$

計算が面倒になり、時間がかかってしまいますね。
速く解く必要のある公務員試験では、適切な解き方とは言えないでしょう。

勝者の解き方！

- 全体を1とおかず、A、B、Cの1日当たりの仕事量の比がわかっているので、それを使う。
- それをもとに、1日当たりの3人の仕事量を出す。
- 10日間での仕事量を出す。
- 残りの仕事量を出す。
- 残りの仕事にかかった日数を x とおいて、式を立てる。
- 答えが出る。

敗者の落とし穴！

- 全体を1とおいて、計算を面倒にしてしまう。
- より計算を楽にするやり方があることに、気づかない。

9

頻出度 × 学習効果

10

ニュートン算

★★

ニュートン算は覚えれば確実に解ける！

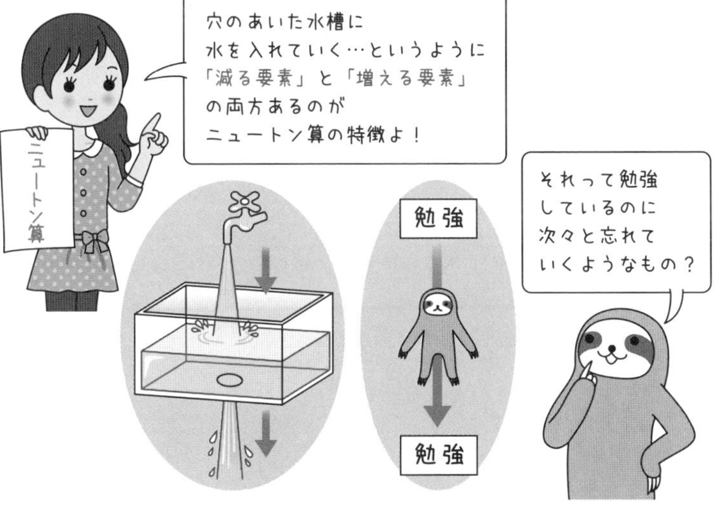

穴のあいた水槽に
水を入れていく…というように
「減る要素」と「増える要素」
の両方あるのが
ニュートン算の特徴よ！
ニュートン算
勉強
勉強
それって勉強
しているのに
次々と忘れて
いくようなもの？

§10　ニュートン算

頻出度 ★★

同じ解法でほぼ解ける！

仕事算の仲間ですが、仕事算ほど色々なバージョンがあるわけではなく、**多少の応用問題であっても、同じ解法でほぼ解決します。**そういう意味ではコストパフォーマンスは高いです。

最近では、国家総合職や警視庁などで割とよく出題されています。

おさえておくべき　重要問題の紹介

10

重要問題 1 ニュートン算の基本パターン ☀☀☀☀☀ ☞ P317

⇒ ニュートン算のもっとも典型的な問題！

重要問題 2 ニュートン算の応用パターン ☀☀☀☀ ☞ P321

⇒ 応用問題ですが、基本通りの解法で解けます！

ここがポイント！
「ニュートン算」と「仕事算」のちがいは、「ニュートン算」は仕事中に仕事量が増減する（たいていは追加される）ことです。時間当たりの増減分を考慮して問題を解きましょう。

これだけは必要な数学の知識

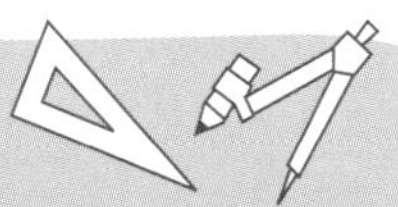

ニュートン算の方程式の立て方

これから丁寧に説明していきます
「暗記するからゴチャゴチャした
説明はいらない」という人は
「ココだけ！」という囲みの
ところだけ見てくださいね！
長い説明を読むのも
暗記するのも
面倒くさいなぁ…
自分、ナマケモノですから

ニュートン算の方程式の立て方

例題

ある牧場では、200 頭の牛を放牧すると 10 日で草がなくなり、300 頭の牛を放牧すると、6 日で草がなくなります。では、100 頭の牛なら何日放牧できる？

「これは仕事算では？」と思うかもしれません。

でもちがうのです。**草は毎日伸びます。**

つまり、**牛が食べて草が減るだけでなく、草が増えるという逆の要素もあるわけです。**そこが「ニュートン算」なのです。

中学受験で慣れている人は算数的な解法で解きますが、一般的には、方程式を立てて解くほうがわかりやすいという人が多いようです。

そこで、ここでは方程式の立て方をご紹介します。

まず、**牛 1 匹が 1 日に食べる草の量**を**「1」**とおきます。

すると、200頭の牛が10日で食べる草の量は、200 × 10 = **2000**　となります。

牧場にある草の量を a とし、**草が1日に伸びる量**を b とすると、次の方程式が成り立ちます。

$a+10b=2000$　…①

同様に、300頭の牛を放牧すると、6日で草がなくなるので、次の方程式も成り立ちます。

$a+6b=300\times 6$　…②

①から②を引くと、$4b=200$　$\boldsymbol{b=50}$
これを①に代入すると、$\boldsymbol{a=1500}$

ここで、**100頭の牛を放牧できる日数**を x 日とすると、次のようになります。

$a+xb=100x$

ここに、$a=1500$、$b=50$ を代入して、

$1500+50x=100x$
$50x=1500$
$\boldsymbol{x=30}$

よって、**30日**放牧できるとわかります。

方程式というのは、未知数と方程式の数が同じなら、解くことができます。

この場合は、時間あたりの仕事量（牛一匹が1日に食べる量）を「1」とおき、最初の仕事量（牧場にある草の量）と、追加される仕事量（草が1日に伸びる量）の2つの文字にして、2本の方程式を立てて解き、その数値を使って、求められている答えを出しています。

ココだけ!

時間あたりの仕事量を「1」として、
最初の仕事量＋追加される仕事量＝実際に行った仕事量
という方程式を立てましょう。

10

重要問題 1 ニュートン算の基本パターン ☀☀☀☀☀

常に一定量の水が湧き出している貯水池からポンプを用いて水をすべて汲み出し、貯水池を一時的に空にする作業を行う。いま、同型のポンプが複数台用意されており、この作業に要する時間は、ポンプを3台用いた場合は30分、4台用いた場合は20分かかる。この作業を10分で終えるためには、ポンプは最低何台必要か。

なお、各作業開始時の水量は一定とする。

1 5台　**2** 6台　**3** 7台　**4** 8台　**5** 9台

（国家Ⅰ種　2010年度）

この設問は 国Ⅰの問題ですが、レベルは地上国Ⅱ以下の超基本問題です。

解くための下ごしらえ

文章題を、図や記号やメモの形に変えましょう。

水が湧き出している
水をすべて汲み出す
ポンプ3台→30分
　　　4台→20分
　　　？台→10分

目のつけ所！

水が湧き出る＝仕事中に追加される量があるというところから、「仕事算ではなく、ニュートン算だ」と気づきましょう。

10

算数的な解法です。
中学受験経験者向きです。

汲み出された水の量の差に着目します。
ポンプ１台が１分間で汲み出す水の量を１とすると、
３台が 30 分で 90、
４台が 20 分で 80 なので、
その差の 10 は、10 分間で湧き出た水です。

10 分では 20 分の場合より汲み出す量は 10 減るので、

80－10=70　となり、
70÷10（分）=**7（台）**必要とわかります。

正解 3

正攻法で解いてみましょう。

ポンプ１台が１分間で汲み出す水の量を１とおき、

貯水池の最初の水量をx、1分間に湧き出す水の量をyとします。

ポンプ3台が30分で汲み出す水は、最初の水量（x）と30分間で湧いた水量（$30y$）の合計なので、次の式が成立ちます。

$x+30y=3\times30$　…①

同様に、ポンプ4台が20分で汲み出す水の量について、次の式が成立ちます。

$x+20y=4\times20$　…②

①－②より、

$10y=10$
$\boldsymbol{y=1}$

y = 1を①に代入して、

$\boldsymbol{x=60}$

これより、10分で汲み出すには、
最初の60と、
10分間で湧き出す10 × 1 = 10の**合計70**を汲み出すため、
1分間で、70 ÷ 10 = **7**汲み出す必要があり、
7台必要となります。

これがコツ！

時間あたりの仕事量を「1」として、
最初の仕事量＋追加される仕事量＝実際に行った仕事量
という方程式を立てましょう。
この場合、
「時間あたりの仕事量」
→ポンプ1台が1分間で汲み出す水の量
「最初の仕事量」
→貯水池の最初の水量
「追加される仕事量」
→1分間に湧き出す水の量
「実際に行った仕事量」
→台数×時間

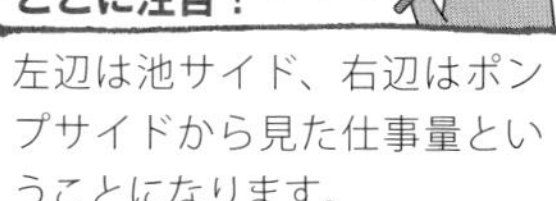

ここに注目！

左辺は池サイド、右辺はポンプサイドから見た仕事量ということになります。

10

やってしまいがちな✕解答

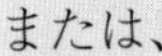

3台で30分だから、10分だとその3倍で、9台必要

ひっかけ選択肢！
選択肢5です！

または、
4台で20分だから、10分だとその2倍で、8台必要

ひっかけ選択肢！
選択肢4です！

どちらも間違いです。

なぜ間違ってしまうのか？
湧き出る分（汲み出している間に増えてくる水の量）が計算に入っていません。

30分なら3台→20分なら4台→10分なら5台？

ひっかけ選択肢！
選択肢1です！
そんなに単純ではありません。

10

おさらい

勝者の解き方！

- ポンプ3台と4台のそれぞれの場合について、汲み出す水量で方程式を立てて、これを解いて、10分に必要な台数を求める。
- または、汲み出された水の量の差に着目し、時間あたりに湧き出る水の量を求め、10分で汲み出す場合を考える。

敗者の落とし穴！

- 水を汲み出している間に湧き出る水のことを計算に入れず、「仕事算」として解いてしまう。

重要問題 2　ニュートン算の応用パターン

ある水槽で、満水時に、排水口を開けるとともに排水ポンプを3台使用すると16分で水槽の水は空になり、排水口を開けるとともに排水ポンプを2台使用すると20分で水槽の水が空になる。

ここで、排水口を閉じたままポンプを1台使用する場合、満水の水槽が空になるまでの時間として最も妥当なのはどれか。

ただし、排水口及び排水ポンプからの排水量は、それぞれ、水槽の水の量にかかわらず常に一定の数値を示すものとする。また、1台当たりの排水ポンプからの排水量はどれもすべて同じとする。

1　40分
2　50分
3　60分
4　70分
5　80分

（国税専門官　2007年度）

この設問は ☞ 応用問題ですが、基本通りの解法で解けます。

解くための下ごしらえ

文章題を、図や記号やメモの形に変えましょう。

排水口＋排水ポンプ3台→16分
排水口＋排水ポンプ2台→20分
ポンプ1台のみ→？分

目のつけ所！

「ニュートン算」では、普通は重要問題1のように、水を汲み出す間にも水が湧いて出るというように、**仕事量が増えていきます。**
ところがこの問題では、水を汲み出す間に水が排水口からも出ていって、**仕事量が減っていき**

ます。
珍しいパターンです。でも、同じ基本で解けます。

汲み出された水の量の差に着目しましょう。
1台1分で1とすると、
3台で16分では**48**
2台で20分では**40**なので、
その差8は4分間で排水口から排出された水です。

10

これより、**1分で2だけ排水されるので、**
水槽の水は、

48+16×2=40+20×2=**80**

とわかります。
よって、排水口を閉じると、1台のポンプでは80分かかります。

ちょっとヒトコト 80は、1台1分で1と設定したときの数だからです。

正解5

別解

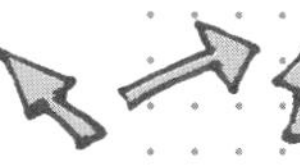
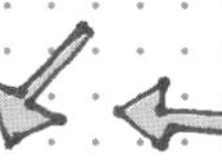

正攻法で解いてみましょう。

ポンプ1台が1分間で汲み出す水の量を**1**とおき、
水槽の最初の水量をx、
1分間に排水口から排出される水の量をyとします。

これがコツ！
時間あたりの仕事量を「1」として、
最初の仕事量＋追加される仕事量＝実際に行った仕事量
という方程式を立てましょう。

ポンプ3台が16分で排水する量は、最初の水量（x）から、16分間で排水口から排出された水量（$16y$）を引いたものなので、次の式が成り立ちます。

$$x-16y=3\times16 \quad \cdots①$$

同様に、ポンプ2台が20分で排出する水の量について、次の式が成り立ちます。

$$x-20y=2\times20 \quad \cdots②$$

①－②より、

$$4y=8$$
$$y=2$$

$y=2$を①に代入して、

$$x=\mathbf{80}$$

よって、ポンプ1台では80分かかります。

10

勝者の解き方！

- 汲み出された水の量の差に着目し、時間当たりに排水される水の量を求め、1 台で汲み出す場合を考える。
- または、ポンプ 3 台と 2 台のそれぞれの場合について、汲み出す水量で方程式を立て、これを解いて、1 台で必要な時間を求める。

敗者の落とし穴！

- 特殊なパターンなので、どうしていいかわからなくなる。

10

頻出度 × 学習効果

11

濃度

★★

濃度はてんびんの使い方次第！

§11　濃度

頻出度 ★★

方程式よりも「てんびん算」！

食塩水に代表される濃度計算の問題です。以前はよく出題されていましたが、最近ではそれほどでもありません。

中学校の教科書にあるような、**計算や方程式で簡単に解けるものもありますが**、重要問題2、3のように操作を2度以上行うものが多く、方程式で解くのはやっかいで、**「てんびん算」を使った方が楽な問題が多いです。**

おさえておくべき　重要問題の紹介

重要問題 1　濃度計算の問題 ☀☀☀ ☞ P331

⇒ まずは基本の確認です！

重要問題 2　てんびん算で解くタイプ ☀☀☀☀☀ ☞ P333

⇒ 「てんびん算」をマスターしましょう！

重要問題 3　てんびん算と選択肢を使って解くタイプ ☀☀☀☀ ☞ P336

⇒ 難問ですが、いろいろな試験で出題された定番の問題です！

ここがポイント！

「てんびん算」を使えるのはどのようなときで、どう使えばいいのかを、きっちり把握することが大切です。

これだけは必要な数学の知識

- 濃度の出し方
- てんびん算の使い方

これから丁寧に説明していきます
「暗記するからゴチャゴチャした説明はいらない」という人は
「ココだけ！」という囲みのところだけ見てくださいね！
長い説明を読むのも
暗記するのも
面倒くさいなぁ…
自分、ナマケモノですから

11

濃度の出し方

例題 1

水 100g に塩を 5g 溶かすと、食塩水の濃度は？

水 100g と **塩 5g** ですから、食塩水全体は **105g** です。
105g の中に塩が 5g 入っているわけですから、

$$\frac{5}{105}=0.0476\cdots\cdots$$

答えは**約 4.8%**

濃度の主役は塩です。
いつも**「全体の量」**と**「塩の量」**を考えることが大切です。
うっかり 5%と間違えないように。

$$食塩水の濃度 = \frac{食塩の量}{水の量 + 食塩の量}$$

てんびん算の使い方

例題 2

濃度 8%の食塩水 A を 500g と、濃度不明の食塩水 B300g とを混ぜ合わせると、9.5%の食塩水になります。B の濃度をてんびん算で求めると？

濃度の異なる 2 種類の水溶液を混ぜ合わせる問題では、**「てんびん算」**という便利な方法があります。

食塩水 A と B を混ぜ合わせて 9.5%になった操作について、こんなふうに図に描きます。

B の濃度は不明なので x とします。

11

図 1

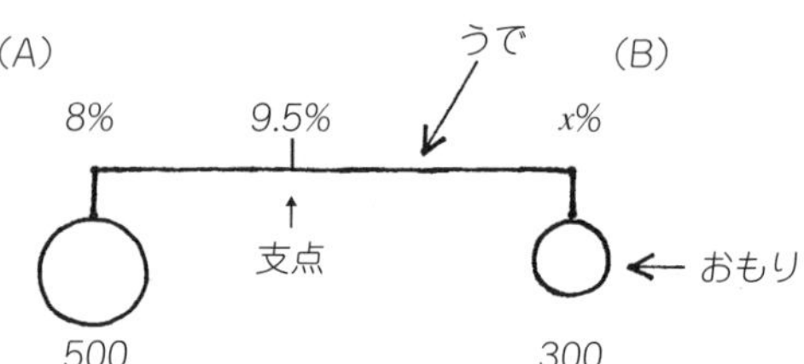

横長の棒は**「うで」**といい、**その両端に A と B の濃度を書きます**。この「うで」は数直線（数を目盛った直線）のようなものだと思ってください。

そして、左右の両端にぶら下がっている**「おもり」**に **A と B の食塩水の量を記入します**。

つまり、左側（A）には 8%が 500g、右側（B）には x%が 300g ぶら下がったことになります。

そして、左右の均衡を取る（てんびんがつりあう）位置が**「支点」**で、**ここに混ぜ合わされた濃度の 9.5%がくることになります**。

この図の便利なところは、**てんびんの原理**が働くことです。

てんびんの原理というのは、**左右の「うでの長さ×おもりの重さ」がつりあう**ということです。

次の図２でいうと、**A × a ＝ B × b**　になるということです。

図２

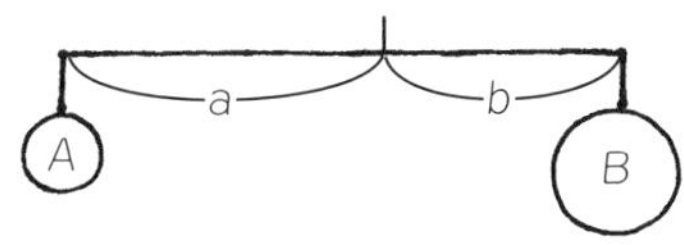

A × a ＝ B × b　になるということは、**a:b ＝ B:A**　になるということです。

（「比例式 a：b ＝ c：d ⇄ 方程式 ad ＝ bc」を思い出してください。254 ページ）

うでの長さの比（a：b）と、おもりの重さの比（A：B）は、**逆比**になるということです。

ここで図１に戻って、おもりの重さの比は、

左：右＝500：300＝**5：3**

ですから、うでの長さの比は **3：5** となるところでつりあうことがわかります（図３）。

図３

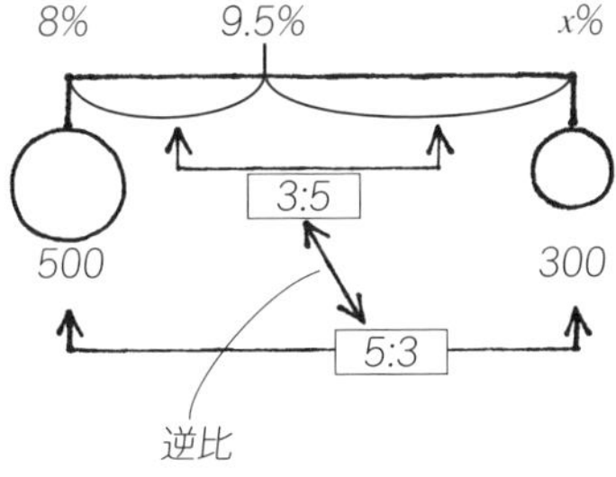

濃度の差、9.5 － 8 ＝ 1.5　が **3：5** の **3** ですから、比の１は 0.5。

x は 9.5 に、0.5 × **5** ＝ 2.5　を足した 12 になることがわかります。

つまり、B の濃度は **12%**。

「てんびん算」は比の関係が視覚的に見えるのがポイントです。

濃度の異なる2種類の食塩水を混ぜ合わせる問題では、「てんびん算」を使うと簡単なことが多いので、ぜひ覚えておいてください。

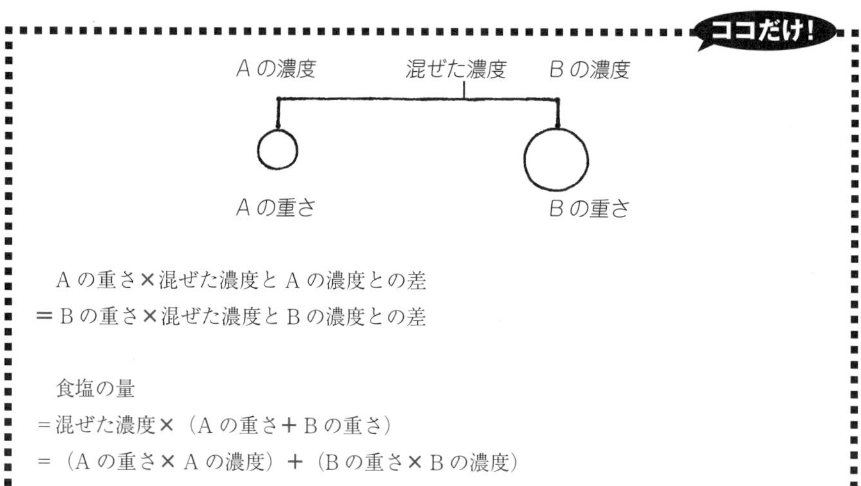

Aの重さ×混ぜた濃度とAの濃度との差
＝Bの重さ×混ぜた濃度とBの濃度との差

食塩の量
＝混ぜた濃度×（Aの重さ＋Bの重さ）
＝（Aの重さ×Aの濃度）＋（Bの重さ×Bの濃度）

重要問題 **濃度計算の問題** ☀☀☀

ある容器に濃度20.0%のショ糖の水溶液が500g入っている。この水溶液の$\frac{3}{5}$を赤いコップに移し、残りをすべて青いコップに入れた。赤いコップに、ショ糖を20g追加し、十分にかき混ぜて均一になったところで、赤いコップの水溶液の半分を青いコップに移した。最後に、青いコップへ水を40g追加した。このとき、青いコップに入っている水溶液の濃度はいくらか。

ただし、水溶液中のショ糖はすべて溶けているものとする。

1　18.0%
2　18.5%
3　19.0%
4　19.5%
5　20.0%

（国家Ⅱ種　2009年度）

この設問は ☞濃度計算の基本です！

解くための下ごしらえ

文章題を、図や記号やメモの形に変えましょう。

ショ糖濃度20%　500g
$\frac{3}{5}$を→赤いコップに
残り（$\frac{2}{5}$）→青いコップに
赤いコップに←ショ糖を20g追加
赤いコップの水溶液の半分を→青いコップに
青いコップへ←水を40g追加
青いコップの濃度は？

目のつけ所！

とんでもなくややこしく感じられますが、手順がややこしいだけで、出てくるのは**水**と**ショ糖**だけです。**ショ糖の量を追っていきましょう！**

11

最短で解く方法

赤いコップと青いコップのそれぞれに入っている**水溶液の量**と、**そこに含まれるショ糖の量**を計算していきましょう。

最初は「ショ糖濃度20%　500g」なので、
ショ糖の量は100gです。

↓

最初の操作	赤いコップ	300g（ショ糖60g）
↓	青いコップ	200g（ショ糖40g）
赤にショ糖追加	赤いコップ	320g（ショ糖80g）
↓	青いコップ	200g（ショ糖40g）
青に半分移す	赤いコップ	160g（ショ糖40g）
↓	青いコップ	360g（ショ糖80g）
青に水を追加	赤いコップ	160g（ショ糖40g）
↓	青いコップ	400g（ショ糖80g）

つまずきポイント！

ショ糖を20g追加をするとき、水溶液全体の重さも20g増やすのを忘れないように！

11

青いコップの濃度＝ $\frac{80}{400} \times 100 =$ **20（%）**

正解5

おさらい

勝者の解き方！

水溶液の量とそこに含まれるショ糖の量をきちんと追っていく。

敗者の落とし穴！

水、ショ糖のいずれを加えても、水溶液の量はその分だけ増えることを忘れてしまう。

重要問題 2　てんびん算で解くタイプ

果汁 10%のオレンジジュースがある。これに天然水を加え、果汁 6%のオレンジジュースにした。次に、果汁 4%のオレンジジュースを 500g 加えたところ、果汁 5%のオレンジジュースになった。天然水を加える前のオレンジジュースは、何 g あったか。

1　210g
2　240g
3　270g
4　300g
5　330g

（特別区Ⅰ類　2003 年度）

この設問は 「てんびん算」をマスターしましょう！

解くための下ごしらえ

文章題を、図や記号やメモの形に変えましょう。

果汁 10%　？g
天然水を加え→果汁 6%
果汁 4%を 500g 加えたら、果汁 5%に。

目のつけ所！

濃度の異なる 2 種類の水溶液を混ぜ合わせています。

そこで**「これは『てんびん算だ！』」**と気づきましょう。

最短で解く方法

まず、10%のオレンジジュースに水を加えて6%にする操作をてんびん図に描きましょう。

図1）

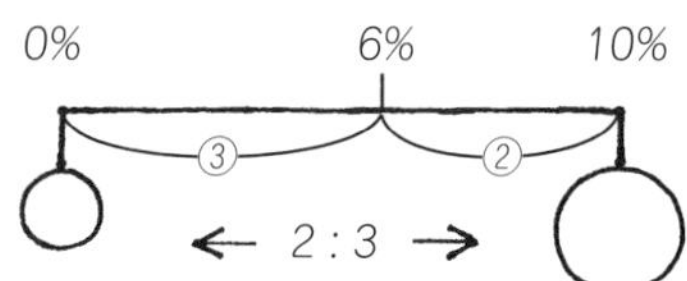

できあがった6%のオレンジジュースに、4%のオレンジジュースを加える操作をてんびん図に描きましょう。

ちょっとヒトコト 濃度の問題で、てんびんを作るときは、このように2つ作ることが最も多いです。

図2）

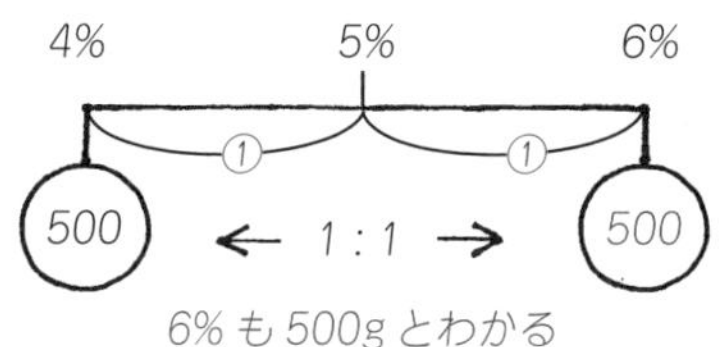

→図1に戻ります。

これがコツ！

このように、後の操作の結果から、前の操作にさかのぼって考えることがけっこう多いです。

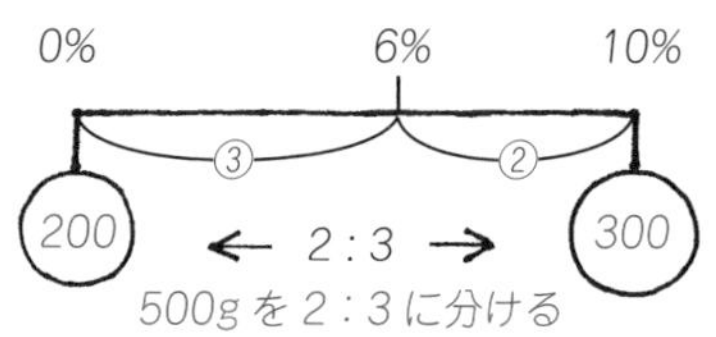

正解4

別解

方程式で解くこともできます。
10%のオレンジジュース xg に、水を yg 混ぜるとして、果汁の量について方程式を立てます。

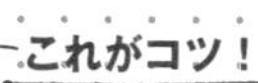

これがコツ！
方程式は水に含まれている物質の量で立てます。
食塩水なら、食塩の量で。

6%のオレンジジュースができた操作について

$$0.1x = 0.06(x+y) \quad \cdots①$$

4%を混ぜ合わせた操作について

$$0.06(x+y) + 0.04 \times 500 = 0.05(x+y+500) \quad \cdots②$$

①②を解いて、

$$x = 300、y = 200$$

11

おさらい

勝者の解き方！

- ひとつの操作ごとにてんびん図を描いて、てんびんの原理によってわかる数値を書き込んでいく。

敗者の落とし穴！

- ひとつのてんびん図やひとつの方程式に無理にまとめようとすると、わからなくなる。

重要問題 3　てんびん算と選択肢を使って解くタイプ ☀☀☀☀

ビーカーに入った濃度 20%の食塩水 200g に対して、次の A ～ D の手順で操作を行ったところ、濃度 9%の食塩水が 200g できた。

A　ある重さの食塩水をビーカーから捨てる。

B　A で捨てた食塩水と同じ重さの純水をビーカーに加え、よくかき混ぜる。

C　A で捨てた食塩水の 5 倍の重さの食塩水をビーカーから捨てる。

D　C で捨てた食塩水と同じ重さの純水をビーカーに加え、よくかき混ぜる。

以上から判断して、A で捨てた食塩水の重さとして、正しいのはどれか。

1　15g

2　16g

3　20g

4　24g

5　25g

（東京都Ⅰ類 A　2009 年度）

この設問は ☞ 過去に何度も出ている定番です！　解法テクニックを覚えましょう！

11

解くための下ごしらえ

文章題を、図や記号やメモの形に変えましょう。

濃度 20%の食塩水 200g
A ～ D →濃度 9%の食塩水 200g に
A　？ g の食塩水を捨てる
B　？ g の水を加える
C　（5 ×？）g の食塩水を捨てる
D　（5 ×？）g の水を加える

目のつけ所！

水を加えるのも、**濃度の異なる 2 種類の水溶液を混ぜ合わせる**のと同じことです。

そこで**「これは『てんびん算だ！』」**と気づきましょう。

最短で解く方法

ＡとＣは量を減らしているだけで、**濃度が変わるのはＢとＤの操作のときです。**
Ｂのところと、Ｄのところで、てんびんを描きましょう。

操作Ａで捨てた食塩水を xg、操作Ｂでできた食塩水の濃度を y%として、操作Ｂをてんびんに表します。

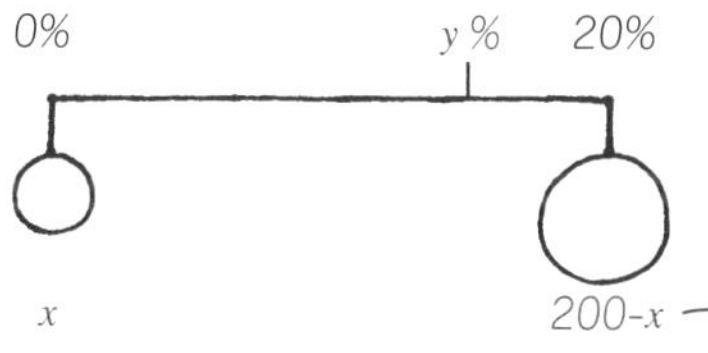

ここに注目！

残りの食塩水は 200 − x（g）さらに操作後は、200 g に戻ります。

同様に、操作Ｄをてんびん図に表します。

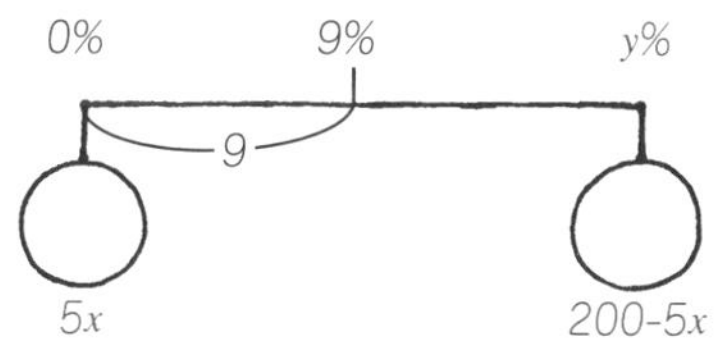

これだけでは、x がわからないので、ここに選択肢を代入します。

つまずきポイント！

それぞれのてんびんから、方程式を立てて解くこともできますが、面倒な式になる場合が多いので、やめたほうが無難です。

選択肢の代入は、楽なものからやるのが鉄則！
「10%」や「200g」との相性を考えると、
まずは選択肢３「20g」か選択肢５「25g」でしょう。

11

選択肢 3「20g」を代入してみると、次の通り成立します。

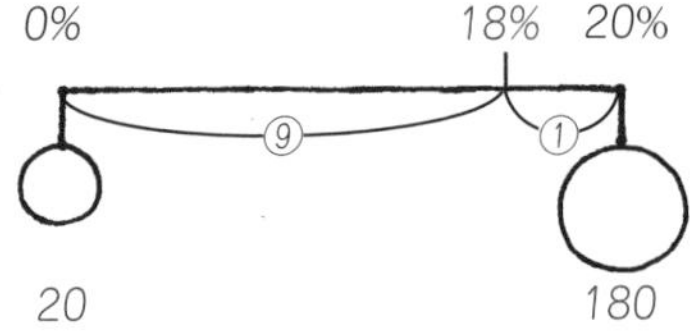

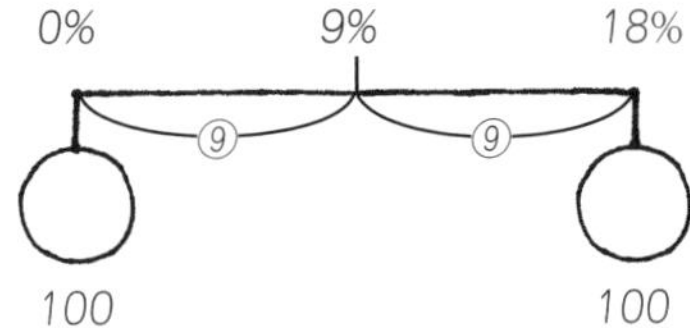

おさらい

勝者の解き方！

- 操作 B、操作 D についててんびん図を描き、選択肢を代入して確認する。

敗者の落とし穴！

- 方程式で解こうとして、式を立てそこなう。（公務員試験で出題される濃度の問題は、重要問題 2、3 でわかるように、操作を 2 度以上行うものが多く、方程式で解くのはやっかいで、中学受験でかなりやりこんでいるなどの熟練者でないと、式を正確に立てるのは難しい）

頻出度 ✕ 学習効果

12

n 進法

★★

n 進法は、ルールに従って行動せよ！

§12 n進法

頻出度 ★★

出題頻度は下がってきたが、サービス問題も！

n 進法の問題は、以前はわりとコンスタントに出題されていたのですが、ここ数年、頻度が下がっています。

内容としては、**重要問題 1 のような、変換方法を覚えれば誰でも解けるサービス問題がよく出題されます。**

また、数字を記号や文字に置き換えた応用問題が、主に判断推理の「暗号」で出題されていますが、n 進法の特徴をしっかり理解していればさほど難しくはありません。

おさえておくべき　重要問題の紹介

12

重要問題 1 10 進法に変換する基本パターン ☀☀☀☀☀ ☞ P344

⇒ 変換方法がわかっていれば解けるタイプ！

重要問題 2 n 進法の応用問題 ☀☀ ☞ P347

⇒ 桁数について考えさせる、ちょっと変わった問題！

ここがポイント！

n 進法は n 種類の数字ですべての数を表し、n 未満の数字しか使いません。この特徴を頭において問題を解くようにしましょう！

これだけは必要な数学の知識

- n 進法から 10 進法への変換
- 10 進法から n 進法への変換

これから丁寧に説明していきます
「暗記するからゴチャゴチャした
説明はいらない」という人は
「ココだけ！」という囲みの
ところだけ見てくださいね！
長い説明を読むのも
暗記するのも
面倒くさいなぁ…
自分、ナマケモノですから

n 進法から 10 進法への変換

例題 1

2 進法の 101010 を 10 進法に変換すると？

私たちが日常的に使っているのは「10 進法」です。

1、2、3、4、5、6、7、8、9 までくると、次は 10 と 2 桁になります。**0 〜 9 の 10 個の記号を用います。**

「2 進法」の場合は、**1 の次がもう 10 になります。** 2 で 2 桁になるのです。**0 と 1 の 2 個の記号しか用いません。**

たとえば、10 進法の「123」というのは、**10 の 2 乗の位**が 1、**10 の 1 乗の位**が 2、**10 の 0 乗の位**が 3 となっている数のことです。

10進法の123 $= 1 \times \mathbf{10^2} + 2 \times \mathbf{10^1} + 3 \times \mathbf{10^0}$

ということです**（なお、どんな数でも、0 乗は 1 になります）**。

これが 2 進法になると、右端の位が 2 の 0 乗の数、次の位が 2 の 1 乗の数、次の位が 2 の 2 乗の数…というふうになります。

ですから、2 進法の 101010 を 10 進法に変換するには、

$$1\times\mathbf{2}^5+0\times\mathbf{2}^4+1\times\mathbf{2}^3+0\times\mathbf{2}^2+1\times\mathbf{2}^1+0\times\mathbf{2}^0$$
$$=32+8+2$$
$$=42$$

同じ方法で何進法でも 10 進法に簡単に直せます。

たとえば 3 進法の 21020 を 10 進法に変換すると、

$$2\times\mathbf{3}^4+1\times\mathbf{3}^3+0\times\mathbf{3}^2+2\times\mathbf{3}^1+0\times\mathbf{3}^0$$
$$=162+27+6$$
$$=195$$

n 進法の数 abc を 10 進法にするには

$a\times\mathbf{n}^2+b\times\mathbf{n}^1+c\times\mathbf{n}^0$

12

10 進法から n 進法への変換

例題 2

10 進法の 154 を 3 進法に変換すると？

10 進法を 3 進法に変換するには、**3 で割ってその商をまた 3 で割り、その商をまた 3 で割ってと、余りを出しながら繰り返し、商が 0 になるまで続けます。**そして、**余りを下から順に並べます。**

3) 154
3) 51 …余り**1** **←ここが一桁目**
3) 17 …余り**0**
3) 5 …余り**2**
3) 1 …余り**2**
0 …余り**1**

12201（3進法）

ココだけ！

10進法から**n**進法に変換するには、繰り返し**n**で割っていき、**余り**を下から順に並べる

「n」って言われると、なんだか難しい感じがして、よけいわかんなくなるんだよね
namakemono
n
ナマケモノのイニシャルだって、「n」じゃない

重要問題 1　10 進法に変換する基本パターン

　6 進法で表わされた 521 に、8 進法で表わされた 574 を加え、4 進法で表わされた 302 で割ったときの余りを 3 進法で表わしたものとして、最も妥当なのはどれか。

1　112
2　122
3　210
4　212
5　221

（東京消防庁　2011 年度）

この設問は ☞ 変換方法がわかっていれば解けるタイプの問題です。

解くための下ごしらえ

文章題を、図や記号やメモの形に変えましょう。

(6 進法 521 ＋ 8 進法 574) ÷ 4 進法 302
余りを 3 進法で表すと？

目のつけ所！

6 進法→ 10 進法
8 進法→ 10 進法
4 進法→ 10 進法
10 進法→ 3 進法
という変換ができるかどうかを試そうとしている問題です。

12

最短で解く方法

6 進法と 8 進法と 4 進法の足し算や割り算を行うわけですが、こういうときは、いったんすべて 10 進法に変換して統一しましょう。

つまずきポイント！
計算は基本的に 10 進法で行いましょう。
間違いを防ぐコツです。

6 進法の 521 を 10 進法に変換します。

$6^2 \times 5 + 6 \times 2 + 1 = 180 + 12 + 1 = \mathbf{193}$

8 進法の 574 を 10 進法に変換します。

$8^2 \times 5 + 8 \times 7 + 4 = 320 + 56 + 4 = \mathbf{380}$

4 進法の 302 を 10 進法に変換します。

$4^2 \times 3 + 2 = 48 + 2 = \mathbf{50}$

(**193**＋**380**)÷**50**＝**573**÷**50**=11…**余り23**

10 進法の **23** を 3 進法に変換します。

```
3) 23
3)  7 …余り2
3)  2 …余り1
    0 …余り2
```

212（3 進法）

正解 4

12

勝者の解き方！

- 6 進法、8 進法、4 進法の数値をすべて 10 進法に変換する。
- 10 進法で計算を行う。
- 計算の結果出た数値を、3 進法に変換する。

敗者の落とし穴！

- 10 進法以外で計算を行って、ミスをする。

12

重要問題 2　n 進法の応用問題

次の自然数に関する記述のうち、常に正しいものはどれか。

1　2 進法で 7 けたの数は、4 進法で 4 けたになる。
2　4 進法で 16 けたの数は、2 進法で 32 けたになる。
3　8 進法で 4 けたの数は、16 進法で 4 けたになる。
4　16 進法で 4 けたの数は、4 進法で 6 けたになる。
5　32 進法で 2 けたの数は、4 進法で 5 けたになる。

（特別区　2003 年度）

この設問は ☞ 桁数について考えさせる、ちょっと変わった問題です。

解くための下ごしらえ

シンプルな設問文なので、とくにやることはありません。

目のつけ所！

2、4、8、16、32 という数字には何か共通点がありそうです！

2、4、8、16…はすべて **2 の累乗**です。
それぞれ、2 進法で何桁になるか計算してみましょう。

選択肢 1「2 進法で 7 けたの数は、4 進法で 4 けたになる」

2 進法で 7 けたの数→ 1000000 ～ 1111111
1000000 は 10 進法で $\mathbf{2^6}$

1111111 はあと **1 足したら 10000000** で、
10 進法で $\mathbf{2^7}$
つまり、10 進法で $\mathbf{2^6}$ 以上 $\mathbf{2^7}$ 未満　…①

これがコツ！

「あと 1 足したら 10000000」
ここが急所です！
1111111 のままではあつかいにくいので。

4 進法で 4 けたの数→ 1000 ～ 3333
1000 は 10 進法で $4^3 = \mathbf{2^6}$
3333 はあと 1 足したら 10000 で、
10 進法で $4^4 = \mathbf{2^8}$
つまり、10 進法で $\mathbf{2^6}$ 以上 $\mathbf{2^8}$ 未満　…②

①は②に完全に含まれます。
つまり、「常に正しい」と言えます。

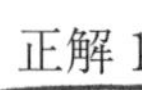

正解 1　**正解！**

おさらい

勝者の解き方！

- 2、4、8、16…は 2 の累乗であることに注目。
- それぞれ 10 進法に変換した数が 2 の何乗になるかを考えて、比較する。

敗者の落とし穴！

- n 進法が理解できていないと、手が出ない。

12

あとがき

津田シェフ渾身の一皿

この本は、津田先生と私の共著ですが、その役割分担は、私が用意した素材をもとに津田先生が原稿を起こしてくれるというものでした。

つまり、私は、畑で採れた大根や人参を土がついたまま津田先生にお渡ししただけなのですが、それを津田先生は、きれいに洗って、見事な料理に変身させてくれたわけです。

公務員試験で避けて通れない「数的推理」、でも、数学が苦手なため入り口でつまずいている人が多いのが現状です。そんな受験生に、最初の扉をすんなり開けてもらい、苦手意識を少しでも和らげる、そんな本を作りたい。それはあたかも、野菜嫌いの子供に美味しく野菜を食べてもらいたいという親心にも似た思いで、この本は生まれました。

津田先生の作った料理は、デザイナーさんたちの手できれいにお皿に盛られ、たくさんのスタッフの手を経て皆さんのテーブルへと運ばれました。

このページにたどり着いた皆さんは、きっときれいに完食してくださったことでしょう。

役割の違いはあれど、この本を作った人たちの願いはひとつ！　この本が皆さんの血や肉になることです。

さあ、次なるステップへ自信を持って踏み出してください！

畑中敦子

畑中先生の本の衝撃！

今でも覚えていますが、畑中先生が数的の本を初めて出されたとき、私はたまたま書店でそれを目にして、びっくりして、すぐにそれを持って、当時、私が本を出していた出版社に駆け込みました。

「スゴイ本が出ました！」と言って。

編集の人といっしょに本を開いてみながら、その素晴らしさにうなったものです。

私は自分でも数的の本を出す予定があったのですが、畑中先生の本が出たことで、それをあきらめました。畑中先生の本は、それくらい画期的で衝撃的でした。

その畑中先生と共著を出せるとは、当時は思ってもみませんでした。じつに光栄で、ありがたいことです。

もともと、私は畑中先生の本のお手伝いをするだけのはずだったのですが、畑中先生のほうから、共著にとおっしゃってくださいました。お人柄にも打たれました。

私が参加したことで、本がよくなっているかどうか、不安ではありますが、少なくとも、「苦手な人でもわかりやすい！」という点だけは重々、気をつけたつもりです。

この本が多くの人にとって、数的推理マスターの、そして公務員試験合格の、きっかけとなることを願います。

津田秀樹

監修者紹介

畑中敦子（はたなか・あつこ）

大手受験予備校を経て、1994年度より、東京リーガルマインド専任講師として14年間、数的処理の講義を担当。独自の解法講義で人気を博す。
現在、株式会社エクシア出版代表として、公務員試験対策の書籍の執筆、制作などを行っている。
主な著書に『畑中敦子の数的推理ザ・ベスト』『畑中敦子の判断推理ザ・ベスト』『畑中敦子の資料解釈ザ・ベスト』（以上、エクシア出版）などがある。

著者紹介

津田秀樹（つだ・ひでき）

筑波大学卒業。さまざまなテストの裏側を知りつくす、テストのエキスパート。
本書以外の公務員試験の対策本に、『新版 公務員試験㊙裏ワザ大全【国家総合職・一般職／地方上級・中級用】』『新版 公務員試験㊙裏ワザ大全【国家一般職（高卒・社会人）／地方初級用】』（いずれもエクシア出版）がある。
他の試験対策本としては、『センター試験㊙裏ワザ大全【国語】』『センター試験㊙裏ワザ大全【英語】』『【大卒程度】警察官・消防官採用試験㊙攻略法』（いずれも洋泉社）がある。
その他にも、『精神科医や心理カウンセラーも使っている　傷つかない＆傷つけない会話術』（マガジンハウス）、『人生のサンタク　迷いがなくなる心理学』（PHP研究所）など著書多数。

なお、本書の姉妹書に『畑中敦子×津田秀樹の「判断推理」勝者の解き方　敗者の落とし穴 NEXT』がある。

公務員試験 **畑中敦子×津田秀樹の「数的推理」**

勝者の解き方　敗者の落とし穴 NEXT

2021年11月1日　初版第1刷発行

監修者	**畑中敦子©**
	©Atsuko Hatanaka 2021 Printed in Japan
著者	**津田秀樹©**
	©Hideki Tsuda 2021 Printed in Japan
発行者	**畑中敦子**
発行所	**株式会社エクシア出版**
	〒102-0083　東京都千代田区麹町6-4-6-3F
印刷・製本	**サンケイ総合印刷株式会社**
DTP作成	**横田良子・杉沢直美**
装幀	**前田利博**（Super Big BOMBER INC.）
カバーイラスト	**ひぐちともみ**

ISBN 978-4-908804-82-3　C1030

エクシア出版ホームページ　https://exia-pub.co.jp/
Eメールアドレス　info@exia-pub.co.jp